북·중·러 접경지대를 둘러싼
소지역주의 전략과 초국경 이동

신범식 엮음

고가영, 김민환, 박철현, 방일권, 세르게이 세바스티야노프
이애리아, 이창호, 이화, 조영관, 허명철 지음

도서출판 이조

※ 본서는 「서울대학교·연세대학교 통일대비국가전략연구사업(2014-2019)」으로 서울대학교가 지원한 연구의 결과물이다.

그리고 2018-2019년도 서울대학교아시아연구소 아시아연구기반구축 사업이 지원한 연구의 결과물이기도 하다. (#SNUAC-2018-003/#SNUAC-2019-003)

북·중·러 접경지대를 둘러싼 소지역주의 전략과 초국경 이동

신범식 엮음

고가영, 김민환, 박철현, 방일권, 세르게이 세바스티야노프
이애리아, 이창호, 이화, 조영관, 허명철 지음

도서출판 이조

머리말 006

서장 북·중·러 접경지대 소지역협력 연구의 새로운 모색 009
신범식

제1부
북·중·러 접경지역과
소지역주의 전략

1장
러시아 극동개발 계획과 러시아 변경지역의 변화 047
세르게이 세바스티야노프

2장
북·중·러 초국경 경제협력의 특징과 전망: 087
러시아의 교통·물류 정책을 중심으로
조영관

3장
창지투 개발전략과 연변의 지역구도변동에 대한 전망: 115
자치주와 연용도 계획을 중심으로
허명철

4장
초국경 도시 훈춘 변화의 중국적 요인: 153
신동북현상과 지린성 '삼화삼동' 전략
박철현

제2부
초국경 인구이동과 공간의 재구성

5장
북·중·러 접경도시 훈춘의 유동인구 정책과 외국인 정책: 181
특구와 변경의 변증법
김민환·박철현

6장
중국 조선족 해외이주의 흐름과 특징 227
이화

7장
우수리스크 한인 디아스포라들의 초국경적 만남 255
고가영

8장
초국경 공간, 연해주의 북한 노동자 309
이애리아·이창호·방일권

색인 368

머리말

이 책이 출간되기까지 적지 않은 시간이 걸렸다. 2014년 서울대-연세대 공동으로 "통일대비국가전략연구팀"이 꾸려지고, 이 프로젝트의 공동연구책임자인 필자는 연구팀을 모아 2015년 초 겨울에 블라디보스토크~하산~방천~연길에 이르는 북·중·러 접경지대를 둘러보는 답사를 다녀왔다. 이 답사에는 동료 학자들 외에도 소지역협력에 관심을 가진 대학원생들이 동행했는데, 그때 함께 한 대학원생들의 연구논문들이 『북·중·러 접경지대와 동북아 소지역협력』(이조, 2018)으로 이미 출간되었다. 한편 함께 답사에 참여한 나와 박배균 교수와 고가영 박사 그리고 김민환 박사는 서울대 아시아연구소 내에 '초국경 이동과 흐름'에 관한 연구팀을 구성하게 되었고, 2014-2015년, 약 1년 동안 북·중·러 접경지역의 이동과 흐름에 대한 연구를 계속 진행하였다. 하지만 아시아연구소 내의 사정으로 이 연구가 미처 다 마무리되지 못하게 되었고, 이 연구를 다시 통일대비국가전략연구팀이 받아서 마무리함으로써 이렇게 책으로 출간되었다.

우선 본 연구의 마무리를 위한 우여곡절의 긴 시간을 인내로 참아 주시고 연구 결과를 업데이트하여 출간이 가능하도록 끝까지 애써 주신 필진 여러분들 한 분 한 분께 깊은 감사의 말씀을 드리고 싶다. 당초 연구에는 참여하였지만 이런저런 사정으로 책자의 출판에 동참하지 못하신 선생님들께도 안타까움을 전한다.

'초국경 이동과 흐름' 연구팀을 이끌어 주었던 박배균 교수의 노고도 잊을 수 없다. 그리고 이 책의 출간을 위하여 마지막까지 애써주신 고가영, 김민환 박사님과 수고해준 이금강군, 허설화양, 안연수군에게 감사를 전한다. 촉박한 일정에도 불구하고 책자를 멋지게 다듬어 준 이조출판사의 이종진 사장에게도 고마움을 표한다.

가뜩이나 복잡한 기존 동북아 정세에 더하여 최근 미-중 전략경쟁이 고조되면서 지역협력이 증발되어버린 것만 같은 이 시기에 소지역협력을 논하는 것이 계란으로 바위를 치는 것과도 같은 기분이 든다. 하지만 '위(危)험한 기(機)회'에 직면한 역내의 다양한 행위자들은 동시에 이 위기를 뚫고 나갈 새로운 계기를 마련하려는 노력을 시도해 나갈 것이다. 이 과정에서 본서가 탐구한바 소지역주의 전략과 공간의 재구성에 관한 논의가 동북아의 지역주의의 발전을 위한 토론을 자극하고 그 발전에 기여할 수 있게 되기를 기대해 본다.

2020년 5월

신 범 식

서장
북·중·러 접경지대 소지역협력 연구의 새로운 모색
신범식 서울대학교

I. 책을 시작하며

동북아시아는 오랜 기간 동안 중국과 일본 그리고 러시아와 미국 등 강대국들 간의 패권각축의 공간이었다. 또한 20세기 내내 갈등과 전쟁 그리고 식민 지배의 역사가 관철되어 왔다. 하지만 탈냉전 이후 초국경적(Transnational) 네트워크들이 구성되면서 이를 통한 이동과 흐름이 증대되어 왔으며, 아시아의 새로운 지역주의에 대한 기대와 논의가 확대되기도 했다. 그런데 최근 북핵 문제는 물론이고 미·중 간 전략 경쟁이 심화되고 한·일 간 새로운 갈등 요소들이 증폭되고 있다. 고전적 지정학의 부활이 회자되고 있는 요즈음이지만 (Mead, 2014; 2018), 분명한 것은 국민국가의 경계와 민족단위의 사고를 초월하는 새로운 현상은 분명한 세계정치의 흐름으로 자리 잡아 왔으며, 이를 잘 발전시키기 위한 전략적 사고와 상호작용의 틀을 발전시키려는 노력은 여전히 긴요하다는 점이다. 동북아시아 지역에서 이동과 흐름이 장애물을 극복하고 공동 번영의 역사를 열기 위해서는 교류의 새로운 장이 창출되고 확대되어야 할 것이다.

북·중·러 접경지대는 이같은 "이동과 흐름의 힘"을 통해 '지역'으로 형성될 가능성이 높은 공간 중 하나이며, 이 접경지역의 형성과 변화를 탐구하기 위해 이 지대를 둘러싼 각국의 정책 및 이 지역에서의 사람과 재화 그리고 이념의 이동과 흐름을 구체적으로 연구할 필요가 있다. 북·중·러 접경지대를 둘러싼 소지역주의 전략의 각축과 초국경 이동을 향한 증대되는 압력은 공허한 미래 담론이 아니라 현재 진행형의 현상이기 때문이다. 따라서 본서에서는 북·중·러 접경지대가 하나의 지역으로 형성되는 동학의 주요 행위자로서 한국, 중국, 북한, 러시아의 중앙 정부 및 지방 정부 그리고 여타 다양한 행위자들을 상정하고, 이들이 정치·경제·사회·문화적 영역에서 구성하는 이동과 흐름의 상호작용을 미시적 차원에서 다면적으로 분석하고자 한다.

본서가 구체적으로 답해보고자 하는 질문들은 다음과 같다. 북·중·러 접경지대를 둘러싼 주변국들의 소지역주의 전략의 내용은 무엇이고 그것은 어떤 결과를 가져왔는가, 북·중·러 접경지대의 초국경적 경제협력의 특징과 전망은 무엇인가, 중국의 개발 전략은 조선족 자치주(연길, 훈춘)와 그 주변 지역 구도에 어떤 변동을 가져왔는가, 북·중·러 접경지대에서 다양한 이주의 흐름은 어떤 양상과 특성을 가지는가 등이다.

본서가 제기하는 이같은 질문들은 일견 접경지대의 상호작용과 초국경 협력이라는 주제와 연관된 다양한 질문 조각들 중 일부에 불과하다는 한계를 지닌다. 이 접경지대의 상호작용과 협력이 가지는 다면적 동학을 하나의 담론체계로 담아내기 위해서는 접경지대 내지 그 소지역 공간에서 벌어지는 여러 행위자들의 중층적 상호작용을 조망할 수 있는 시각과 연구방법을 우선적으로 필요로 한다.[1] 하지만 이같은 연구방법은 아직 본격적으로 발전되지 못하고 있다. 그 발전을 위해서는 '소지역'에 기반한 미시적 연구의 유용성 및 방법에 대한 논의와 이같은 소지역 기반 미시 연구방법을 북·중·러 접경지역에 구체적으로 적용하는 연구의 축적이 필요하다. 따라서 본서의 세부 주제들에 대한 본격적 탐구에 앞서 본장에서는 이러한 '소지역협력'에 대한 시각과 방법에 대한 논의를 간략하게나마 검토해 볼 것이다. 이를 위해 먼저 북·중·러 접경지대에 대한 기존 연구의 동향을 살피고, 기존 연구의 성과와 한계를 고찰할 것이다. 이어서 소지역 내에서 중층적 행위자들의 상호작용을 드러내기 위한 미시적 사례연구의 가능성을 검토하고, 다른 소지역 사례연구들의 성과가 북·중·러 접경지대에 대해 지니는 유용성에 대해서도 살펴볼 것이다.

---

1 이와 관련하여 "초국경 소지역"에 대한 이해가 중요한데, 핸슨(Hansen, 1986: 31-44)은 국경과 인접성이 그 사회·경제적 삶에 깊은 영향을 미치는 하위 지역을 접경지대(borderland)로 정의한 바 있다. 이 접경지대는 한 국가의 하위 지방이면서 타국의 지방과 상호작용하는 연계성 그리고 그 자체로 독특한 삶과 상호작용의 패턴을 지니는 소지역으로서의 단위성 등이 함께 빚어내는 다층적 속성을 때문에 '초국경 소지역'으로 불릴 수 있으며, 이 소지역에 대한 이해는 동북아시아 지역주의를 이해하는 데 매우 중요하다.

II. 소지역주의 연구방법

　수많은 국가 중심의 연구가 동북아시아 국제정치의 지역주의적 특성을 제대로 포착하지 못하는 상황에서 북·중·러 접경지역에 대한 연구는 실질적 교류를 진행하는 행위자의 '관계'를 분석함으로써 동북아시아의 다면적 국제관계를 설명해 보려는 유의미한 시도로 주목받을 필요가 있다. 이미 동북아 지역주의 및 그 관련 연구들이 다수 이루어져 왔으며, 그 결과 북·중·러 접경지대에 관련된 여러 행위자들의 이해관계를 밝히는 다양한 연구들이 축적되어 왔다.[2] 그러나 이러한 연구의 대부분이 지역주의적 상호작용을 분석함에 있어서 행위자들의 관계를 다소 평면적 차원에서 포착하고 있다는 비판을 받을 수 있을 것이다.

　이러한 평면적 연구들을 집적하여 다층적 관계를 드러낼 수 있는 연구로의 질적 전환이 필요해 보인다. 북·중·러 접경지대 소지역 협력에 대한 연구가 행위자 간의 평면적 관계뿐만 아니라 중층적 상호작용을 고려하는 연구로 나아가기 위해서는 북·중·러 접경지역 내에서 벌어지는 소지역주의와 깊은 연관을 가진 사건 등을 깊이 천착한 미시적 사례분석이 필요하다. 이같은 단일 사례연구를 통하여 다양한 이해관계를 가진 여러 행위자들의 상호작용이 최종 결과로 도

---

[2] 행위자로서 국가중심의 접근의 한계를 인식하고, 다른 행위자를 통해서 동북아시아를 분석하기 위해 북·중·러 접경지대에 주목해야 한다는 문제의식을 공유한 연구들은 네트워크 개념, 지정학적 개념, 복잡계를 통한 다층적 되먹임 구조, 지경학(geoeconomic), 제도·문화적 개념, 공간-인프라 발전에 따른 근접성 논리 등의 다양한 방식을 통해 이 지역에 대한 분석을 시도했다(Chen, 2005: 3-58; 신범식, 2013; 이창주, 2014: 17-43; 이금휘, 2014: 93-126).

출되는 과정을 추적함으로써 행위자 간 관계의 동학을 중층적으로 드러내는 연구들이 많이 시도되고 또한 그 성과들이 축적되어야 할 것이다.

이러한 연구방법의 발전과 성과의 축적을 위하여 기존 제도주의 방법론과 관련된 논의의 시사점을 검토하는 것은 유용하다. 특히 합리적 선택 제도주의와 사회학적 제도주의의 대립을 넘어 통합적으로 행위자와 구조의 상호작용의 플랫폼으로서 제도를 파악하려 했던 역사적 제도주의의 발전과정이 우리에게 시사하는 바가 크다. 역사적 제도주의에서는 경로의존(path-dependency)과 중대국면(critical juncture)이 강조되는데, 제도가 사회 환경의 변화에도 경로의존적 속성으로 지속하는 성향이 존재하며, 제도의 변화는 점증적으로 변화하기보다 중대국면을 기점으로 급격한 변화가 이루어진다는 것이다(Hall and Taylor, 1996: 5-10). 제도의 형성과 유지 그리고 변화를 설명함에 있어서 역사적 제도주의는 초기조건과 경로의존성을 강조함으로써 구조결정론적 측면을 수용하기도 하지만, 동시에 "결정적 계기"(critical juncture)와 행위자의 실천적 전회를 통한 행위자의 역할이 지니는 중요성도 인정하고 있다. 특히 제도작동이론(institutional work theory)에서 이 같은 행위자의 역할에 대한 강조가 두드러진다.

그런데 이 같은 신제도주의 이론에서 주목하는 합리성과 효용극대화를 위한 노력은 동아시아에서는 그 실현이 제한되고 있다. 특히 새로운 협력의 행위를 창발하는 '의미의 틀'은 공유되고 있지 못하며, 동아시아의 지역주의가 중대국면을 지나 질적으로 고양되는 전환의 계기를 만나지 못하고 있는 것이 현실이다. 어쩌면 이는 신제도주의 이론이 주목하는 중요한 계기들의 준거가 동아시아적 맥락과는 동떨어진 경험으로부터 유래하고 있기 때문일 수 있다. 동아시아에는 유럽이나 여타 지역과 달리 저변에서 꿈틀대는 교류와 협력의 필요가 소소한 상호작용으로 연결되고 이것이 점차 확장됨으로써 중앙 정부를 움직이게 만드는, 조금은 다른 유형의 지역주의가 작동하고 있는 것으로 보인다(신범식, 2018: 17). 이런 의미에서 동아시아에서 관찰되고 있는 초국경 상호작용은 접경지역 중심의 소지역협력에서 가장 뚜렷이 나타나고 있다는 현실에 주목해야 할 것이다. 따라서 동북아 소지역주의 연구에서는 소지역을 하나의 단위로 파악하게 만드는 사회적 상호작용에 대한 천착이 중요하며, 이를 바탕으로 증대되는 아래로부터의 압력과 필요가 제도를 형성해 가는 과정과 변천을 좀 더 미시적으로 탐구할 필요가 있다.

최근 연구들(하연섭, 2006; 김윤권, 2005)은 신제도주의의 특징을 단일체(monolithic entity)로서 제도가 아니라 복합체(complexes)로서 파악하고 이런 복잡한 제도를 인식의 주된 대상으로 강조하는 경향을 보인다. 제도는 내부적으로 분화되어 있기 때문에 반드시 통합된 전체를 구성할 이유가 없고 완벽한 정합성을 갖추기 어렵다는 것이다. 또한 신제도주의에서는 제도의 형성 및 변화의 계기는 결정적 분기점에 따르는 급격하고도 단절적 균형모형으로 설명한 것(Hall and Taylor, 1996)과 달리 최근 연구들은 점진적이고 완만한 제도의 변화가 더 현실에 부합하는 설명으로 주목하여야 함을 강조하고 있다. 그리고 제도가 완만히 변화한다면 제도 변화의 원인은 외적 충격에서 오는 것이 아니라 내부적 원인에서 비롯된다는 것을 강조하고 있다. 이같은 시각의 변화는 그 동안의 전통적 제도주의 및 신제도주의 연구가 주로 구조적 접근에 집중함으로써 그 보다 넓은 맥락에서 구조-제도-행위 간의 연계를 설명하는 데는 한계가 있었다는 반성에 기초하여, 이를 극복할 대안으로 '통합적 접근법'(integrative approach: Mahoney and Snyder, 1999)을 제시한 것과 궤를 같이하는 것으로 볼 수 있다.

따라서 제도 자체에 대한 천착보다 제도와 상호작용하는 구조와 행위자 간의 관계가 제도 속에 어떻게 반영되고 또한 어떤 내적 동학을 통하여 변화가 이루어지는지를 해명하는 것이 주요한 과제가 되어야 할 것이다. 이처럼 구조적 측면이나 행위자의 결정에만 의존하는 설명을 넘어 '과정적 설명'을 시도함으로써 제도주의가 모색하는 변화에 대한 해명에 더욱 주목할 필요가 있다. 같은 맥락에서 이같은 중층적 설명의 틀 속에서 지역적 협력과 통합에 대한 '아래로부터의 압력'의 존재에 대한 설명을 좀 더 효과적으로 시도해 볼 수 있을 것이다. 따라서 지역 협력을 국가·중앙정부 중심적 시도에 의해서만 설명하기 보다는 소지역 내에 존재하는 상호 교류의 압력을 배경으로 지방 정부 등을 비롯한 다양한 행위자들이 취하는 이니셔티브가 작은 범위의 지역협력을 추동하는 중요한 동력이라는 점에 주목하여야 한다. 더불어 이러한 동력이 중앙정부로 하여금 그 허용적 조건을 만들고, 나아가 이같은 결합이 가속화되는 인적 및 물적 교류와 흐름에 대한 설명으로 적절하게 연결될 수 있어야 한다. 이러한 설명 틀이 갖추어질 때에 비로소 소지역 협력에 대한 입체적 조망이 가능해 질 것이다. 바로 이런 문제의식이 이 책에서 실린 연구의 배경이 되고 있다. 이제 북·중·러 접경지역을 두고 전술한 논의와 관련된 좀 더 구체적인 과정을 살펴보자.

III. 북·중·러 접경지대와 협력에 관한 연구

북·중·러 접경지대의 지역 협력에 관한 연구는 그간 진행되어 온 개발 협력 및 경쟁의 전개양상에 따라 그 흐름이 달려져 왔다. 유엔개발계획(UNDP)의 두만강유역개발계획(TRADP)이 발표된 이후 북·중·러 접경지역의 소지역협력에 대한 논의가 본격화되었던 1990년대와 2000년 대 초까지는 초국가 제도와 소지역의 형성 가능성을 모색한 연구들이 많았다. 그러나 점차 소지역협력의 역동성이 위축되고, 관련 국가들의 개별적인 전략 구상이 지역의 발전을 주도하기 시작한 2000년대 중·후반부터는 점차 주변국의 접근 전략과 주변 지방정부의 발전전략을 개별적으로 다루는 연구들이 많아졌다.

1990년대 초·중반, 동아시아에서 경제적 교류의 흐름이 정치·이념 블록을 넘어서 일어날 가능성이 본격적으로 지적되었다.[3] 이런 흐름을 가능케 할 수 있는 주요 요소가 바로 '자연경제구역'(NETs: Natural Economic Territories)에서 필요에 의해 생겨나는 흐름을 통해서 중앙의 통제를 우회하는 자발적인 교류이다(Peng, 2002: 1-22).

---

3 서구의 지역주의와 달리 이러한 지역주의는 체계적인 제도와 규범이 존재하지는 않는다는 의미에서 "연성 지역주의"(soft regionalism)라고 정의되었다(Scalapino, 1992: 102).

이같은 현상에 주목한 문제의식은 유엔개발계획(UNDP)이 주도하여 중국, 북한, 러시아, 남한, 몽골이 두만강 유역의 개발을 위해 협력하는 것을 골자로 한 소지역 개발프로젝트 '두만강유역개발프로젝트'(TRADP) 입안을 통해 발전되었고, 이로써 북·중·러 소지역 협력은 본격적인 학술적 논의의 대상이 되었다.[4] 특히 당시 경제위기에 봉착한 북한이 TRADP의 협력분위기에 편승하여 경제특구를 통한 경제개혁을 도모하면서, 소지역협력을 통한 북한 문제 해결 가능성이 논의되기도 했다.[5]

---

[4] TRADP는 중국 훈춘-러시아 포시에트(Posyet)-북한의 나진·선봉으로 연결되는 소삼각지역을 두만강유역경제지구(TREZ: Tumen River Economic Zone)로 하는 자유무역지대로 개발함으로써 주변의 확대된 두만강유역경제개발구(TREDA, Tumen River Economic Development Area) 전체의 발전 동력으로 삼고자 했다. 이 주변 지역은 중국 연변과 북한 청진과 러시아의 블라디보스토크를 포함하는 배후지역까지 포괄한다. 하지만 TREZ를 공동으로 개발하는 안이 표류하면서 관련국들이 개별국들이 자국 영토 내 지역을 개발하면서 그 연결성을 강화하는 방향으로 정책적 기조를 변모시킴으로써 대삼각 경제개발구역을 지향하는 정책으로의 전환이 이루어진다(Marton, McGee, and Paterson, 1995: 10-25; Pomfret, 1997: 75-85, 83-87; Chen, 2005: 142-144).

[5] 북한의 나선특별시의 투자유치와 나진항만 시설의 적극적인 홍보와 관해서는 Noland and Flake(1997: 99-101)를 참조.

<그림 1> 북·중·러 접경지역 소지역협력의 주요 범위

출처: 이창주 2014, <표 26>.

그러나 낙관적인 전망 속에서 1992년 서울 회의부터 시작된 TRADP는 이 지역을 둘러싼 주변 국가들의 정치적 이해관계의 충돌과 투자국들의 무관심으로 인해 진행에 난항을 겪게 되었고, 결과적으로 무산되었다. 이에 TRADP는 소지역 자체의 자연스러운 협력의 흐름이 주변국들의 상충된 이해에 의해 좌절된 대표적인 사례로 거론되었다(Hughes, 2002: 71-99; Rozman, 1998; 2004).

TRADP가 별다른 성과를 거두지 못한 채 표류하자 주변 국가들은 2005년에 지리적 범위 및 참여국을 확대하여 광역두만강계획(GTI: Greater Tumen Initiative)을 출범하고 소지역협력의 불씨를 살리고자 했다. GTI 사무국이나 유관국의 연구기관들은 이 지역의 개발과 협력방안에 대한 구체적인 연구들을 진행했다(Greater Tumen Initiative, 2014a; 2014b; GTI Secretariat, 2014; Pacific, 2005; 2006; Tsuji,

2009; 조명철 외, 2010). 그러나 GTI는 가시적 성과를 내지 못하고 있다. 심지어 2009년 북한이 GTI에서 공식적으로 탈퇴하면서, 사실상 북·중·러 접경지대에서 제도에 기반한 다자주의적인 접근의 가능성은 희박해졌다. 결과적으로 오늘날 제도에 관한 연구는 GTI 체제의 한계를 살피고, post-GTI의 가능성을 논의하는 선에서 이루어지고 있다(Koo, Lee, and Yoo, 2011; GTI Secretariat, 2014b: 2-23).

다자주의적 제도틀의 결성 노력이 한계를 보이는 가운데, 2000년대 중·후반부터는 개별 국가들의 지방개발전략과 소지역협력을 연결시키려는 연구들이 시도되고 있다. 오늘날 북·중·러 접경지대 협력은 중국과 러시아가 개별적으로 자국의 개발 프로젝트를 주도하는 가운데, 필요한 경우에 유관국과의 제한적 협력을 모색하는 형태로 전개되고 있기 때문이다. 이에 따라 유관국들의 전략적 입장과 그에 따른 접경지대 발전전략에 대한 연구들이 다양하게 나오고 있다.

북·중·러 접경지대에 대한 중국 중앙정부의 전략적 입장을 강조한 연구는 중국이 자국의 낙후된 동북지역의 발전을 도모하고 동북 국경의 안보를 지키는 한편, 자국의 경제력을 통해 동북아시아에 대한 지정학적 영향력을 확대하기 위해 북·중·러 접경지대 협력을 활용하고 있다고 본다(Rozman, 2010: 179-197; Chung, 2010: 87-97). 한편 러시아 중앙정부의 입장을 강조하는 연구들은 기본적으로 '유럽' 국가인 러시아가 정치·경제적으로 소외된 자국의 극동개발을 추진하는 한편, 상실한 아시아에 대한 영향력을 회복하기 위해 북·중·러 접경지대 협력에 관심을 가지고 있다고 본다(림금숙, 2011; 백준기, 2005; Joo, 2012; Bauer, 2009; Goode, 2004; Lo, 2002: 113-122).

한국의 경우 정권에 따라 그 정도는 다르지만 북방정책에 입각한 대북경제협력의 가능성을 지속적으로 타진해 왔으며 이 과정에서 북·중·러 접경지대의 협력에 깊은 관심을 표명해 왔다. 한국 정부는 TREZ나 TREDA는 물론이고 특히 GTI의 활성화와 그 국제기구화 전환 등에 대해서 깊은 관심을 가지고 있었으며, 최근 들어 신북방경제협력을 통한 남·북·러 경제협력벨트의 구축에 깊은 관심을 표명하면서, 한국과 러시아를 연결하는 "9개 다리(9 Bridges)"라는 협력 분야별 연결을 강화하려는 노력을 기울이고 있다.

그런데 국가적인 접근은 접경 지역의 고유한 지역적 특성을 더 구체적으로 포착하지 못하는 문제점이 있다. 따라서 연구의 초점도 점차 중앙 정부의 입장과 지방의 자구적인 노력을 동시에 살펴보고자 하는 방향으로 나아가고 있다. 특히 두만강유역경제개발구의 발전에 지대한 영향을 지치는 중국의 전략과 관련된 연구들(윤승현, 2009; 원동욱, 2009; 원동욱, 2011; 림금숙, 2011; 원동욱 외, 2013; 이금휘, 2014; 강태호 외, 2014)을 비롯하여 중국과의 상호작용을 통한 극동지역 개발에 관심을 가진 러시아의 전략에 관한 연구들(Meyer, 1999; 이재영 외, 2006; 한종만, 2008; Rangsimaporn, 2009; 우평균, 2010; Lukin and Troyakova, 2012; 한종만, 2014)이 주종을 이룬다.

그러나 지방의 역할을 강조한 연구들은 지방 정부의 구체적인 이니셔티브들을 중앙 정부의 전략적 이해관계의 관점에서 해석하고자 한다. 여전히 이 지역에서는 중앙정부의 역할이 중요하고, 성공적인 지방 프로젝트는 결국 중앙의 구상에 부합해야한다는 입장이 우세한 것이다.

이러한 기존 연구들은 다양한 차원에서 진행되고 있는 북·중·러 접경지대에 대한 협력의 시도와 그 좌절을 꾸준히 추적하고 분석해 왔다. 이 지역의 협력에 대한 논의가 본격화된 지 20년 정도 밖에 안 되었다는 점과 이 지역이 여전히 본격적 협력이 시작되지 않았다는 점을 고려한다면, 이 지역에 대한 학문적 관심이 이렇게 지속적으로 유지되어 온 것은 북·중·러 접경지대가 지닌 정치·경제적 잠재력에 대한 기대를 반영하고 있는 것이라고 볼 수 있다.

그러나 북·중·러 접경지대의 지역적 특성을 드러내기 위해서는 국가 간 관계, 중앙정부-지방정부 관계 등을 드러내는 연구에서 진일보한 3차원적 내지 입체적인 연구가 요구된다. 북·중·러 접경지대는 중층적(multi-level)인 행위자들의 이해관계가 평면적으로 나열되어 있는 것이 아니라 복합적으로 상호작용하고 중첩되는 공간이기 때문이다.

북·중·러 접경지대의 중층성은 크게 다섯 가지 차원으로 정리될 수 있다(Chen, 2005: 36-38). 첫째는 접경하고 있는 인근 '국가'들의 관계이다. 즉 북·중·러 접경지대의 경우에는 북한-중국-러시아 국가(중앙정부) 수준의 관계를 의미한다. 둘째는 인근한 도시와 도시 배후공간의 집체화와 위계화 과정에서 생겨나는 도시 간의 관계이다. 북·중·러 접경지대의 경우, 중국의 훈춘 ~ 북한의 나선 ~ 러시아의 하산을 의미한다. 도시의 연계과정에서 핵심 노드(node)와 다른 네트워크로의 출구(gateway)에 따라 위계화가 발생할 수 있으며, 북·중·러 접경지대에서는 훈춘을 잠재적인 핵심 노드로 상정할 수 있겠지만(Chen, 2005: 150-151), 훈춘이 나선항이나 자루비노항으로의 출로를 개척하지 못하게 될 경우 그 중심성은 급격히 쇠락할 수밖에 없기 때문에, 이 도시 간 연결성은 북·중·러 접경지대 협력 활성화의 핵심적인 과제가 된다. 셋째는 지역·국제적 차원의 시장과 접경지역 경제가 연계되면서 형성되는 경제 시스템 상의 관계이다. 넷째는 지역의 지방정부 수준의 자발성이 국가 및 초국가 수준의 개입과 상호작용하며 생기는 '국가'내부의 관계이다. 다섯째는 접경지역 내에서 연결성을 통해 형성되어 온 역사와 동질성으로 표현되는 하위문화(subcultural)적 정체성의 동학인데, 이 정체성은 해당 접경지역이 접하고 있는 인근 지역과의 상호작용 속에서 변화될 수 있지만, 그 자체의 지역성이라는 특성을 유지해 가게 된다. 이런 중층적 차원에서 북·중·러 접경지대는 인접하고 있는 국가의 하위개념이자, 인접하고 있는 도시 및 지방 정부의 구체적인 교류가 일어나는 공간이며, 동시에 그 자체로도 하나의 고유한 정체성을 지니게 되는 '소지역'이 되는 곳이다. 따라서 이러한 중층성을 드러내기 위해서는 다양한 행위자들의 이해관계를 분석할 뿐만 아니라, 여러 차원의 행위자들이 서로 영향을 주고받는 역학도 고려해야 한다.

　　기존 연구들은 대부분 해당 지역에 대한 특정 국가의 입장을 다루었거나(1차원), 해당 지역에 대한 국가들의 이해관계의 충돌을 다루었거나(2차원), 해당 지역에 대한 특정 국가의 중앙 전략과 지방 전략의 상호작용을 다루는(2차원) 연구에 머물고 있다. 이러한 연구 방향은 입체적 형태로 존재하는 북·중·러 접경지대의 중층적 관계의 단면만을 드러내고 있다. 결국 이 지역의 특성이 다차원적인 행위자들의 상호작용 자체라고 본다면, 다양한 차원의 역학을 드러내는 것이 아니라 일부 차원의 행위자들의 입장만 나열하는 형태의 연구는 결국 북·중·러 접경지역의 관계적 특성의 진면목을 드러내지는 못하게 된다고 보는 것이 타당하다.

이러한 역동성을 드러내지 않으면, 결국 각 행위자의 입장을 열거하는 것을 넘어 어떤 조건에서 특정 행위자의 이해관계가 더 강하게 반영될 수 있는지, 그리고 각 행위자의 움직임이 다른 차원의 행위자에 의해서 포착되는 과정 등이 보이지 않게 되고, 결국 중앙정부 행위자의 입장을 강조한 국가 중심적 연구의 논의를 되풀이할 가능성이 높다. 따라서 기존의 연구 성과를 토대로 북·중·러 접경지대의 고유한 특성을 보여줄 수 있는 중층적 연구로 나아가는 방법론상의 질적 전환이 요구된다. 이를 위해 여러 접경 소지역의 작동양태를 설명하기 위해 시도되고 있는 소지역적 미시 사례 연구 방법을 북·중·러 접경지대에 활용할 수 있는 방안을 모색해야 한다.

IV. 소지역협력 연구의 전망

소지역(micro-region)의 동학을 드러내는 연구는 해당 소지역에 대한 주변 국가와 주변 지방정부의 입장을 정리하는 것에서 그치지 않고, 해당 소지역의 특성을 드러내는 미시적인 사례를 집중적으로 분석하여 사례와 관련된 여러 행위자들의 상호작용을 드러내는 것을 목표로 한다. 다양한 행위자의 역동적 상호작용을 드러내기 위해서는 사례분석을 목표로 한 다양한 학제적 노력이 수반되어야 한다. 소지역 고유의 인적-문화적 특성이 국가의 제도나 정체성과 상호작용하는 동학을 살피기 위해서는 인류학적인 조사 연구 방법이 시도될 수도 있고, 소지역 협력을 직접 주도하는 지방정부들의 이니셔티브들을 드러내기 위해서는 지리학의 도시경관 혹은 문화경관과 같은 개념을 활용할 수도 있다. 구체적인 협력이 본격화된 여러 접경 소지역에서 이러한 연구들이 본격적으로 진행되고 있다.(Peng, 2002-3: 2-31)

예컨대 중국 광둥성과 대만 사이에서 형성된 양안 소지역을 분석한 사수가(Sasuga, 2004)의 연구는 유관국과 지방정부의 이해관계를 나열하는 것을 넘어서서 중국 중앙정부-지방정부의 다층적 특성과 일본-대만-중국으로 이어지는 경제 메커니즘, 접경에서 구체적으로 일어나는 인적·물적 교류 및 이러한 교류에 결정적인 영향을 미친 양안의 독특한 하위문화로서 화교 네트워크의 상호작용에 대한 종합을 시도했다. 이를 위해 그가 택한 방식은 이러한 특성을 보이기 위한 특징적인 사례를 포착하고 이론적으로 재구성하는 것이었다. 그는 일본의 주요 전자 기업들의 생산 및 투자 네트워크의 형성 과정을 구체적으로 추적함으로써, 일본의 자본과 기술이 대만으로 유입되는 지구적 차원의 경제협력이 양안의 구체적인 접경협력을 촉진했던 요인을 단적으로 드러냈다(Sasuga, 2004: 79-136). 이러한 협력이 가능했던 것은 개혁개방의 첫 단추로 광둥을 선택한 중국 중앙정부와, 양안에 형성되어 있는 비공식적 인적·물적 네트워크를 통해 자발적 발전을 도모하던 중국 지방정부를 통해 광둥 소지역의 고유한 특성이 형성되었기 때문이다(Sasuga, 2004: 40-78). 결국 양안에서 진행된 일본의 전자산업 분야의 "생산과 투자의 고리"(production & investment chain)의 과정을 추적하는 것은 일견 양안 소지역의 일부분만을 보이는 사례처럼 보이지만, 오히려 다양한 행위자들의 이해관계를 평면적으로 나열하는 것을 넘어 소지역의 입체적인 동학이 어떻게 작동하는지를 잘 보여주는 사례로 평가할 수 있을 것이다.

아직 본격적으로 진행된 프로젝트가 많지 않고, 연구 자료가 불충분하다는 제약이 있지만, 북·중·러 접경지대에서도 이러한 시도가 가능할 것으로 여겨진다. 이 지역에서 시도되고 있는 프로젝트들의 진행 상황과 관련하여 구체적인 사실관계들이 더 명확해지면 미시적인 사례연구를 통해서 지역의 중층적인 행위자 간의 상호작용이 드러나는 연구가 더 산출될 수 있을 것이다.

가령 이미 협상이 완료된 나진항 3호 부두의 사용권 각축이라는 사례를 통해서 중국과 러시아 중앙정부와 지방정부의 이해관계 상호작용이 구체적인 협상 결과에 미친 영향을 이론적으로 분석한 필자의 연구는 이같은 방법론적 고민에 입각하여 중앙 및 지방정부 등 행위자들의 상호작용을 제한된 범위에서나마 과정적으로 드러내려는 시도이다(신범식·박상연, 2015). 북·중·러 접경지대에 대한 상당수의 연구들은 주변국들에 비하여 훨씬 더 포괄적이고 체계적인 접근 전략을 구사하는 중국의 우위를 강조하는 입장에 서 있는 경우가 대부분이었다(신범식, 2013: 444-446). 그런 가운데 중국이 아닌 러시아가 나진항 3호 부두 사용권을 확보하게 된 원인을 각 행위자의 목표가 협상을 통해서 상호작용한 과정에서 찾음으로써, 기존 연구의 일반적 논의를 통해서는 잘 포착되지 않았던 러시아의 전략적 접근과 중국의 북·중·러 접경지역 전략의 빈 틈(niche)을 부분적으로 드러낼 수 있었다. 이러한 연구들이 더 많이 축적될수록 국가와 지방정부를 이분법적으로 나누는 일반적인 연구에서 진일보하여 북·중·러 접경지대의 독특한 중층적 특성을 분석적 논의의 장으로 가져올 수 있을 것으로 기대된다.

특히 최근 중국과 러시아의 교통 인프라 부문의 투자와 협력이 가속화됨에 따라 교통망 구축의 세부 사례들은 이러한 지역적 특질을 드러낼 수 있는 연구 소재로서 높은 가능을 가진다. 이 지역은 여전히 안보적 교착과 불확실한 경제성 및 낙후된 인프라 등으로 인해 본격적인 교류가 지체되고 있지만, 중국과 러시아 및 북한의 교통 인프라 부문 협력은 꾸준히 진행되고 있기 때문이다. 교통 인프라 부문의 협력을 통해서 북·중·러 접경지대의 특성을 살펴보고자 하는 연구는 이미 시도되고 있다(성원용 외, 2005; 강태호 외, 2014). 이처럼 구체적 상호작용을 통한 교류와 협력이 실제로 진행될 경우에, 이에 대한 사실관계를 추적하는 것을 넘어 구체적 사례를 통해 인과관계를 추적함으로써 중층적이며 입체적인 연구의 구체적인 연구 성과들이 나온다면, 북·중·러 접경지대에서도 소지역 접경지대의 중층적 상호작용의 다양한 동학이 명확하게 규명될 수 있을 것이다. 그런 의미에서 본서 2부에서 시도되고 있는 초국경 인구이동과 공간의 재구성에 관한 논의는 이같은 초국경 상호작용의 실제적 현상으로서 인구의 이동에 주목하여, 이같은 상호작용이 접경지대를 어떤 의미를 지닌 소지역으로 구성해 가는지를 검토해보려는 시도로 이해해 볼 수 있을 것이다.

　이같은 다양한 시도들에도 불구하고 초국경 소지역에 대한 연구는 충분한 성과를 축적하고 있지 못하며, 그 방법론적인 발전에서도 한계를 보이고 있는 것은 사실이다. 그럼에도 불구하고 향후 초국경 소지역협력에 대한 연구는 중층적이며 과정적 연구를 위한 노력을 멈추어서는 안 될 것이다.

　이상의 논의를 바탕으로 부족하나마 초국경 소지역 협력 연구를 위한 기준을 정리해 보자면 다음과 같다. 초국경 소지역 협력에 관하여 평면적이지 않으며 중층적 차원의 포괄적 연구를 진행하기 위해서는 크게 네 차원의 상호작용 구조를 파악할 필요가 있다. 첫째, 자연경제구역(NETs)에 대한 이해이다. 이 자연경제구역은 초국경 소지역을 구체적으로 이해하는 가장 핵심적인 개념이며, 자연경제구역의 실제 구조로는 접경지대에서 형성되고 있는 인적 및 물적 교류의 네트워크와 도시경관으로 형성된 문화적 정체성 등이 거론될 수 있을 것이다. 둘째는 소지역 차원의 상호작용의 구조이다. 이는 지방정부 및 지방 경제적 행위자들의 다양한 의도와 전략들로 구성되는 상호작용의 총체이다. 가령 북·중·러 접경지대에서는 중국의 길림이나 훈춘, 러시아의 극동 및 항만들 그리고 북한의 나선특별시 경제구역 내 활동하는 다양한 행위자들의 전략과 상호작용에 대한 이해가 입체적으로 파악될 필요가 있을 것이다. 셋째는 국가 차원이다. 각 국의 지역정책과 지방 발전전략 등이 중요하다. 마지막으로는 지역(region) 차원에서의 상호작용 문제이다. 주로 국제정치학에서 이야기하는 지역정치가 이에 해당하는데, 동북아시아 국제질서와 지역주의에 대한 이해가 필요하다. 하지만 이는 정치·안보 중심으로부터 사회·경제적 상호작용과 네트워크적 분석으로의 관점 이동이 좀더 필요할 것이다.

현재의 연구들은 위에서 언급한 네 차원 중 하나를 선택하여 평면적으로 다루는 연구가 주종을 이루고 있음은 주지하는 바와 같다. 물론 연구의 명료성을 위한 필요에서 그런 연구전략을 선택하는 것이 일반적인 추세이겠지만, 이미 지적한 한계를 넘어서기 위한 노력을 이제는 시도해 봄직하다. 이를 위해서는 결국 이 지역에서 진행되고 있는 중층적 상호작용을 연구의 대상으로 부각하여야 하며 이 네 차원을 관통하는 접근법과 연구소재의 발굴이 필요하다. 이를 관통하는 소지역 협력의 정수를 관찰하기 위해서는 연구의 초점을 상당히 좁혀서 관계된 다양한 행위자들의 상호작용을 보여주는 사례를 선정할 필요가 있다. 따라서 이 사례는 여러 행위자의 상호작용이 접하는 교점에 해당하는 사례여야 할 것이다. 이 같은 연구를 위해서 본서에서 시도한 다양한 주제들이 지니는 가능성과 한계 및 시사하는 연구의 지향성을 잘 반추해 볼 필요가 있을 것이다.

V. 책의 구성

초국경 소지역 협력에 관한 이상의 고찰은 북·중·러 접경지대에 관한 접근에서 행위자들의 전략에 대한 분석과 더불어 이동과 흐름에 관한 연구의 필요도 강변하고 있다. 이에 본서 『북·중·러 접경지대를 둘러싼 소지역주의 전략과 초국경 이동』은 크게 다양한 행위자들의 중층적 전략에 대한 이해에 집중하는 글들과 이동과 흐름, 특히 사람의 이동으로 만들어지는 초국경 소지역의 형성에 집중하는 글들을 모았으며, 중층 전략과 공간의 재구성이라는 두 주제를 중심으로 2부로 구성되어 있다.

이 중 북·중·러 접경지대에 대한 소지역주의 전략을 다루고 있는 제1부는 총 4개의 글이 수록되어 있다. 우선 첫 글에서는 러시아 극동 개발계획과 러시아 변경지역의 변화를 다루고 있다. 극동 지역은 러시아의 경제적 출구로서 중요성을 지녔음에도 2000년대까지 경제 발전을 위한 효과적인 전략이 수립되지 않았다. 극동지역에서의 인력 유출과 부족한 인프라, 외국인 투자에 대한 제한은 극동지역 발전에 장애가 되었다. 하지만 이러한 극동지역 발전에 전환점이 되었던 것은 2012년 블라디보스토크 APEC정상회의였다. APEC정상회의를 통해 러시아 극동 지역은 동북아시아의 국제 협력 중심 도시가 될 수 있는 기반을 마련하게 되었다.

극동지역 개발은 2009년 승인된 「2013년까지 극동 및 바이칼 지역 경제·사회발전 연방특별프로그램」에 기초한 이 지역에 대한 공공투자가 시작되면서 본격화되었다. 인프라 형성, 운송, 외국인 투자자 유치 등 다방면에서 국가 주도의 개발이 이루어졌다. 그리고 2012년에는 극동 지역 개발에 새로운 두 지도자가 푸틴에 의해 임명되었다. 새로 임명된 트루드네프 극동연방관구 대표와 갈루쉬카 극동개발부 장관은 추진되어오던 극동지역 발전 프로그램의 문제점을 지적하며, 새로운 계획을 수립했다. 그들은 '선행개발지역' 개념을 통해 이전 계획에 비해 예산을 대폭 낮춘 프로그램을 구상했다. 이러한 프로그램은 2015년 12월 보고서에 따르면 초기 성공을 가져왔다고 평가 받는다. 하지만 여전히 극동 개발은 역사적인 과제이며 해결을 위해서 현저한 기여를 통해 지속시켜야 했다.

이러한 평가에 따라 2013~2014년 입법과정이 진행되었고, 이것의 실천을 위한 "선도개발구역" 설치와 "자유 무역항"이 시행되었다. 이외에 투자 사업, 극동 개발 기금의 투자, 사업 지원 등의 특정 조치들도 같이 시행되었다. 이와 더불어 러시아 극동 지역 개발 프로그램을 추진하기 위한 국제적 협력이 필수적이었다. 이에 따라 극동러시아와 국경을 접한 중국은 극동 지역 개발을 위한 러시아의 주요 파트너가 되었다. 특히 양해각서를 통해 러·중 생산 및 투자 협력 강화에 양국이 합의하였다. 러시아의 극동 개발계획은 앞으로 동북아시아 국가들과의 초국경 협력을 이끌어 낼 것으로 예상된다.

다음으로 2장에서는 '북·중·러 초국경 경제협력의 특징과 전망'을 러시아의 교통물류 정책을 중심으로 살펴보고 있다. 러시아 극동지역에서의 교통물류 정책과 러시아의 대중국 및 대북한 교통물류 정책을 살펴보았다. 최근 한반도 주변의 정치적, 경제적 상황에서 급격한 변동이 발생하고 있으며, 이는 새로운 차원의 대응방안을 모색할 필요성을 제기하고 있다. 이러한 현실에서 동북아시아 지역의 교통물류의 흐름과 변동에 대해 살펴보는 것은 의미를 갖는다고 할 수 있다. 문재인 정부 출범이후 신북방정책을 추진하고 있는 한국은 한반도신경제정책을 통해 한반도의 교통물류망 연결과 함께 중국, 러시아와의 연결을 추진하고 있다. 따라서 러시아의 극동지역에서의 대외 교통물류 협력, 즉 북·중·러 간의 교통물류 협력은 한국의 정책에서 시사점이 크다고 할 수 있다.

한반도신경제정책에서는 환동해경제벨트가 북·중·러 교통물류망과 연결된다. 이 정책은 한반도의 정치적 상황이나 주변국과의 대외정책 상황 변동에 따라 예상보다 빨리 실현될 가능성이 있으므로 이에 대비할 필요가 있다. 이러한 신북방정책의 필요성에도 불구하고 최근 한반도를 둘러싼 국제정치적 상황은 극동러시아와 연계된 초국경 교통물류 협력에 장애가 되고 있다.

아직까지 한국 정부가 추진하는 초국경 교통물류 협력은 성과를 거두지 못하고 있다고 할 수 있다. 물론 최근 극동러시아 항만과 한국 항만을 연결하는 크루즈 운항이 추진되는 등의 성과가 있기는 하였으나, 신북방정책을 통해 기대한 성과에는 미흡하다고 할 수 있을 것이다. 이런 상황에서 본문에서 살펴본 것과 같이 러시아와 중국, 북한과 러시아 간의 교통물류 협력의 성과와 관련된 협력 논의들에 주목할 필요가 있을 것이다. 이는 우리의 신북방정책의 성과가 미진한 상황에도 불구하고 한반도와 연결될 수 있는 교통물류 환경은 크게 개선되고 있다는 것을 의미하기 때문이다. 우리는 이에 대비한 정책과 협력 방안을 지속적으로 모색해 나가야 할 것이다.

3장은 '창지투개발전략과 연변의 지역구도변동에 대한 전망을 조선족 자치주와 연용도 계획을 중심으로 살펴보고 있다. 다민족국가인 중국에서 민족지역자치제도는 중국의 세 가지 기본정치제도 중의 하나이자, 소수민족 전략에서 중요한 위치를 차지한다. 민족지역자치제도는 소수민족자치지역을 설정, 소수민족의 자치권을 인정해준다. 중국공산당 치하 70년 역사를 통해 중국은 소수민족의 중요성을 깨닫고, 민족지역자치체제를 실행하여 효과적으로 민족의 문제를 해결했다. 하지만 개혁개방 이후 중국 내에서의 민족이동이 자유로워지며 민족지역자치제도는 여러 한계점이 노출된다. 소수민족의 대도시 진출과 소수민족 권익에 대한 문제, 법적 보장의 부재, 한족에 대한 역차별 등의 문제가 생겼다. 이러한 문제들은 자치구역 행정시스템의 구조적인 모순을 제거해야 해결할 수 있다.

　이러한 상황 속에서 2009년 "중국 두만강지역합작개발계획요강(이하 요강)"의 제정은 여러 의미를 지닌다. 중국 정부는 동북지역의 중요한 성장거점인 두만강지역 개발을 국가발전전략차원으로 승격시켰다. "요강"은 향후 두만강지역을 동북아경제합작의 중심지역으로, 중국의 연변 개발개방의 선행구와 시범구로 건설한다는 전략적 목표를 가진다. 특히 "요강"에서 전초지로 부각된 지역은 연용도이다. 연용도 일체화(연길, 용정, 도문을 하나의 단위로 통합하는 것)의 성공여부는 민족자치구역 내 도시 위상 정립의 시범으로 될 수 있다는 큰 의미를 갖고 있다. 중국은 "창지투"전략을 실시하여 연변을 국가 소수민족자치지역의 행정구도개혁의 선행구로 건설하고자 한다. 즉, 민족지역자치권리를 보존하면서 동시에 도시화발전전략에도 부합되는 두 마리의 토끼를 한 번에 잡고자 한다. 다민족 국가 중국에서 소수민족지역 경제사회발전을 추진하는 것은 국가의 수호와 안정에 직접적인 연관이 있다. 이러한 대목에서 "요강"의 추진으로 인한 향후 연변행정의 지각 변동과 민족자치권리 영위문제에 우리는 주목할 필요가 있다.

4장은 초국경 도시 훈춘이 변화하고 있는 중국적 요인에 대해 살펴보기 위하여 (신)동북현상과 지린성 '삼화삼동'전략을 분석하고 있다. 이 글에서는 개혁기 중국 훈춘의 도시변화를 주로 「두만강 유역 개발계획」, 「광역 두만강 개발계획」과 같은 국제적인 차원의 힘들과 주체들에 의해서 분석해왔던 기존 연구를 비판한다. 훈춘은 중국, 러시아, 북한, 한국, 일본이 접하는 국경지역이지만, 동시에 지린성에 속한 도시이기도 하다. 따라서 훈춘의 도시 변화는 국제적인 차원의 힘과 주체만이 아니라, 동북지역과 지린성이라고 하는 중국 국내의 힘과 주체들의 복합적 작용에 의해 결정된다고 봐야 한다.

'국제개발 담론'만 보면 훈춘의 전망은 긍정적일 수 있으나, 훈춘은 '동북현상'과 '신동북현상'을 겪고 있는 동북지역 지린성의 도시이기도 하다는 점이 고려되어야 한다. 즉 동북지역-지린성으로 이어지는 국내 다양한 힘들과 주체들이 상호작용하여 훈춘 도시변화를 만들어가고 있는 측면에 주목해야 한다는 것이다. 이렇게 보면 향후 21세기 "북방의 선전"이 될 것이라는, 국제적인 차원의 도시변화가 가져올 장밋빛 일변도의 단선적(linear) 전망과는 많이 다른, 훨씬 복잡한 도시변화의 가능성과 맞닥뜨릴 수 있게 된다.

이러한 소지역주의 전략을 바탕으로 제2부에서는 초국경적인 인구의 이동과 흐름, 그리고 이러한 이동의 결과로 나타난 공간의 재구성을 다루고 있다. 우선 5장에서는 '북·중·러 접경도시인 특구이자 변경인 훈춘의 유동인구 정책과 외국인 정책을 분석하고 있다. 특구와 변경도시라는 훈춘의 이중적 성격은 유동인구 정책과 외국인 정책에 영향을 미친다. 훈춘에 있어서 유동인구 중 인재에 대해서는 경제/발전의 논리가 동원되어 적극적인 수용대상이 되고, 인재가 아닌 유동인구에 대해서는 안보/치안의 논리가 동원되어 감시와 통제의 대상이 되는 것이다. 또한 인재로 표상되는 외국인은 경제/발전의 논리가 동원될 뿐 안보/치안의 논리는 잘 드러나지 않는다. 이것은 훈춘이 아직은 외국인 숫자가 소수이고 장래 국제도시를 지향하고 있기 때문에, 외국인의 적극적인 수용에 강조점을 두고 있기 때문이라고 할 수 있다. 유동인구 정책과 외국인 정책 모두에 있어서 훈춘은 상하이와 대조적이다. 이는 최대한 인구집중을 억제하려는 상하이로서는, 유동인구에 대해서는 경제발전을 위해서 인재를 수용해야하기 때문에 '안보/치안의 논리'라는 방식보다는 '능력에 따른 위계화'라는 방식을 취하고 있고, 국제사구가 등장할 정도로 다양한 국적과 큰 규모를 가진 외국인에 대해서는 '안보/치안의 논리'에 기초한 '관리'라는 방식을 취하고 있기 때문이다. 이렇게 볼 때, 훈춘의 유동인구 정책과 외국인 정책에서 표출되는 경제/발전의 논리와 안보/치안의 논리의 양상은 현재 도시 훈춘의 발전상황을 반영하는 것이며, 향후 훈춘의 변화에 따라서 그 양상이 바뀔 가능성도 충분히 있다고 할 수 있다.

6장 중국 조선족 해외이주의 흐름과 특징에서는 조선족 이주사의 전체적인 흐름을 다루고 있다. 조선족의 이주사는 30년이 넘었으며,

조선족 사회 대부분 구성원은 직간접적으로 해외이주를 경험했다. 하지만 기존의 연구들은 조선족의 이주사를 특정 지역으로만 서술해 한계가 있다. 따라서 조선족의 이주사를 전체적인 흐름으로 살펴볼 필요가 있다. 조선족의 해외이주는 크게 4단계로 나눌 수 있다. 첫째 단계는 '출국난'의 시기인 1949년부터 1985년이다. 둘째 단계인 1986년부터 1991년까지의 사이는 국가가 공민에게 조건을 부가하여 출국을 제한하던 시기이다. 셋째 단계는 1992년부터 2000년까지이며 점차적으로 자국민의 출국을 허용하던 시기이다. 마지막 단계는 2001년부터 현재까지이며 공민의 출입국제도가 간소화된 시기이다.

　조선족의 해외이주의 주 목적지로는 북한·러시아, 한국, 일본, 미국 외에 기타 국가가 있다. 북한·러시아로의 이주는 주로 '보따리 장사'로 시작되었다. 북한과 러시아는 조선족이 해외이주의 발걸음을 내딛는 첫 목적지로서의 의미가 있었다. 하지만 그 이주 성격이 단기적이고 반복적인 이동행위에 불가했다. 한국으로의 이주는 1992년 '이산가족 찾기' 프로그램을 통해 처음 시작되었다. 1992년부터는 노동자로의 이주가 성행하였다. 2007년부터는 방문취업제와 같은 법률을 통해 불법체류자 문제를 다소 해결하였다. 한국에서 조선족 네트워크가 형성되었으며, 조선족 해외이주의 가장 중요한 목적지가 되었다. 일본에서의 조선족 이주는 다른 지역과는 다른 성격을 지닌다. 1980년대부터 시작된 일본이주는 주로 유학이 목적이었다. 우수한 일본어 구사능력과 이주를 통한 안정적인 경제력은 일본이주에 유리하게 작용되었다. 미국·영국으로의 이주는 다른 지역으로의 이주보다 저렴하였고, 주로 한국인업소에서 일한다는 특징이 있다.

이처럼 조선족의 해외 이주에는 몇 가지 특징을 정리할 수 있다. 첫째, 이주 동기 및 목적지역이 점점 다양해 졌다. 둘째, 초기 불법적 성격의 이주가 점점 합법이주로 바뀌었다. 셋째, 이주국가에서 다양한 조선족 커뮤니티가 형성, 활동되었다. 넷째, 단방향적 이주가 후에 초국가적 이주로 전환하였다. 다섯째, 한국이 최대 이주국이며 타 지역에서도 한인 커뮤니티에 대한 의존성이 높다. 여섯째, 30년의 이주경험이 국내외로의 이주 방향성 및 계층분화에 주는 영향력이 뚜렷해지고 있다.

7장 우수리스크 한인 디아스포라들의 초국경적 만남에서는 러시아 연해주의 우수리스크 지역을 중심으로 한인 디아스포라들의 초국경적인 만남을 통해 공간이 재구성 되는 것을 살펴본 글이다. 북·중·러 접경도시인 우수리스크는 중앙아시아에서 귀환 이주를 감행한 고려인과 사할린 동포들, 그리고 중국의 조선족, 북한의 노동자들, 기업과 NGO 및 종교단체에 속한 한국인 등 다양한 한인 디아스포라들이 진출해 있는 지역이다.

우수리스크에 거주하는 여러 범주의 한인 디아스포라들은 다양한 장소에서 서로 얽힌 삶을 살아가고 있다. 이들의 초국경적인 만남의 장소들은 크게 경제활동 공간과 사회활동 공간으로 구분할 수 있다. 대표적인 경제활동 공간은 중국시장과 건설노동 현장이며, 사회활동 공간은 문화공간인 〈고려인 문화센터〉와 종교 공간인 교회들, NGO현장인 〈로지나 서당〉과 〈동북아평화연대〉의 농장과 생활협동조합이다. 이러한 장소들에서는 고려인, 북한인, 남한인, 조선족들의 만남이 이루어진다.

우수리스크 내의 이러한 중첩적인 만남의 장소들에서 저자는 2014년 10월, 2015년 2월, 2015년 10월 세 차례에 걸쳐 인터뷰를 진행했으며, 국내에서 2차례에 걸쳐 보충 인터뷰를 진행했다. 이러한 초국경적인 만남의 현장에서 진행한 구술인터뷰를 통해 알 수 있었던 것은 북한인, 남한인, 고려인, 조선족 디아스포라 사이에 다양한 형태의 협력관계와 더불어, 경제적, 문화적인 요인으로 인한 위계화가 나타나고 있다는 점이다. 경제적으로 월등한 조선족에게, 고려인들이 문화적 우월감으로 위계를 드러내기도 한다는 점이 흥미로웠다. 이는 한인 디아스포라 간의 위계화가 반드시 경제적인 요건과 일치하는 것은 아니라는 것을 보여주는 것이었다.

이처럼 동일한 에스닉 그룹임에도 불구하고 국적에 따른 문화적 차이와 자본에 따른 위계화라는 부정적인 측면도 있지만, 초국경적 만남을 통해, 특히 초국경적인 가족 형성을 통해 국민국가의 경계에 매이지 않는 새로운 세대가 등장하고 있는 점도 확인할 수 있었다. 현재 동북아시아에서 국제정치적 갈등상황으로 인해 초국경적 이동과 흐름이 원활하기만 한 것은 아니지만, 많은 역경에도 불구하고 한인 디아스포라는 동북아시아 공동의 공간의 매우 중요한 행위자(actor)로서 활동하고 있음을 보여주고 있다.

마지막으로 제8장에서는 초국경 공간인 연해주에 파견된 북한 노동자들을 다루고 있다. 연해주는 자연, 사회적 재화가 풍부하며 한민족을 포함한 다민족의 문화가 공존하는 지역으로 일종의 접경지대 혹은 초국경 공간이라고 할 수 있다. 오늘날에는 연해주가 동북아시아 특히 한·중·러의 경제 협력과 개발의 중심지로 성장하면서 새로운 국제노동이주자를 필요로 하고 있다. 북한의 해외파견 이주노동자는 이러한 러시아의 상황과 요구에 부합하는 동시에 북한 내 외교정책과 경제발전에 많은 도움을 주고 있다.

북한 노동자의 러시아 파견은 1945년부터 시작되어 북·러의 정치적 관계에 따라 송출되는 지역, 인력, 직종 등에 변동이 있었다. 2007년 이후 연해주 지역에 파견된 북한 노동자들은 대부분 건설노동자로 러시아로부터 북한이 쿼터를 받아 노동자를 파견하는 방식으로 이주했다. 파견된 북한 노동자들은 북한 당국이 러시아에 설립한 회사 혹은 사업소 체제에 편입된다. 이때부터 노동자들은 북한 당국의 철저한 감시체계와 과중한 계획분담금 납부의 의무 속에서 생활하지만 한편으로는 개별 노동인 청부를 통해 현지에서 새로운 사회적 연결망을 형성해나간다. 해외 파견을 경험한 노동자들은 귀국 후 다양한 방법을 거쳐 다시 러시아에 송출되는 일종의 이주 회로 속에 편입된다.

연해주는 인력협력과 개발협력의 가능성이 높은 지역으로 북한과 러시아의 노동력 송출 및 유입관계를 이해하고 국제적 긴장을 완화하는 것이 필요하며, 이를 바탕으로 북한 노동자의 이주를 장려하고 이들의 인권과 처우를 개선해 주는 것이 바람직하다. 특히 2017년 말 유엔 안전보장이사회가 취한 대북 제재 확대에 러시아가 동참하면서 고용 쿼터의 발행 중단과 함께 러시아 내 북한 기업이 폐쇄되고 기한이 도달한 다수의 노동자가 귀환하고 있어 해외 파견 북한 노동자에 대한 새로운 시각과 방향이 모색될 필요가 있다. 이러한 일련의 사업들은 궁극적으로는 통일 기반 조성에 중대한 역할을 할 수 있을 것으로 기대할 수 있다.

이상과 같은 연구들은 결국 다음과 같은 의의를 지닌다고 할 수 있을 것이다. 우선, 북·중·러 접경지대의 지역적 특징으로서 행위자들의 중층적인 상호작용을 포착하기 위해서는 미시적 사례에 집중한 과정추적적인 연구의 필요성을 확인해 주고 있다는 점이다. 그리고 다양한 지역의 사례연구를 통해서 이러한 연구의 함의와 가능성을 고양시킬 수 있음도 확인하였다. 특히 이런 필요와 가능성을 북·중·러 접경지대에 적용함으로써 이 지역에 대한 연구의 질적 고양을 위한 가능한 연구 주제로서 전략과 사람의 이동에 주목하여 초국경 소지역협력에 대한 연구의 방법론적 고양을 고민해 보았다는 점에서 의의를 지닌다고 하겠다. 또한 본서의 북·중·러 접경지대를 둘러싼 협력과 경쟁의 동학에 대한 연구는 기존 국제정치학이나 여타 사회과학에서 보여주는 국가중심적 접근법으로는 설명되지 않는 지점을 보여줄 수 있다는 점이다. 북·중·러 접경지대의 특질을 드러내기 위해서는 국제정치학의 평면적 접근법을 극복하고 학제적인 시도를 통해서 북·중·러 접경지대의 동학 가운데 드러나는 미시적 사례의 다층적 함의를 찾아야함을 보여주었다. 하지만 본서의 연구들도 방법론적 견지에서 보자면 아직도 여러 면에서 부족한 점들이 있는 것이 사실이다. 향후 후속 연구들이 축적되어 이런 고민들을 뛰어 넘는 계기가 마련되기를 바라는 기대로 서장을 마무리해 본다.

참고문헌

강태호, 강재홍, 송인걸, 손원제, 최현준, 박성준, 강재훈, 이창주, 이성우. 2014. 『북방 루트 리포트』 파주: 돌베개.

동북아역사재단 (편). 2014. 『기획 58, 동아시아 평화와 초국경협력』 서울: 동북아역사재단.

림금숙. 2011. 『창지투 선도구와 북한 나선특별시, 러시아 극동지역 간 경제협력 과제』 서울: 통일연구원.

백준기. 2005. "푸틴정부의 대외정책수정의 '수준(levels)'과 '경로(courses)': 동북아에서의 전략적 옵션." 『한국동북아논총』 37, 171-188.

성원용, 원동욱, 임동민. 2005. 『대륙철도를 이용한 국제운송로 발전전략 비교 연구: 러시아와 중국을 중심으로』 한국교통연구원.

신범식. 2013. "북·중·러 접경지대를 둘러싼 초국경소지역 개발협력과 동북아시아 지역정치." 『국제정치논총』 53(3), 427-463.

신범식, 박상연. 2015. "러시아와 중국의 나진항 3호부두 사용권 협상전략 비교." 『중소연구』 39(2), 153-190.

신범식 (편). 2018. 『북·중·러 접경지대와 동북아 소지역협력』 서울: 도서출판 이조.

우평균. 2010. "러시아 극동개발 프로그램과 한·중·일의 정책: 현황 및 한국의 방향성" 『슬라브학보』 25(4), 223-255.

원동욱. 2011. "북·중경협의 빛과 그림자: '창지투 개발계획'과 북·중 간 초국경 연계개발을 중심으로." 『현대중국연구』 13(1), 43-73.

원동욱, 강승호, 이홍규, 김창도. 2013. 『중국의 동북지역 개발과 신북방 경제협력의 여건』 대외경제정책연구원.

윤승현. 2009. "중국의 두만강지역 개발 현황과 시사점." 『한중사회과학연구』 5(2), 29-53.

이금휘. 2014. 『북한과 중국의 경제지정학적 관계와 경협 활성화』 서울: 선인.

이재영, 이철원, V D Kalashnikov, 신현준. 2006. 『러시아의 동부 지역 개발 전략과 한국의 참여 확대 방안』 대외경제정책연구원.

이창주. 2014. 『변방이 중심이 되는 동북아 신 네트워크』 부산: 산지니.

정여천 (편). 2008. 『러시아 극동지역의 경제개발 전망과 한국의 선택』 서울: 대외경제정책연구원.

조명철, 김지연. 2010. 『GTI(Greater Tumen Initiative)의 추진동향과 국제협력방안』 연구자료 10-16. 서울: 대외경제정책연구원.

한종만. 2014. "러시아 극동·바이칼지역 사회경제 발전 프로그램과 한·러 경제협력의 시사점." 『러시아연구』 24, 407-444.

Bauer, John W. 2009. "Unlocking Russian Interests on the Korean Peninsula." *Parameters* 39(2), 52-62.

Chen, Xiangming. 2005. *As Borders Bend: Transnational Spaces on the Pacific Rim*. Oxford: Rowman & Littlefield Publishers.

Chung, Chien-peng. 2010. *China and Multilateral Co-operation in Asia and the Pacific*. New York: Routledge.

Goode, J. Paul. 2004. "The Push for Regional Enlargement in Putin's Russia." *Post-Soviet Affairs* 20(3).

Greater Tumen Initiative. 2014a. *Evaluation Study on the Sea-Land Routes in Northeast Asia*. GTI Secretariat.

Greater Tumen Initiative. 2014b. *Trans-GTR Transport Corridors: Financing Infrastructure Development*. GTI Secretariat.

Hall, Peter A. and Rosemary C. R. Taylor. 1996. "Political science and the three new Institutionalisms." *Political studies* 44(5).

Hansen, Niles. 1986. "Border Region Development and Cooperation." in Oscar Martinez (eds.). *Across Boundaries: Transborder Interaction in Comparative Perspective*. El Paso: Texas Western Press.

Joo, Seung-ho. 2012. "Putin's Russia and the Korean Peninsula: Nuclear Proliferation, Power Succession, and Trilateral Economic cooperation."

Koo, C, H Lee, and D Yoo. 2011. "Northeast Asian Economic Cooperation: Assessment and Prospects of the Greater Tumen Initiative." Asia-Pacific Cooperation Academy Kangwon National University. http://www.akes.or.kr/eng/papers(2011)/39.full.pdf

Lo, Bobo. 2002. *Russian Foreign Policy in the Post-Soviet Era*. New York: Palgrave Macmilan.

Lukin, Artyom, and Tamara Troyakova. 2012. "The Russian Far East and the Asia-Pacific: State-Managed Integration." In, Far Eastern Federal University Press.

https://apcss.org/wp-content/uploads/2012/09/Chapter15.pdf

Marton, Andrew, Terry McGee, and Donald G Paterson. 1995. "Northeast Asian Economic Cooperation and The Tumen River Area Development Project." *Pacific Affairs* 68 (1), 8-33. doi: 10.2307/2759766.

Mead, Walter Russell. 2014. "Return of Geopolitics," *Foreign Affairs*.

Mead, Walter Russell. 2018. "Geopolitics Trumps the Markets," *The Wall Street Journal*, 29.

Meyer, Peggy Falkenheim. 1999. "The Russian Far East and It's Economic Integration with Northeast Asia: Problems and Prospects." *Pacific Affairs* 72 (2), 209-224.

Noland, Marcus, and L. Gordon Flake. 1997. "Opening Attempt: North Korea and the Rajin-Sonbong Free Trade and Economic Zone." *Journal of Asian Business* 13, 99-113.

Economic and Social Commission for Asia and the Pacific. 2005. *Development of Shipping and Ports in North-east Asia*. New York: United Nations Publications.

Economic and Social Commission for Asia and the Pacific. 2006. *Integrated International Transport and Logistics System for North-East Asia*. New York: United Nations Publications.

Peng, Dajin. 2002-2003. "Subregional Economic Zones and Integration in East Asia." *Political Science Quarterly*, 117(4), 613-641.

Rangsimaporn, Paradorn. 2009. *Russia as an Aspiring Great Power in East Asia: Perceptions and Policies from Yeltsin to Putin*. Oxford: Palgrave Macmillan.

Rozman, Gilbert. 1998. "Flawed regionalism: Reconceptualizing Northeast Asia in the 1990s." *The Pacific Review* 11(1), 1-27. doi: 10.1080/09512749808719242.

Rozman, Gilbert. 2004. *Northeast Asia and Stunted Regionalism*. Cambridge University Press.

Rozman, Gilbert, ed. 2010. *Chinese Strategic Thought toward Asia*. Palgrave Macmillan.

Sasuga, Katsuhiro. 2005. *Microregionalism and Governance in East Asia*. London: Routledge.

Scalapino, R A. 1992. "Northeast Asia – Prospects for cooperation." *The Pacific Review*.

Tsuji, Hisako. 2009. "The Prospects for the Trade and Distribution Routes between East Asia and Russia." 85, 23-35.

Wolff, David. 2003. "DPRK Briefing Book : A Role For Russia In Korean Settlement." *Nautilus Institute Policy Forum* 03-29.

저자 소개

신범식 Shin, Beom Shik

소　　속	서울대학교 정치외교학부 교수, 서울대 국제문제연구소 복합안보센터장, 아시아연구소 중앙아시아센터장.
학　　력	모스크바국제관계대학(MGIMO) 정치학박사.
주요 논저	"비교지역연구 서설"(2019), "중국의 부상과 중앙아시아 국가들의 대응"(2015), 『통일의 신지정학』(2017), 『평화의 신지정학』(2019) 등.
이 메 일	sbsrus@snu.ac.kr

제1부

북·중·러 접경지역과
소지역주의 전략

1장
러시아 극동개발 계획과 러시아 변경지역의 변화
세르게이 세바스티야노프 극동연방대학교

I. 서론

러시아 극동지역에 대한 실질적 상실 위협이 줄어들었음에도 불구하고 아직도 이 영토는 러시아의 전략적 목표 지역으로 남아있다. 1990년대 존재하던 중국의 인구적, 경제적 팽창에 대한 두려움은 실현되지 않았지만, 그럼에도 불구하고 여전히 오늘날 극동지역은 특히 교통의 불편함과 높은 에너지 가격이라는 측면에서 러시아 중심부로부터 심각하게 고립되어 있다. 극동지역이 경쟁력을 갖추기 위해 필요한 핵심 조건으로는 지역 기업을 위한 수혜적 에너지 가격이 있어야 한다. 또한 극동에서의 내수를 목적으로 러시아 중심부로부터 극동으로 도달하는 상품들, 그리고 외국으로 수출되는 상품들에 대한 차별적인 철도 운송 가격정책이 시행되어야 한다. 아시아태평양 지역과의 더 긴밀한 통합을 바탕으로 전 러시아 경제의 출구를 찾고자 하는 러시아의 또 다른 핵심 목표는 오로지 위의 조건을 성취했을 때만 이뤄질 수 있다. 정리하자면 이런 목표들은 서로 연결되어 있으며, 오직 극동지역과 자바이칼 지역이 다른 지역들에 비해 더 뛰어난 조건을 갖춰야만 목표 달성이 보장될 것이다. 특히 이 지역들은 러시아 중심부와, 동북아시아, 아시아태평양 지역 이웃 국가들과의 복합적인 협력관계가 구축되어야 한다.

시장 원리에 근거한 경제 발전을 바탕으로 1990년과 같은 맥락으로 진행되어온 극동과 자바이칼 지역 지원에 대한 효율적 장기 발전 모델은, 현실적으로 더이상 실현가능하지 않다는 것이 밝혀졌다. 2009년에 발표된 '2025년까지 극동 및 바이칼 지역의 사회경제적 발전 전략'에 따르면 지금까지의 사업들은 모두 개별적인 성격을 지니고 있었기 때문에 효과적이지 못했다. 연방 수준에서, 그리고 산업 전반적 수준에서 전략을 수립하는 과정에는 지역 개발을 위한 통합적인 방침이 반드시 필요함에도 불구하고 이것이 지켜지지 못하였다. 2009년의 '전략' 속에서 계획되었던 사업들은 정부나 연방, 그리고 국영 기업체들의 투자 대상에 들어가지 않았다. 극동지역 연구자들은 러시아가 아시아태평양 국가들과 경제적으로 협력하기 어려운 요인들에 대해서 다음과 같이 이야기하고 있다.

- *생산 및 수송 인프라의 개발 부족과 현지 상품의 낮은 경쟁력: 값비싼 운송요금, 전기요금, 기본 생산 시설이 열악하기 때문에 같은 제품을 생산하는 데 있어서 러시아의 중심부보다 극동연방관구에서의 생산 비용이 50-60% 더 많이 든다. 결과적으로*

러시아 국내 총생산의 4.5%만이 극동연방관구에서 생산되고 있다.
- 현지에서는 오직 천연 자원의 수출만 가능하고, 고부가가치를 창출할 수 있는 정제, 가공이 제한되어 있는 상태이다.
- 적은 인구와 노동력, 인재의 국내외 유출로 인해서 상품과 서비스에 대한 시장이 부족하며, 현존하는 노동력은 노화되고 있고, 기술과 자격을 가졌거나 대학 졸업자 등의 고급 인력들은 유출되고 있고, 이들을 낮은 기술력을 가진 인력이 대체하고 있다.
- 러시아 정부의 극동지역에 대한 개발 프로그램이 선언 수준에서만 그치고, 실제로 구현되지 못하고 있다. 특히 투자자에 대한 우대를 제공하기 위한 법적인 제도들이 부재하다(Осипов В, 2012: 33-37).

러시아 극동지역에서 외국인 직접투자(FDI: Foreign Direct Investment)는 2004년에서 2007년 사이에 절정을 맞이했다. 그 당시 FDI의 규모는 약 $28.1억에서 $32.6억 달러 사이였다. 이 금액의 약 80%는 사할린-1, 사할린-2 프로젝트의 영향으로 사할린 주에 집중되어 있었다. 2009년부터 극동지역에서 전체적인 외자의 감소 추세가 보인다. 이 시기에 연해주에서 시행된 대형 사업들, 예를 들어서 블라디보스토크의 석유 및 가스 파이프라인, 도시 인프라 건설 등의 사업들은 외국 투자자들의 관심을 끌지 못했거나, 혹은 러시아 연방이 외국인의 참여를 배제한 상황에서 연방 예산을 활용하여 진행하였다. 러시아 극동지역과 아시아태평양 국가들의 경제협력이 외국인 투자자들의 적극적인 참여 없이 불가능하다는 것을 고려했을 때, 이런 현상은 매우 우려되는 추세이다(Латкин А, 2012: 27-28).

APEC 정상회의를 대비해 추진되었던 대규모 국가 차원의 투자 및 기타 시설들의 건설이 있었음에도 불구하고 현지 경제의 상태와 구조는 크게 개선되지 못했다. 2011-2012년 극동 지역총생산(GRP: Gross Regional Product)의 성장 속도는 러시아 평균 수치에 준하였지만, 2012년에는 러시아 평균 수치와 함께 감소하였다. 2013년에는 극동 지역의 전반적인 경제상황이 악화되었으며, 기업의 재무 지표도 동반 하락하였다. 흑자를 내지 못하는 기업들의 비중은 45%로 연방관구들 중 극동연방관구가 가장 높았으며, 실질 구매력은 북카프카스 지역과 함께 러시아에서 제일 낮았다. 극동지역의 실업률은 우랄 서쪽의 러시아와 비교했을 때 두 배 정도 높았다. 이런 모든 지표들은 지역 주민들의 불안감을 불러일으켜 계속적인 인력 유출의 원인이 되고 있다(Рудько-Силиванов В.В, 2013: 14-20).

II. 2012년 블라디보스토크 APEC 정상회의의 역할과 의미

2012년 블라디보스토크에서 APEC 정상회의 준비 및 개최는 러시아 극동 지역을 동북아시아의 긴밀한 경제협력 공간으로 적극적으로 끌어들일 수 있는 계기를 마련했다. 러시아는 APEC 정상회의를 통해서 극동 지역에 대한 중요성을 부각시킬 수 있었다. 아울러 아시아태평양 국가들과 호혜적 경제 협력의 방향과 사업을 논의하는 자리를 가졌으며, 국내외적으로 극동 지역에 대한 관심을 높일 수 있었다. 장기적으로 APEC은 러시아가 아시아태평양에서 경제적 협력을 실천할 수 있는 주요 다자 협력기구가 될 것이다.

블라디보스토크에서 열린 APEC 정상회의는 모스크바가 아시아태평양 경제 협력을 발전시키는 과정을 우선시하고 있다는 의지를 밝히는 기회로 다가왔다. 그 중 가장 핵심적인 내용은 동아시아 국가들에게 에너지 자원 공급을 확대하는 것이다. 러시아에서 제일 규모가 큰 국영 기업인 가즈프롬과 로즈네프트 등이 이미 극동 지역에서 동아시아로의 공급을 실시하고 있다. 또한 동아시아와 유럽 사이를 물류로 연결하는 노선에 대해서도 러시아는 관심을 가지고 있다. 러시아 정부는 동서 간을 연결하는 운송로를 경제적으로 효율성있게 만들기 위해서 항구를 포함한 기반 시설들을 우선적으로 개발하기로 결정해야 한다. 그리고 북극해 항로 개발을 위한 다양한 정치적, 경제적 제안들을 외국인 투자자들에게 제공할 수 있어야 한다.

악화되는 글로벌 경제 상황 속에서 아시아태평양 경제협력 과정에 러시아가 기여할 수 있는 가장 중요한 역할은 이 지역의 식량 안보에 대한 것이다. 러시아와 경제 협력 경험이 있는 대한민국, 베트남, 싱가포르 등의 외국인 투자자들을 유치하여 극동과 자바이칼 지역에서 밀, 콩, 기타 작물의 시범 재배 프로젝트를 시작할 필요가 있다.

또 다른 중요한 방법은 아시아태평양 지역의 과학 및 교육 협력 과정에 러시아 대학들을 연결시키는 것이다. 극동연방대학교에서 다양한 대학원 과정이 영어로 개설됨에 따라 아시아태평양 국가들에게 러시아 교육 서비스를 제공할 수 있는 실질적인 가능성이 생겼다. 러시아 연방 정부는 극동연방대학교를 위한 특별 발전 기금을 조성하여, 이 기금을 바탕으로 교육과 학술 연구 수준을 개선하는 데 사용하고 있다.

블라디보스토크가 아시아태평양 지역의 국제 협력 중심 도시로 발돋움하기 위해서는 블라디보스토크 개발 프로그램을 별도의 전략 과제로 독립시켜야 한다. 이와 유사한 생각을 1980년대 후반, 고르바초프 소련 대통령이 제시한 적이 있었다. 2012년 APEC 정상 회의를 개최하기 위해 상당한 재원이 블라디보스토크를 위해 제공되었고, 이 덕분에 도시의 외관이 크게 바뀔 수 있었다. 단기간 내에 새로운 공항, 두 개의 대교(大橋), 루스키 섬에 건설된 새로운 극동연방대학교 캠퍼스, 레저 센터, 오페라 극장 등이 건설되었다. 이러한 성과로 인해 블라디보스토크는 아시아태평양 지역의 국제 협력의 중심 도시가 될 수 있는 여러 기준을 갖추게 되었다. 블라디보스토크가 앞으로 국제 협력의 중심으로 지속적으로 발전하기 위해서는 다음과 같은 다방면의 노력이 더 필요하다. 개발에 적합한 10만 헥타르 이상의 땅이 있는 아르테모프스키 지구와 나데즈딘스키 지역을 블라디보스토크와 연결하는 것이 필요하다. 세계적인 도시 계획의 경험을 바탕으로 새로운 지역에 종합 저층 주거 단지, 기업체와 공장을 배치하기 위한 기술 산업 복합단지 조성을 기획해야 한다. 대기업들은 이미 석유 정제, 물류, 농산물 생산 등의 강력한 클러스터들이 형성되고 있는 연해주 남부 지역으로 생산시설을 옮기고 있으며, 이동 속도는 지속적으로 빨라지고 있다.

APEC 정상회의를 개최하기 위해 인프라 시설을 개발한 것은 블라디보스토크가 아시아태평양 지역 국제 협력의 중요한 중심지가 되는 데 큰 기여를 했다. APEC 정상회의는 러시아 관료들과 대형 사업가들이 아시아태평양 국가들과 호혜적 경제 협력 방향과 프로젝트를 논의할 수 있는 자리를 마련해 주었고, 국내외에서 극동 지역에 대한 관심을 높이는 계기로 작동했다.

동시에 APEC 블라디보스토크 정상회의는 외국인들에게 극동지역이 가진 한계를 보여주기도 하였다. 외국인 투자 유치라는 관점에서 극동지역은 열악한 인프라, 적은 인구, 세금 및 기타 특혜가 없기 때문에, 원자재 수출 외에는 해외 투자자들에게 큰 관심의 대상이 되지 못한다는 것이 밝혀졌다. 러시아는 극동 지역 기업들의 경제활동, 투자환경, 거주환경을 향상시키기 위해서 장기적인 시스템, 금융, 사회 등 다양한 영역에서 신속한 개발을 위한 계획이 필요하고, 이를 정부에서 추진해야 한다는 것을 명백하게 깨닫게 되었다. 즉, APEC은 러시아 내부에서 오래 전부터 해결되지 못했던 문제를 풀기 위한 계기로 작동했다. 이번 회의의 내용과 빈약한 투자 결과는 극동과 자바이칼 지역의 종합 발전 전략을 구상하기 위해서 새로운 조직적, 경제적 접근 방식이 긴급하게 필요하다는 것을 보여줬다. 이 문제는 2012년 11월 러시아 국가위원회 상임위원회 특별 회의의 주제가 되었다(Севастьянов С, 2013: 7-16).

블라디미르 푸틴 러시아 대통령은 이 회의에서 "이와 같이 상당한 면적을 지닌 지역의 개발은 장기적인 전략이 필요하며, 모든 조치는 일관성 있게 이뤄져야 한다. 이런 접근 방식은 극동 및 바이칼 지역의 사회경제적 발전을 목표로 삼은 국가 프로그램에 반영되어야 하며, 그 프로그램은 2025년까지 진행되어야 한다"라고 지적했다(Путин В, 2012). 그는 또한 최근에 만들어진 극동개발부의 업무 수행에 대해 심각하게 이의를 제기하며 지역 발전을 책임지는 국영 기업의 설립을 제안하였다. 이에 따르면 명확한 책임 영역을 지닌 두 개의 기관으로 구성된 관리 방식이 제시되었다. 국영 기업은 구체적인 사업을 실현하고, 극동개발부는 감독 기능을 수행하여 지역의 개발을 위한 종합 계획을 구상해야 한다. 푸틴 대통령은 또한 극동으로 오기로 한 국내외 기업인들과 투자자들이 얻을 수 있는 세금, 투자 등 기타 혜택들에 대한 자세한 조치를 신속하게 실행할 것을 해당기관에 지시했다. 푸틴 대통령의 발언에 따르면 극동 투자자들은 다음과 같은 효율적인 혜택을 누릴 수 있게 된다.

- 러시아 극동 지역에서 새로 운영되는 공장들에게 첫 10년 동안 소득세 세율을 0으로 규정
- 기업체들을 위한 유리한 전기요금과 수송요금 제도 규정
- 세금 및 관세 특혜를 제공하는 형식으로 중소기업에 대한 국가 지원
- 극동 및 자바이칼 지역 발전 기금을 천억 루블까지 늘리고 기금을 중소기업에 제공
- 극동 지역에서 경제자유구역의 형성 및 관리에 대한 주요 기능을 극동개발부에 부여하면서 경제자유구역 설정의 단순화
- 사회복지 차원의 기능을 수행하는 동시에 교통, 에너지 및 지역

기타 인프라의 우선 개발. 특히 고급 인력 유출을 방지하기 위해서 극동지역과 자바이칼 주민들에게 추가적인 사회적, 경제적 혜택을 제공

이 문제에 관한 국가의 종합적인 계획이 '2025년까지 극동 및 바이칼 지역의 사회경제적 발전 전략'의 개정판과 극동지역 사회경제발전에 대한 특별법 등에 반영되었다. 러시아 정부가 대통령이 지시한 문제 해결 방안을 입법화하고 새로운 행정 관리 기관을 설치하는 데 3년이 걸렸다.

III. 2007-2014년 러시아 극동 지역정책의 실용적인 측면

러시아 지역정책 중 '프로그램-목표 관리 방법'은 정부 프로그램의 내용에 따라 목표와 그것을 달성하기 위한 수단을 체계화시키는 방법으로 구성되어 있다. 이는 사회경제적인 발전 과정의 힘과 수단의 수준 측면에서 가장 적절하다고 평가된다. 2009년 말에 정부에 의해 승인된 '2025년까지 극동 및 바이칼 지역의 사회경제적 발전 전략'은 선진경제와 쾌적한 생활환경 형성을 통해 극동과 바이칼 지역의 인구 확보를 중심 발전 목표로 가지고 있다. 방법론적 차원에서 '전략'은 성장극 이론과 프레임-클러스터 접근에 기반을 둔다. 극동에서 가장 중요한 프로젝트를 국영 기업이나 국가가 부분적으로 관리하는 기업들, 정부에 대해서 충성스러운 민간 기업들이 맡는다. 가즈프롬, 트랜스네프트, 로스네프트, 러시아국영철도회사, 러시아국영조선공사, 시베리아 석탄 에너지 회사, 러시아 통합전력회사, 극동에너지관리기업, 패트로파블로프스크, 메첼, 숨마 등이다. 이들 기업의 프로젝트를 위해 글로벌 금융 시장에서 자금을 빌려와 국영 은행들이 대출을 관리해준다.

극동 지역 개발을 위한 공공 투자는 주로 현지화된 두 가지 연방 목표-프로그램을 통해 수행되었다. 2007년에 발표된 '극동과 자바이칼 지역의 경제사회적 발전' 프로그램은 2013년까지 큰 변화와 확장을 겪었고, 이 프로그램 아래에 '아시아태평양 지역의 국제협력 센터로써 블라디보스토크 시 개발'이 위치하게 되었다. APEC 정상회의 준비 프로그램의 가장 중요했던 부분은 극동연방대학교가 되었다. 연방 관구마다 하나씩 연방대학교가 설립되어 지역 교육의 원동력으로 작동하고 있고, 중앙 정부로부터 많은 혜택을 받고 있다. 극동지역은 예외적으로 극동연방대학교 외에 야쿠츠크 시에 또 하나의 연방대학교가 설치되어 있다.

'2007-2015년 쿠릴 열도(사할린 주)의 사회경제적 발전' 프로그램의 주된 목표는 주민들의 생활과 사업가들의 활동 위험을 최소화시키는 것이었다. 프로그램의 주된 대상은 두 개의 공항, 헬기장, 여러 계류 시설, 공항과 계류장에서 거주 지역과 연결하는 도로망, 양식장, 전기 및 하수 시스템, 사회복지시설을 설치하는 것이었다. 쿠릴 열도에서 일본의 선전에 대응하기 위해서 연방 디지털 방송 시스템의 배급이 시작되었다. 쿠릴 열도에서 새로운 러시아 정책의 차이점은 또한 이 지역에 배치된 병력의 강화였다. 2011년 러시아 국방부는 새로운 기계화 보병, 육군 항공대, 통신 및 전자전 장비, 레이더 등을 도입하면서 이 지역 포병사단의 현대화를 시작했다.

세계 금융 위기는 극동 지역 개발 프로그램 자금 조달에 영향을 미쳤다. 예를 들어 '극동과 자바이칼 지역' 프로그램에 대한 자금 재원은 2011-2013년도에 62%로 감소하였고, 산업 프로그램들에 대한 지원도 축소되었다. 그러나 '쿠릴 열도의 사회경제적 발전'과 APEC 정상회의를 위한 블라디보스토크 준비 계획은 예년과 같은 수준에서 지원을 계속 받았다. 극동개발부가 준비한 새로운 연방 프로그램인 '쿠릴 열도'는 2016년 무렵부터 현실화될 것으로 예상되었다.(Козлов Л. 2013: 17-26).

북극 개발은 두 가지 측면에서 러시아의 우선순위가 되고 있다. 첫 번째로 지구온난화로 인해 북극해 항로의 얼음이 녹고 있고, 그 결과 정기적으로 운용 가능한 효율적 수송 경로가 될 가능성이 있기 때문이다. 두 번째 이유는 이 지역이 에너지 자원의 원천이기 때문이다. 2013년 푸틴 대통령은 '2020년까지 러시아 북극지역의 발전과 국가 안보 전략'을 승인하였다. 1년 뒤에 러시아 정부는 '2020년까지 러시아 북극지역의 사회경제적 발전'이라는 국가 프로그램을 승인하였다. 북극지역 정부 정책 실현을 위한 안보회의에서 푸틴 대통령은 북극 프로그램의 자금이 2017년부터 제공될 예정이라고 말했다.[1]

2007년에 러시아 대통령은 아무르 지역에서 수송, 화물 우주선,

---

[1] Заседание Совета Безопасности по вопросу реализации государственной политики в Арктике // Президент России. 22 апреля 2014. URL: http://news.kremlin.ru/news/20845//

궤도 스테이션 모듈 준비 및 발사를 위한 과학적, 사회경제적, 상업 및 다목적 우주 기지의 건설 결정을 승인하였다. 금융위기에도 불구하고 우주 활동을 위한 예산 할당은 줄어들지 않았으며, 이 우주 기지는 2016년 4월에 첫 발사를 했다. 그리고 2018년 12월까지 총 4회의 위성발사에 성공했다.

21세기 시작과 함께 러시아 정부는 극동지역 인프라 사업에 많은 투자를 하였다. 우선 극동지역 교통 시스템에 대해서 투자를 진행하였다. 지역 수준의 계획 외에도 이 투자들은 '2030년까지 러시아 교통 전략'에 의지하고 있으며, 목표-프로그램인 '2015년까지 러시아 교통 시스템의 발전'을 통해서도 자금 지원을 받는다. 2010년에서야 소련 시기 때 착공된 치타-하바로프스크 자동차 전용도로가 완공되었다. 이어서 야쿠츠크-마가단 도로가 공식적으로 개통되었고, 2013년부터는 러시아가 수십 년간 공을 들여 건설한 아무르-야쿠츠크 철도가 운영되기 시작했다.

항공 운송의 측면에서 러시아는 최북단 지역의 공항들에서 이륙과 착륙에 대한 공항이용료, 극동 및 시베리아 승객의 항공 운송, 극동연방관구와 시베리아연방관구에서 지역 항공 운송, 러시아에서 생산된 항공기의 임대료, 지역 및 현지 운송 비행기의 임대료에 대한 보조금 등의 혜택을 제공하고 있다. 2009년부터 러시아 정부는 23세 미만, 60세 이상의 승객들에게 모스크바, 상트페테르부르크와 소치 항공권 비용의 절반을 보조금으로 지급하고 있다. 2015년에 아에로플로트 항공사는 극동 지역 도시에서 모스크바로 오고 가는 모든 항공권에 러시아 정부 보조금을 적용해 18,000루블이란 통일 가격을 설정하여 극동지역 주민들로 하여금 항공료에 대한 부담을 줄여줬다. 2016년에도 아에로플로트 항공 운임을 보조해주는 이 프로그램은 유지되었다. 다만 물가 상승에 의한 운임 상승으로 인하여 20,000루블까지로 한도가 확장되었다.

2007년 이른바 동방 가스 프로그램으로 불리는 '중국과 다른 아시아태평양 국가들에 잠재적 가스 수출 가능성을 고려한 동부시베리아와 극동 지역에서 통합적인 가스 생산, 운송 및 공급 프로그램'이 승인되었고, 가즈프롬은 이 프로그램의 관리 역할을 맡았다. 이 프로그램 아래 사할린 및 캄차카에서 새로운 가스 생산 센터가 생겼고, 야쿠티아 가스 생산 센터 건설도 착수되었다. 2012년 APEC 정상회의가 시작되기 전에 사할린, 하바로프스크, 블라디보스토크를 연결하는 가스관이 설치되었고, 2014년에는 야쿠티아-하바로프스크-블라디보스토크를 잇는 '시베리아의 힘'이라는 가스관의 건설이 시작되었다. 동방가스프로그램을 수행하면서 러시아는 우선적으로 동아시아로의 수출에 초점을 맞춘 새로운 가스 파이프라인 시스템을 2019년 12월에 완공했다.

2006-2009년에 러시아 송유관의 독점 운영자이자 국영기업인 트랜스네프트는 '동시베리아-태평양(ESPO)' 송유관의 절반을 설치하였다. 동시에 원유가 철도로 수송되는 나호드카 수상송유장치가 건설되었다. 2010년에 중국 다칭시로 송유관을 연결시키는 중국 지선이 운영되기 시작했다. ESPO의 2단계 건설은 계획대로 실시되었으며, 2012년 말, 1년에 3천만 톤의 원유를 공급하는 노선이 가동을 개시하였다.

'2020년까지 러시아의 에너지 전략'은 극동지역에서 에너지 생산과 수송 발전을 기대하고 있다. 2011년에 부레이스카야 수력 발전소 가동 이후 극동지역 전력 생산은 9.25GW에 도달했다. 이는 이 지역의 전력 수요가 아무리 늘어나더라도 전력공급을 안전하게 보장할 수 있는 상태를 뜻한다.[2] 다만 이보다 더 급한 문제는 극동지역에 설치된 전력망이 전력을 균일하게 분산시키지 못하고 있다는 점이다.

러시아국영철도회사(RZD)는 주로 기관차의 업그레이드, 바이칼-아무르 철도 병목 부분의 재건, 그리고 아직까지 협궤를 사용 중인 사할린의 궤간을 확장시키는 것에 투자를 하고 있다. 2030년까지 러시아 철도 발전 전략의 첫 계획의 주된 과제 중에 하나는 대규모 철도 건설이었으나, 회사의 주주들은 기존의 철도 노선을 개보수하는 수준에서만 승인했다.

2006년 푸틴 대통령은 구소련 국가들에서 살고 있는 러시아어 구사자 동포들을 유치하는 것으로 극동의 인구 감소를 보충하는 방안을 제안했다. 하지만 이 프로그램은 전체적으로 큰 성과를 내지 못했고, 단지 대상자들의 2-3%만이 극동 지역으로의 이주를 선택하였다. 극동지역에 대한 여러 혜택을 주는 동시에 연방정부는 수입에 대한 몇몇 제한 조치도 시행하였다. 특히 중고차 수입 과정에서 소동이 발생했다. 연방 정부는 국내 자동차 생산자의 보호와 우측 핸들 차량의 위험성 등을 이유로 중고차 수입을 제한하고자 하였다.

---

2 "Чухонцев Вадим. Последний подвиг гидростроителей." Эксперт. 27 апреля 2009. URL: http://expert.ru/expert/2009/16/posledniy_podvig/.

수입 중고차에 대한 관세 또한 늘어났고, 이런 조치들은 효과적이었다. 중고차 수입은 2009년부터 감소하였다.

보따리장사 및 자동차 딜러들의 손실에 대한 보상으로 러시아 정부는 극동지역에 새로운 산업을 창출하려고 시도했다. 외국 자동차 부품을 가지고 자동차를 조립하는 회사인 솔레르스는 타타르 공화국에서 블라디보스토크로 신속하게 생산 라인을 옮겼다. 2010년에 새로운 공장이 생산을 시작하였고, 솔레르스는 우랄 서쪽으로 조립된 자동차를 철도로 운송하는 비용을 할인받을 수 있었다. 블라디보스토크에서 솔레르스의 주요 협력사는 대한민국의 쌍용이었으며, 이어 일본의 도요타가 합류하였다. 2012년 일본의 마쯔다가 솔레르스의 파트너로 합류했다.[3]

2008년에 러시아 정부는 극동 지역에서 조선업 발전 연방 프로그램의 실천을 위해서 대한민국 대우를 유치했다. 잠재적 고객으로는 가즈프롬, 로스네프트, 트랜스네프트 및 주요 해운 회사들이 간주되었다. 러시아에서 최대의 유조선 업체인 소프콤플로트는 유조선 6척을 건조하는 계약을 맺었다. 연해주 즈베즈다 공장을 기반으로 대한민국-러시아 합작회사가 만들어져 석유와 가스를 대량 수송하는 선박, 석유 플랫폼, LNG 운반선 등을 조립하고자 했다. 그러나 러시아 측의 관료주의 문제와 계약 이행 지연으로 인하여 2012년에

---

3 "Во Владивостоке на заводе ≪Соллерс≫ в 2013 году выпустили более 68 тысяч автомобилей." // Золотой Рог. 14 января 2014 URL: http://www.zrpress.ru/auto/vladivostok_14.01.2014_64621_vo-vladivostoke-na-zavode-sollers-v-2013-godu-vypustili-bolee-68-tysjach-avtomobilej.html

대우가 투자를 포기했다. 2013년에 블라디보스토크에서 민간 조선업 개발 회의가 열렸을 때, 푸틴 대통령은 이번 프로젝트의 지도자들을 비판하였다. 결론적으로 즈베즈다 및 다른 두 개의 조선소를 로스네프트, 가즈프롬 연합이 인수하게 되었다.

IV. 효과적인 극동지역 관리 체계 구축 및 투자 환경 향상에 대한 러시아 정부의 종합 조치

2012년에 국가위원회 상임위원회의 극동과 자바이칼 지역의 발전 문제를 다루는 회의에서 푸틴 대통령은 대규모 투자 프로젝트 실행을 통해서 이 지역을 러시아의 경제적인 선도지역으로 끌어올릴 것을 주문했다. 하지만 2012년 말에 극동개발부가 극동 및 동시베리아 발전 프로젝트를 포함한 엄청난 양의 투자를 요구하는 90개 이상의 우선 투자 프로젝트 목록을 준비했으나, 복잡한 재정 문제로 인해 이에 대한 국내외 투자 수요를 불러일으키지 못했다. 2012년에 극동개발부와 극동, 바이칼 지역의 직접 투자 기금이 설립되었다. 극동개발부 장관으로는 하바로프스크 지방의 전(前) 주지사인 빅토르 이샤예프가 임명되었다. 극동개발부는 2013년 봄에 러시아 정부의 승인을 받은 '극동과 바이칼 지역의 사회경제적 발전'이라는 국가 프로그램의 개발과 실행을 주된 과제로 삼았다. 2014-2015년도에 이 프로그램에 대한 연방 예산은 1,230억 달러로 책정되었지만, 러시아의 경제 성장 감속, 유가 하락 등 기타 부정적인 요인들로 인해서 이와 같은 금액의 할당이 불가능하게 되었다.

    2012년 말과 2013년 상반기에 열린 일련의 행사들에서 푸틴 대통령은 극동 지역의 우선 개발을 위한 종합 시스템의 구축과 실행에 있어서 진행이 더딘 점에 대한 불만을 표출했다. 2013년 가을에 푸틴 대통령은 극동 지역에 새로운 두 명의 지도자를 임명했다. 극동 연방관구의 대표로 2004-2012년 천연자원부 장관이자 대통령 비서 출신인 유리 트루트네프를 임명했고, 극동개발부 장관으로 모스크바 출신의 젊고 야심찬 정치인인 알렉산드르 갈루시카[4]를 임명했다. 사업가 출신인 갈루시카는 현재 '비즈니스 러시아'라는 공공기관의 공동 회장이며, 전 러시아 국민전선 중앙 본부의 공동 회장이다.

    트루트네프와 갈루시카는 지금까지 추진되어온 극동지역 발전 프로그램이 비현실적이며, 수정이 필요하다고 즉시 선언했다. 그들의 의견에 따라서 극동 지역의 개발을 위해 도입된 핵심적 개념은 이른바 '선도개발지역'이다. 즉, 그들은 이전과 같이 성장과 경제자유구역에 대해서 말하고 있지만, 이런 구역들을 이미 클러스터 효과를 바탕으로 유리해진 조건을 갖춘 지역에 만들어야 한다고 주장한다. 극동개발부는 각 주를 현지 심사 하면서 '선도개발지역'을 만들기 위해 가장 적합한 플랫폼을 선발했고, 관련 법안을 작성하여 정부에 제출하였다. 2014년 4월 15일에 정부의 승인을 받은 '극동과 바이칼 지역의 사회경제적 발전' 국가 프로그램은 2014-2020년도 97억 달러의 연

---

[4] 극동 개발부 장관 갈루시카는 2013~2018년까지 재직했으며, 2020년 현재는 알렉산드르 코즐로프 장관이 재직 중이다.

방 예산을 제공받을 것으로 예상된다. 즉, 이전 계획에 비해서 예산이 약 11배 감소하였다.

이 외에도 2014년 12월 푸틴 대통령은 의회에서 발표한 교서를 통해,[5] 블라디보스토크를 낮은 관세가 적용되는 자유 항구로 지정하도록 하는 방안을 제시했다. 극동개발부가 이와 관련된 법안을 준비하였고, 여론을 통해 검토하여 러시아 연방 대통령 산하 관리들이 이를 승인하였다.

새롭게 지역 관리로 임명된 트루트네프와 갈루시카는 극동 개발 프로젝트를 국영 기업 '달니 보스토크(극동)'을 중심으로 운영하는 새로운 계획을 제안했다. 2014년 2월 5일 러시아 연방 정부 회의에서 극동지역 개발 기관들의 통일 시스템을 구축하기로 결정했다. 그 안에는 다음과 같은 기관들이 들어간다.

- '달니 보스토크': '선도 사회경제 발전 지역(TOP)'과 블라디보스토크 자유항을 관리하기 위한 목적으로 정부가 창립하고 운영하는 회사. *(100% 러시아 연방 행정부 소관)*
- 극동 지역의 투자와 해외 홍보 활동을 맡은 극동 투자 유치 및 수출 진흥 기구
- 교육과 새로운 주민들의 유치를 통해 투자자들에게 필요한 인력을 공급하는 인적 자원 개발 기구
- '선도 사회경제 개발지역'의 인프라와 주민들의 사업을 위한 자금

---

5 http://www.kremlin.ru/events/president/news/47173

조달에 참여하는 '극동 및 바이칼 지역의 개발 기금'을 설립.[6] 본 기금은 국가 규모의 산업 프로젝트를 지원하는 국영 VEB의 자회사이다.

시베리아와 극동에 관하여 러시아 정부는 이 지역을 경제적 인센티브 제공 없이는 개발할 수 없다는 사실을 확인하였다. 러시아 정부는 '시베리아와 극동 개발' 연방 법률의 초안을 2012년에 작성하였다. 2014년 4월 30일에 연방평의회 소위원회는 특별한 조치가 2025년까지 발동하는 '극동 및 바이칼 지역 긴급 개발의 특정 조건'이라는 법률을 제출하였다.[7]

그러나 벌써 극동지역에서 새로운 행정 조치와 투자 계획의 실용적 활용의 첫 걸음은 성공을 가져왔다. 러시아 연방의회 2015년 12월 보고서에 따르면, 갈루시카 장관은 2015년 첫 9개월 만에 극동지역의 개발 결과를 긍정적으로 평가할 수 있다고 보고했다. 산업 생산은 103.1%, 고정 자산 투자는 105%로 증가했다. 극동연방관구의 기업의 총 매출은 6천 56억 루블에 달하여, 16.7% 증가했다. 오랜만에 극동 지역에서 인구의 자연 증가가 기록되었다. 10개월 동안 출

---

[6] О решениях по итогам совещания об основных принципах создания и управления территориями опережающего социально-экономического развития на Дальнем Востоке // Правитеьство РФ. 20 февраля 2014. URL: http://government.ru/orders/10631.

[7] Разработка Федерального закона ≪Об особых условиях ускоренного развития Дальнего Востока и Байкальского региона≫ // Совет Федерации Федерального Собрания РФ. 26 марта 2014.

생자는 사망자보다 5,647명 더 많았다. 2015년에 극동 지역 개발 국가프로그램을 위해 규정된 예산 255억 루블 중에서 12월 25일까지 약 87%인 222억 루블이 소비되었다. 프로그램의 진행에 따라 2015년에는 예산 집행률이 높게 나타났다. 이것은 아주 높은 성과이다. 갈루시카 장관의 의견에 따라 이런 모든 결과들은 긍정적인 사회경제적인 영향을 가져왔다.[8]

물론 극동 지역에서 오래 전부터 발생해온 문제들이 남아 있다. 푸틴 대통령은 2015년 연방 의회 연설에서 "우리나라의 광대한 동방 지역의 개발은 21세기 전체 기간 동안 국가적 우선순위"라고 명시했다.[9] 극동 개발은 역사적인 과제이며, 앞으로 수십 년 동안의 현 세대가 수행해야 하는 임무이고, 이 과제 해결을 위해서 창의적으로 현저한 기여를 통해서 러시아 동방 발전을 지속시켜야 한다는 것이다.

갈루시카 장관의 평가에 따라 2013-2014년에 입법과정이 진행되었고, 이것의 실천을 위한 행정 조치를 포함하여 지역의 포괄적인 장기 개발 프로그램의 준비를 위한 많은 작업들이 체계적으로 수행되었다. 2015년에는 2014년 12월 29일부터 발효된 연방법률 N473-ФЗ '선행 사회경제 발전 지역법'[10], 2015년 7월 13일부터 발효된 연방법률 N212-ФЗ '자유 무역항 블라디보스토크'[11]와 같은 본질적으로 새로

---

8 http://primorye24.ru/news/interview/62791-aleksandr-galushka-na-dalnem-vostoke-raboty-nepochatyy-kray.html
9 http://kremlin.ru/events/president/news/50864
10 http://www.consultant.ru/document/cons_doc_LAW_172962/
11 http://www.consultant.ru/document/cons_doc_LAW_182596/

운 두 개의 법률이 시행되었다.

러시아 극동을 위한 움직임은 "선도 사회경제 발전 지역" 설치와 "블라디보스토크 자유항" 정책이라는 평행적 개발 구도와 법적 기반으로 구성되었다. 이 두 지역은 별개의 특수 경제 구역이지만, 이 두 목표가 동시에 실현되는 것이 러시아 극동과 연해주에 있어서는 유일한 목표이다. 극동 지역의 나머지 지역들은 "선도 개발 구역"이 뿌리내린 후 계획이 진행될 것이다.

"선도 개발 구역"과 자유 무역항이라는 두 개의 새로운 매력적인 투자처를 운용할 수 있게 된 연해주지만, 당시 연해주 부주지사 세르게이 네하예브는 두 지역은 유사점과 차이점이 모두 있다고 설명했다. 네하예브에 따르면, 자유무역항과 선도 개발 구역은 고유한 관세 혜택으로 인한 투자, 면세, 간소한 부가가치세 환급, 소득과 부동산에 대한 세금 혜택, 자유 관세 구역 정책 등의 행정적 장벽 축소 등을 계획하고 있다. 이 계획들은 자유무역항의 연장 가능성에 따라서 최대 70년까지 이어질 수 있다.[12]

두 정책 간 가장 큰 차이점은 자유무역항이 관세 혜택 체제로 작동하는 반면에, 선도 개발 구역은 정부가 인프라 시설을 만드는 것이 목적이며, 자유무역항의 인프라 시설 확보에는 정부 예산의 투입 계획이 정해져있지 않다. 이 뿐만이 아니라 선도 개발 구역 내에는 자유무역항의 영토가 포함될 수 있지만, 선도 개발 구역의 거주민들은 자유무역항 주민이 될 수 없으며, 선도 개발 구역 밖에서 출장소나

---

12 http://www.vostokmedia.com/n237059.html

대표부를 가질 수 없다. 선도 개발 구역 주민들은 자유무역항 주민들과 함께 선도 개발 구역이나, 자유무역항 지역에서 사업을 할 수 있으며, 다른 연해주 선도 개발 구역에서 기반 시설을 임대할 수 있다.

자유무역항 주민들에게는 다음과 같은 특혜를 주는 것이 결정되었다. 소득세율을 5년간 면제해주고, 우대 보험료율을 적용하며(30%에서 7.6%로 감소), 수출입과 상품 보관에서의 면세가 적용된다. 국경 출입국과 관세 부서는 24시간 내내 운영되며, 2016년 1월 1일부터 국경에서 8일짜리의 비자를 받을 수 있게 되었다. 자유무역항은 "열린 하늘" 정책에 따라서 단일한 10%의 세율만 부과한다. 이 지역은 또한 외국 노동자 유치를 위한 허가나 자유무역항 관리 위원회가 결정한 할당량을 초과해도 허가가 따로 필요하지 않다.[13]

2015년 10월 중순부터 자유무역항이 된 블라디보스토크에 거주등록 신청이 가능해졌다. 263억 루블 규모의 첫 7개의 신청서가 2015년 말에 통과되었고, 신청자들은 자유무역항 주민으로 인정받게 되었다. 이들은 대형 항만터미널의 건설 및 재건, 운송 물류 및 창고 단지 건설, 어패류의 환적을 위한 냉동물류 단지, 에너지 절약 램프 공장, 새로운 호텔 단지와 같은 구체적인 사업들의 실현을 목표로 두고 있다.[14]

자유무역항 계획이 승인된 이래 러시아 연방과 극동 지역의 관

---

[13] 자유무역항 주민들을 위한 더 상세한 특혜는 http://erdc.ru/vladivostok에서 찾아볼 수 있다. 네하예브가 이야기 한 두 지역 간의 모든 기본적인 차이점은 http://protnews.ru/comments/1956에서 찾아볼 수 있다.
[14] http://erdc.ru/vladivostok

리들의 높은 우선순위와 꾸준한 관심과 계획에 대한 준비작업이 잘 진행되었기 때문에 이 계획은 신속하게 시행될 수 있었다. 자유무역항에 대한 법률은 통과되기 전에 충분한 시간 동안 진지하게 논의되었다. 자유무역항 법률은 대외적인 이유 보다는 국내 경제적인 이유 때문에 통과될 수 있었다. 따라서 자유무역항 계획이 중국의 "일대일로" 전략에 대한 경쟁력 있는 대응이라고 생각하는 것은 옳지 않다. 블라디보스토크 자유무역항의 경우는 자국 영토의 발전을 위해 초점이 맞춰져있다면, "일대일로"는 국제 경제 협력에 초점이 맞춰져 있다.

이와 동시에 2015년 당시 연해주 주지사인 블라디미르 미클루셰프스키[15]에 따르면 자유무역항 건립은 러시아와 아시아 사이의 물류와 운송 노선을 강화시킬 것이며,[16] 자유무역항 내 연해주 남부의 항구들의 발전이 가속되고, 중국의 "일대일로" 전략과의 협력이 이뤄질 수 있다면 시너지 효과를 얻을 수 있게 될 것이라고 예측했다.

러시아 연방과 중국 사이의 비자 정책에 따라, 양 국가 국민들을 위한 특별한 혜택은 존재하지 않았다. 관광 산업 발전에 대한 관심으로 인해 간이 비자 정책이 도입되었고, 5명 이상의 중국인 단체 관광객들이 러시아를 방문할 때 비자가 필요없게 되었다. 2016년 7월 1일부터 모든 외국인들을 대상으로, 자유무역항을 통해 러시아에 입국하는 경우 8일 동안 유효한 간이 비자 절차를 도입할 것을 결정했

---

15 미클루셰프스키는 2012~2017년까지 연해주 주지사로 재직했으며, 2020년 현재는 올렉 코제먀코가 (주지사로) 재직 중이다.
16 http://portnews.ru/comments/1956/

다. 그러나 이 제도가 실제로 시행된 것은 2017년 8월부터였다.

2016년 3월 24일 자유무역항 관리 위원회는 총 834억 루블 규모의 29개의 투자 신청이 추가로 들어온 것에 대해서 만족감을 표시했다. 유리 트루트네프 부총리는 자유무역항 관리위원회로부터 향후 전망이 긍정적이라는 보고를 받았다고 언급했다. 블라디보스토크 자유무역항 투자자들에게 총 36개의 신청서를 승인했고 투자 규모는 약 100조 루블에 달했다.[17]

자유무역항 투자 유치와 마찬가지로, 2016년 3월 24일 선도 개발 구역 발전에 관한 회의가 개최되었는데, 트루트네프 부총리는 이곳에도 참석했다. 이 회의에서는 2016년 3월 말까지 나데진스카야, 미하일로프스카야, 볼쇼이 카멘 지역에 총 200조 루블 규모의 투자 유치에 성공했다고 보고되었다. 트루트네프에 따르면 아직까지는 선도 개발 구역에 대해서 네트워크 관리나 기반시설 부문이 갖추어지지 않았으나, 물리적인 작업이 최근에서야 착수되었다.[18] 선도 개발 구역의 주요 기업들은 2017년에서 2018년 사이에 기업활동을 개시할 것이다.[19]

블라디보스토크에서 열린 두 회의들을 종합하자면, 트루트네프 부총리는 전반적으로 극동 지역 발전을 위해 자유무역항과 선도 개발 구역에서 기업들의 투자 선택과 프로젝트 관리 등의 활동들에 대

---

17 http://www.newsvl.ru/vlad/2016/03/25/145698/
18 선도 개발구역 거주민들을 위한 특혜 부분 참조 http://www.svoedelo27.ru/article/preferencii-rezidentam-territoriy-operezhayushchego-razvitiya
19 http://www.newsvl.ru/vlad/2016/03/25/145698/

해서 긍정적으로 평가했다. 그리고 트루트네프는 이러한 경제특구에 기업들의 진출을 장려하기 위해 불필요한 규제들을 제거하기로 약속했다.

갈루시카 장관의 주관하에 2015년에 '선도 개발 구역' 네트워크 생성, 블라디보스토크 자유무역항 제도 확립, 투자 사업들에 대한 인프라 지원, 그리고 극동개발기금의 작동이라는 극동지역 발전의 새로운 원동력이 움직이기 시작했다. 이와 같은 사업들로 인해 극동지역에서 48,400개의 새로운 일자리가 마련될 것이 예상되었다. 극동 지역 투자 사업의 새로운 국가적 지원 장치들이 2015년 12월 25일까지 총 9,885억 루블의 투자금을 유치하는 데 성공했다. 이 중 748억 루블은 국가 예산 기금에서 배정되며, 9,137억 루블은 민간에서 유치한 금액이다. 갈루시카 장관은 국가 예산과 민간 투자의 비율이 1:12라는 점에 주목하였다.[20]

2025년까지 이어지는 새로운 극동 발전 프로그램은 이전의 계획과는 논리 구성과 '건설 방식'에서 근본적으로 다른 것이다. 정부에서 이번 국가 프로그램을 기획할 때 지역적인 내용과 산업적인 내용을 연결시키기 위해서 상당한 작업을 수행했다. 이 문제를 해결하기 위해서 구성된 소위원회에 세 명의 부총리인 드미트리 코작, 유리 트루트네프, 알렉산드르 흘로포닌, 각 부처와 국영 기업의 대표자, 그리고 전문가들이 포함되었다. 대통령은 각 부처에 관련 국가 프로그램들에

---

20 http://primorye24.ru/news/interview/62791-aleksandr-galushka-na-dalnem-vostoke-raboty-nepochatyy-kray.html

있어 극동의 개발 우선순위를 유지하라고 엄격하게 지시하였다.

새로운 프로그램의 기본 개념은, 모든 필요한 국가 프로그램들을 극동지역과 연결시키는 것이다. 당시 메드베데프 러시아 총리[21]는 27개의 국가 프로그램으로 구성된 목록을 승인하였고, 그것들에 극동과 관련된 항목들을 추가할 것을 지시했다. 이로 인해 27개의 국가 프로그램에서 극동과 관련된 문항이 극동 발전 프로그램의 분석 부분에 따로 수집되고 반영되게 되었다. 극동개발부는 이와 같은 프로그램들을 구성하고, 극동 지역에서 프로그램들을 실천하는 것을 조정할 권한을 부여받았다. 즉, 관련 부처와 협의 하에 프로그램들이 작동되게 된 것이다. 극동개발부는 다른 부처들과 이러한 합의가 이뤄지는 과정에 참여하고, 극동연방관구에서 이 프로그램들의 수행을 관리하는 권한을 가지고 있다.

정리하자면 극동개발부가 운영하는, 구조적으로 새로워진 극동 프로그램은 첫째로 극동 개발에 있어서 '선도 개발 지역', '자유 무역항 제도', 투자 사업, 극동 개발 기금의 투자, 사업 지원 등의 특정 조치들을 시행하는 것, 두 번째로 하나로 집합된 관련 산업 프로그램의 극동 지역 부분을 전담하는 것이고, 마지막으로 국영 기업들이 극동에서 실천하는 투자 사업들을 관리하는 것이다.

잠재적 투자자와 협력 측면에서는, 2015년 9월에 블라디보스토크 시에서 개최된 최초의 '동방경제포럼'이 가장 효과적이었다. 3일간

---

21 메드베데프는 2012~2020년 1월까지 총리를 역임했으며, 현재 러시아 총리는 미하일 미슈틴이다.

의 포럼 기간 동안 극동의 여러 지역에서 '선도 개발 지역', '블라디보스토크 자유무역항', 그리고 유리한 투자 환경을 위한 다양한 메커니즘에 대해서 자세한 발표들이 진행되었다. 이 포럼의 목적은 극동 지역에서 새로운 사업 기회를 완전하고 명확하게 소개하는 것이었다.

2015년 '동방경제포럼'에서 1.8조 루블 규모의 총 109개의 계약이 체결되었다. 이 금액들 중 약 7,500억 루블이 외국인 투자자들이 참여하는 프로젝트였다. 러시아 극동 지역은 아시아태평양이라는 강력한 세계 경제 발전의 중심지에 위치를 잡고 있고, 그렇기 때문에 이 잠재력을 러시아 극동 영토 발전을 위해 활용해야 하고, 파트너와 투자자들에게 그들이 필요로 하는 것을 제안하는 것이 필요하다. 새로 만들어지는 '선도 개발 지역'과 북극해 항로 및 기타 사업들의 공동 개발에 대해서 한국, 중국, 일본 투자자들이 관심을 갖기 시작했다.

푸틴 대통령이 참석하는 두 번째 '동방경제포럼'은 2016년 9월 2-3일에 개최되었다. 이렇게 매년 개최되는 포럼은 중요한 세계 정치 행사들과 연계되어 개최되었다. 같은 달 4-5일에는 G20 정상들이 중국에서 회담을 가졌으며, 6-8일에는 ASEAN 정상회의와 라오스 동아시아 정상회의가 개최되었다.

V. 극동과 연해주 지역의 국경 협력과 전망

중국은 객관적이고, 주관적인 다양한 이유들로 인해 극동 지역 개발을 위한 러시아의 주요 파트너이다. 공식적인 수준에서는 2009

년에 러·중 두 나라의 총리들이 체결한 러시아 극동 및 동 시베리아 지역과 중국 동북 지방간의 협력 프로그램에 따라서 많은 발전이 이뤄졌어야 했다. 하지만 이 프로그램은 큰 성과를 얻지 못했고, 지역 간 사업들의 대부분은 실현되지 않았거나, 원래 예상했던 경로와 다른 방향으로 진행되었다. 최근까지 중국과 다른 외국 기업들은 ESPO 송유관 건설 등 극동 개발 프로젝트에 하청을 받는 수준에서만 참여할 수 있었다. 그러나 2013-2014년도에 러시아와 유럽 연합, 미국과의 사이가 급격하게 악화되면서 러시아는 투자 협력과 산업 협력에 있어서 중국과 신속하게 가까워지기 시작했다. 2014년 5월, 10월에 양국 정상이 상호 방문하면서 높은 수준에서 국가 단위의 공동 프로젝트들이 합의되었고, 그 중에 '시베리아의 힘' 가스 파이프라인이 제일 중요한 계약이었다.

에너지 분야에서 협력은 결국 러·중 에너지 동맹이 체계적으로 형성되는 데 기여했다. 장기적으로 이 동맹은 '동북아시아 에너지 링'의 개념을 실현해 낼 가능성을 높이고 있다. 크라스노야르스크 경제포럼에서 러시아 연방 정부의 부총리는, 에너지 동맹이 형성되는 데 그 어떤 정치적인 장애가 없다고 주장하면서 러시아는 전략적인 석유 및 가스 매장지 개발, 그리고 시베리아와 러시아 극동 지역에서 교통 인프라를 조성하는 파트너로 중국을 초대했다. 그러나 중국은 해양 석유와 가스 개발에는 참여할 수 없었고, 나머지 부문에서도 소수의 지분으로만 참가가 가능했다.[22] 러시아 영토 내에서 전략적

---

22 Дворкович А. Выступление на Красноярском экономическом форуме. Бизнес FM, 27.12. 2015

에너지 매장지 개발에 외국 기업들을 초대하려는 이런 시도는, 지난 2000년대 중반에 작성된 '새로운 에너지 정책'에 근거하는 외국 기업들에 대한 엄격한 제한 조치가 크게 완화되었다는 것을 의미한다.

러시아와 대한민국, 중국과의 공동 경제 사업이 진행되고 있지만, 극동 지역 개발에 대한 일본 기업들의 관심은 정치적인 요인들에 의해서 제약되고 있다. 광업, 농업, 에너지, 교통 분야에서 일본 대기업들에게 매력적인 투자 포인트들이 많이 존재하지만, 아주 소수만이 실제로 성과를 거둘 수 있었다. 특히 러시아에 대한 서구의 경제 제재에 일본이 참여하게 되면서 러시아에서 진행 중인 일본 기업들이 추진하는 사업을 위한 일본으로부터의 자본 조달이 어려워졌다.

2015년 12월 베이징에서 개최된 20회 러·중 총리 회의에서, 극동개발부와 중국 발전개혁위원회는 극동 지역에서 러·중 지역 생산 투자 협력 강화에 대한 양해각서를 작성하였다.[23] 이 양해각서에는 다음과 같은 내용이 포함되어 있다. 첫 번째 내용은 아시아태평양 국가, 유럽과 러시아 사이를 오갈 수 있는 북극해 항로를 협동 개발하는 것이다.

두 번째 매우 중요한 국제 운송 회랑 개발 관련된 합의는 '프리모리예-1', '프리모리예-2'에 대한 것이다. 이는 곧 연해주 남부 항구들이 중국의 전략적 '일대일로 프로젝트'에 들어갈 수 있는 획기적인 사건이라는 것을 뜻한다. 2015년 6월에 블라디보스토크에서 연해주 행정부와 한국무역협회 간의 '프리모리예-1' 노선으로 컨테이너 운송 개발을

---

23 http://www.gudok.ru/news/infrastructure/?ID=1321708

조정하는 물류 협력 협의회가 구성되었다. '프리모리예-1' 노선은 보스토치나 나호드카 등의 연해주 남부 항구들과 중국 흑룡강성을 연결하는 것이고, '프리모리예-2' 노선은 자루비노 등의 연해주 남서부 항구과 지린성과 연결하는 것이다. 이 지역들은 러시아과 대한민국, 중국과 삼자간 협력을 구성할 수 있는 밝은 전망이 있는 곳이다.

연해주의 두 항구 지역은 투자자들의 큰 관심을 받고 있다. 2016년 3월 메드베데프 총리는 연방 계획 프로그램(ФЦП)과 러시아 국가 복지 기금(ФНБ)를[24] 바탕으로 하는 공적 자금 조달을 통해 극동 지역에서 추진될 다섯 가지 주요 기반시설 계획을 승인하였다. 이 계획에는 "보스토치나-나호드카" 운송 허브를 철도와 해운으로 연결하는 목표를 포함하고 있다.

동북아시아 국가들 간의 협력에 있어 연해주 자루비노 항구와 중국 지린성 간의 교통 물류 회랑의 개발에 대한 관심이 커지고 있다. 지린성은 가장 가까운 항구인 다롄의 과부하로 인해 중국 내의 항구를 사용할 수 없는 처지에 놓여 있다. 그래서 중국 측은 대한민국의 부산, 일본의 니가타, 러시아의 자루비노를 연결하는 있는 항로 조성에 관심을 가지고 있다. 그러나 이런 회랑의 조성을 위해서는 러시아 교통 인프라의 재건이 필요하다. 러시아 기업들은 이런 사업들이 진행되기에 앞서서 러시아 측의 경제적인 이익이 증명되어야 한다고 보고 있다. 2014년 5월 푸틴 대통령의 방중 때, 숨마 그룹의 회장인 비노쿠로프와 중국 지린성 성장인 바인차오루는 트로이차 만

---

24 http://www.newsvl.ru/far_east/2016/03/22/145599/

에서 자루비노 항 건설에 대한 협정을 체결했다. 예상 1년 화물 수송량은 6천만 톤이며, 총 투자액은 13억 달러, 화물 수송량의 60%를 중국의 남쪽에서 북부 지방으로 운송할 것으로 기대되었다. 중국 리커창 총리의 방러 때 (2014년 10월 13일) 숨마 그룹과 지린성의 행정부는 훈춘 시에 내륙 항만 건설에 대한 협정을 체결했다. 협정에 따르면 지린성은 숨마에게 1년에 4천만 톤 규모의 화물 수송량을 갖춘 물류 센터 인프라 시설이 건설될 토지 310 헥타르를 50년간 임대해 주기로 하였다.[25]

양해각서 세 번째 항목은 극동의 '선도 개발 지역'과 블라디보스토크 자유 무역항으로 중국 투자자들을 유치하는 것과 관련이 있다. 중국 측은 러시아에게 중국 기업이 러시아 법에 따라 상기 언급된 사업들에 참여를 지원하고 장려하겠다고 약속했다. 2015년 12월 17일에 북경에서 러·중 농업 개발 기금 설립에 대한 계약이 체결되었다.[26] 본 기금에는 17억 루블 규모의 '극동 지역 발전 기금'과 117억 루블 규모의 '아시아태평양 식품 기금 관리 회사'가 참가하였다. 새롭게 만들어진 기금은 러시아 극동 지역에서 농업 분야 프로젝트를 수행하기 시작했고, 이에 필요한 자금이 배정되었다. 이와 관련하여 주목할 만 한 점은, 극동에서 조성된 '선도 개발 지역' 중에 연해주 미하일로프스카야, 아무르 주 벨로고르스크, 그리고 사할린 섬에 위치한 3개 지역이 농업을 위해서 설정되었다는 것이다.

---

25 "Сумма" выгружается в Китай. URL: http://www.kommersant.ru/doc/2588607a
26 http://xn----ctbbmrjqhagwdnh2e5c.xn--p1ai/m-vostokrazv-uslov-sozd-ros-kitaj-fond-agroprom-razv/

전체적으로 '선도 개발 지역'의 설정 방식은 러시아 극동 지역이 가진 천연자원과 비교우위에 따른 새로운 생산력을 발전시키고 창조할 수 있는가를 고려한다. 이런 방식으로 연해주에서 이미 미하일로프스카야 농업 단지, 나데즈딘스키 물류 단지, 동부 석유 화학 단지, 볼쇼이 카멘과 같은 조선업 단지 등 다양한 종류의 '선도 개발 지역'이 형성되었다. 동부 석유 화학 단지와 볼쇼이 카멘의 조선업 단지 설립은 로스네프트가 주 역할을 맡았다. 이외에도 연해주에 조성된 또 다른 2개의 주요한 선도 개발 지역은 루스키 섬의 과학 휴양 클러스터와 자루비노 항구에 대한 내용을 골자로 하고 있다. 이 모든 지역의 개발에 외국 투자자들이 초대되었다.

본론을 마무리하기 전에 짧게나마 러시아 극동지역과 북한 간의 경제 협력 상황을 언급하고자 한다. 북한은 극동 지역 무역에서 중요한 역할을 차지하지 않는다. 극동지역과 북한의 거래량은 전국적인 경향과 유사하게 매우 적으며, 비율은 1% 미만이다. 그러나 극동연방관구 행정구 중에 연해주는 북한과 무역에서 압도적인데 이는 연해주가 북한과 국경을 접하고 있기 때문이다. 연해주는 북한 이주노동자들을 수용하고 있다. 북한 이주 노동자들의 특징은 그 숫자가 많지 않다. 예를 들어서 2012년에 러시아 외국인 이민자 총 26,300명 중에서 북한 노동 이민자는 오직 1.87%였다. 그러나 북한 노동 이민자들의 역할은 긍정적이다. 북한 출신의 이주 노동자들은 주로 건설, 농업, 벌목 일을 하는 18세 이상의 남성들이며, 대부분 하바로프스크 주와 연해주에서 농업과 어업, 아무르 주에서 벌목 분야에 종사하고 있다.

극동 지역에서 북한의 소규모 비즈니스 경험은 농업과 임업 분야에서 이뤄지고 있다. 사업들은 종종 농지와 벌목지를 소규모로 대여하는 방식으로 나타난다. 막심 쉐레이킨 당시 극동개발부 차관에 따르면, 2014년 북·러 양자 회담에서 러시아가 북한에게 아무르와 하바로프스크의 수 만 헥타르 땅을 농업 생산 조직을 위해 대여하는 것을 논의하였다.[27] 러시아는 동시에 사업 계획과 확실한 재정 지원이 가능한지 여부와, 장기간 재생산 가능한 농업 기지를 위한 기술을 북한에 요구했다. 그러나 국제사회의 강경한 경제적, 정치적 대북 제재의 영향 속에서, 신뢰할만한 재정 기반이 없는 북한과의 협상 과정은 아직까지도 진전이 없다.

러시아 기업가들의 견해에 따르면 북한 투자 사업이 현실화되기에는 몇 가지 약점이 존재한다. 먼저 의사 결정 기간에 영향을 미치는 정부 조직에 대한 것이다. 또한, 북한의 규정에 따라 경제 활동의 회계를 추가적으로 관리해야 한다는 점, 국제 및 현지 수준에서 자본의 이동이 제한되어 있다는 점, 언어와 문화의 차이 등이 있다. 북한에서 사업을 진행하는 데 있어서 긍정적인 측면은 정부 간 수준의 결정과 합의 사항에 따라 이뤄지기 때문에 사업의 안전성이 있다는 것, 세금 혜택의 가용성이 있다는 것, 안정적인 노동 시장이 있다는 것, 직원 유치와 선발, 훈련 과정이 간결하다는 것, 그리고 환경 안전 요구가 낮다는 점이다. 북한에서 수행되는 거의 모든 러시아 투자는 북한의 사업 방식 특성상 정부 간의 수준에서 합의된다. 북한과 러시아 사이에 아직은 획기적인 프로젝트가 존재하지 않지만, 북한 대

---

27 http://www.pravda.com.ua/rus/news/2014/10/16/7041035

표들이 지속적으로 러시아를 방문하면서 해당 지역 담당자들과 협력 가능성에 대한 실질적 논의를 진행하고 있으며 지역적 차원에서 대화가 점진적으로 이뤄지고 있다.

나선 무역경제지구 투자와 나진-하산 철도 구역의 복원은 현재 북한에서 성공적으로 운영된 러시아 사업이다. 나선에서 진행되고 있는 러시아 사업은 지역적 목표를 추구할 뿐만이 아니라, 장기적으로 남-북·러 철도를 시베리아 횡단철도와 연결시키는 계획의 일부분으로 고려해볼 수 있다. 이 연결이 이뤄진다면 가장 긴 유라시아 운송 회랑이 조성될 것이고, 또한 만약에 한반도 내 남북관계가 정상화 된다면 대한민국과 북한, 러시아간의 삼국 협력을 위한 기반이 만들어지게 되는 것이다.

2014년 러시아가 북한 부채의 90%를 감면시켜 준다는 협정을 맺으면서 러시아와 북한의 접촉은 현저히 강화되었다. 양국 간의 협력은 경제 실용주의에 맞춰서 작동하고 있다. 러시아 측은 또한 북한의 사업의 성공을 위해서는 사업 환경 개선이 필요하다는 것을 주장한다. 이런 방침의 결과 북한 내 러시아 기업인에 대한 사업 환경이 개선되었다. 예를 들어서 복수 입국 비자가 도입되었고, 러시아 기업들을 위한 인터넷과 원활한 이동 통신이 제공되었다.

VI. 결론

러시아는 최근 몇 년간 새로운 체계적인 투자여건을 조성하면 대규모 해외 투자를 통한 발전이 필요한 극동지역의 투자 매력을 제고하기 위해 노력했다. 이러한 맥락에서 동북아시아 3개 국가(대한민국, 중국, 일본) 기업가에게는 다양한 목적을 가진 러시아 극동 선도 개발 구역이나 여러 특혜를 제공해주는 자유무역항 등에 진출할 수 있는 좋은 기회가 주어졌다.

극동지역 선도 개발 구역과 자유무역항에서 새로운 기업들의 성공적인 경험을 바탕으로 2015년 9월 이래로 푸틴 대통령도 참가하는 극동경제포럼이 해마다 개최되고 있다. 이 포럼에서 러시아와 해외 투자자들은 광업, 운송 기반 시설, 농업 생산, 해양 문화, 관광 등 산업에 대한 투자 유치 제안을 받고 있다.

2013년, 대한민국 정부는 '신뢰외교(Trustpolitik)'라는 명목 하에 '동북아평화협력구상', '유라시아 이니셔티브' 등 새로운 핵심 정책들을 발표했다. 이 정책들은 한반도에서 대한민국의 수송, 에너지 분야에서의 다자주의적 협력을 추진하는 대한민국의 이해관계를 보여주고 있다. 그러나 2016년 2월 북한의 핵실험과 장거리 미사일 발사 이후 대한민국은 러시아와 북한이 함께 운영하는 나진-하산 프로젝트나 다른 잠재적 참가자들과 함께 할 수 있는 3국 공동 프로젝트들을 무기한으로 중단했다. 상황이 개선되기 전 까지는, 동북아시아 국가들은 초국경 협력을 이끌어내기 위해서 양자간 관계를 이행할 것이다. 동시에 북극과 연해주 남부 지역을 포함한 한중·러 3국 협력도 긍정적인 잠재력을 지니게 될 것이다.

참고문헌

"Во Владивостоке на заводе «Соллерс» в 2013 году выпустили более 68 тысяч автомобилей." *Золотой Рог*. 14 января 2014. http://www.zrpress.ru/auto/vladivostok_14.01.2014_64621_vo-vladivostoke-na-zavode-sollers-v-2013-godu-vypustili-bolee-68-tysjach-avtomobilej.html

Галушка, Александр. 2015. "На Дальнем Востоке работы непочатый край." 29 дек. 2015. http://primorye24.ru/news/interview/62791-aleksandr-galushka-na-dalnem-vostoke-raboty-nepochatyy-kray.html

Дворкович А. 2015. "Выступление на Красноярском экономическом форуме." *Бизнес FM*. 27.12. 2015.

"Заседание Совета Безопасности по вопросу реализации государственной политики в Арктике." *Президент России*. 22 апреля 2014. http://news.kremlin.ru/news/20845//

"КНДР орендует 15 тисяч гектаров России." *Украйнська Правда*. 16 октября 2014. http://www.pravda.com.ua/rus/news/2014/10/16/7041035

Козлов Л. 2013. "Имплементация региональной политики России на Дальнем Востоке." *Ойкумена. Регионоведческие исследования*. № 1 (24), 17-26.

Латкин А. 2012. "Мнимые и реальные перспективы реализации долговременной программы развития российского Дальнего Востока." *Тихоокеанская Россия: проблемы и возможности модернизации*. Сборник научных статей под ред. В. Горчакова. Владивосток: изд-во ВГУЭСБ, 27 -28.

"Медведев утвердил пять крупных проектов на Дальнем Востоке с участием госфинансирования." *Новости Владивосток*. 22 марта 2016. http://www.newsvl.ru/far_east/2016/03/22/145599/

"О решениях по итогам совещания об основных принципах создания и управления территориями опережающего социально-экономического развития на Дальнем Востоке." *Правитеьство* РФ. 20 февраля 2014. http://government.ru/orders/10631.

Осипов В. 2012. "Проблемы конкурентоспособности экономики Дальнего Востока." *Тихоокеанская Россия: проблемы и возможности модернизации*. Сборник научных статей под ред. В. Горчакова. Владивосток: изд-во ВГУЭСБ, 33-37.

"Послание Президента Федеральному Собранию." 4 декабря 2014 года. http://www.kremlin.ru/events/president/news/47173

"Послание Президента Федеральному Собранию." 3 декабря 2015 года. http://kremlin.ru/events/president/news/50864

"Преференции резидентам территорий опережающего развития." http://www.svoedelo27.ru/article/preferencii-rezidentam-territoriy-operezhayushchego-razvitiya

Путин В. 2012. "по вопросам развития Дальнего востока и Забайкалья." *Выступление на заседании Президиума Госсовета* 29 ноября 2012.

"Разработка Федерального закона «Об особых условиях ускоренного развития Дальнего Востока и Байкальского региона» // Совет Федерации Федерального Собрания РФ. 26 марта 2014.

"Россия и Китай подписали Меморандум о сотрудничестве на Дальнем Востоке." 18.12.2015. http://www.gudok.ru/news/infrastructure/?ID=1321708

Рудько-Силиванов В.В. 2013. "Развитие Дальнего Востока в координатах Государственной программы." *Деньги и кредит*. №10, 14-20.

"«Свободный порт» не поклонится ТОРу." 4 мая 2015. http://portnews.ru/comments/1956/

Севастьянов С. 2013. "Проблемы и перспективы развития Дальнего Востока России после Владивостокского саммита АТЭС." *Ойкумена. Регионоведческие исследования*. № 1 (24), 7-16.

"Федеральный закон "О свободном порте Владивосток" от 13.07.2015 N 212." 13 июля 2015 года. http://www.consultant.ru/document/cons_doc_LAW_182596/

"Федеральный закон "О территориях опережающего социально-экономического развития в Российской Федерации" от 29.12.2014 N 473." 29 декабря 2014 года. http://www.consultant.ru/document/cons_doc_LAW_172962/

Чухонцев Вадим. 2009. "Последний подвиг гидростроителей." *Эксперт*. 27 апреля 2009. http://expert.ru/expert/2009/16/posledniy_podvig/

"«Я вообще против отбора проектов»: полпред Юрий Трутнев принял в свободный порт Владивосток первых резидентов." 25 марта 2016. http://www.newsvl.ru/vlad/2016/03/25/145698/

저자 소개

세르게이 세바스티야노프 Sergei Sevastianov

소 속	극동연방대 국제관계학과 교수
학 력	모스크바국제관계대학(MGIMO) 정치학박사
주요 논저	Borders and transborder processs in eurasia (2013), "Институты азиатско-тихоокеанского и восточно-азиатского регионализма: динамика развития, проблемы и интересы участников"(2013), "≪Проблемы и перспективы развития Дальнего Востока России после Владивостокского саммита АТЭС≫"(2012)
이 메 일	sevastyanov@dvfu.ru

2장
북·중·러 초국경 경제협력의 특징과 전망: 러시아의 교통 물류 정책을 중심으로[1]

조영관 한국수출입은행

I. 서론

러시아와 중국 등 동북아시아 지역 각 국에서 교통 물류 정책이 활발하게 추진되어 왔다. 또한 이 국가들을 연결하는 초국경 교통·물류망 구축도 서로 논의되고 추진되어 왔다. 각국의 개별 정책을 살펴볼 때 최근 몇 가지 변화가 나타나고 있다.

첫째, 러시아 극동개발 정책의 확대 추진이다. 러시아의 극동개발정책은 2000년대 말부터 추진되어 왔는데, 푸틴 집권 4기가 시작된 2018년부터 기존의 극동 정책에 커다란 변화가 일어나고 있다. 따라서 한국은 최근 극동개발 정책에서의 이러한 변화에 주목할 필

---

[1] 이 글은 『국제자유도시연구』 제11권 1호(2020)에 게재된 논문을 본서의 편집 취지에 맞도록 수정·보완한 것입니다.

요가 있다.

가장 주요한 변화는 러시아 정부가 극동개발부를 극동북극개발부로 명칭을 변경하며, 북극을 포함시킨 것이다. 이는 북극항로와 극동지역 개발을 연계시킨다는 의미로 해석될 수 있다. 극동북극 개발부는 향후 북극항로를 이용하여 북극해의 개발 자원과 유럽의 물품들을 극동지역으로 운송하는 정책을 적극 추진할 것으로 전망된다. 이러한 정책은 한국과 일본, 중국이 관련되므로 우리가 주목해야 할 정책 변화라고 할 수 있다.

둘째, 중국이 추진하는 일대일로 정책의 극동러시아 지역과의 연계이다. 중국은 일대일로를 전세계적 차원에서 추진하고 있으며, 극동러시아에서의 '프리모리예-1, 2' 프로젝트도 중국의 일대일로와 관련되어 있다. 이에 따라 중국의 일대일로는 향후 극동러시아 지역에서의 초국경 협력의 발전에도 영향을 줄 수 있을 것으로 전망된다.

셋째, 한국의 신북방정책의 추진이다. 한국은 신북방정책을 추진하며 연관된 정책으로 한반도신경제정책을 제시한 바 있다. 한반도신경제정책은 한반도를 서해안 벨트, 동해안 벨트, 접경지역 평화 벨트 등 세 개의 벨트로 구분하여 발전시키는 방안을 제시하고 있다. 이 가운데 동해안벨트는 신북방정책과 긴밀하게 관련된다.

전반적으로 이러한 러시아, 중국, 한국의 정책들은 동북아시아 지역의 교통물류 분야의 초국경 협력을 촉진하고 있다. 그러나 러시아와 중국의 교통물류 정책이 활발하게 추진되고 있는 데 비해 한국의 신북방정책의 교통물류 분야에서의 성과는 아직 미지수이다. 이 글에서는 러시아의 정책을 통해 북·중·러 초국경 교통물류 협력의 방향과 성과를 살펴보고자 한다.

II. 러시아의 극동개발정책과 초국경 협력

1. 러시아의 극동개발정책에서 교통물류 발전 정책

러시아 정부가 극동러시아 지역에서 추진하고 있는 주요 교통 건설 프로젝트로는 <표 1>과 같은 연해주의 내륙과 항만 지역을 연결하는 운송망 건설 사업인 '프리모리예-1, 2' 프로젝트, 극동러시아의 3대 주요 항만을 연결하는 도로 건설 프로젝트, 러시아와 중국 간 교량을 건설하는 프로젝트 등이 있다. 또한 철도 부문에서는 장기간에 걸쳐 추진되고 있는 바이칼-아무르 철도와 시베리아 철도의 현대화 사업 등이 있다.[2]

표 1. 극동러시아의 주요 도로, 철도 프로젝트(2017년 이후 완공 및 추진되는 사업)

지역	프로젝트	특징
연해주	'프리모리예-1': 나호드카-보스토치니-블라디보스토크-우수리스크-쑤이펀허-무단장-하얼빈	내륙과 항만 연결 프로젝트
	'프리모리예-2': 자루비노-훈춘-길림-장춘	

---

[2] Итоговый доклад о результатах деятельности министерства транспорта российкой федерации за 2017 год, целях и задачах на 2018 год и плановый период до 2020 года (러시아 연방 교통부의 2017년 성과, 2018년 목표, 2020년까지 계획에 대한 보고서), pp. 27~28.

지역	프로젝트	특징
연해주	블라디보스토크-아르쫌-나호드카-보스토치니 항	극동러시아 3대항 연결 도로
캄차트카 주	페트로파블로프스크 캄차스키-밀코보-클류치-우스트 캄차스크 20.2km	캄차트카 주 해상 연결 도로, 2017년 건설
사할린 주	유즈노 사할린스크-오하 22.1km	사할린의 남북 연결 교통망, 2017년 건설
아무르 강 러-중 철도 교량	유대인 자치주 니즈니레닌스크-중국 툰장 간의 철도교량	2019년 4월 완공
아무르 강 러·중 자동차 도로 교량	하바로프스크의 블라고베셴스크- 중국 헤이룽장성의 헤이허를 연결하는 자동차 교량	2019년 완공
자바이칼스크 주*	치타-하바로프스크 도로 일부 구간 28.9 km	2017년 건설

* 2018년 11월 대통령령에 따라 부랴티아 공화국과 함께 극동러시아에 편입됨.
자료: Итоговый доклад о результатах деятельности министерства транспорта российкой федерации за 2017 год, целях и задачах на 2018 год и плановый период до 2020 года (러시아 연방 교통부의 2017년 성과, 2018년 목표, 2020년까지 계획에 대한 보고서), pp. 28~29.

이외에도 항만 개발이 추진되고 있다. 러시아 정부는 자루비노항을 동북아시아 물류의 거점 항만으로 육성하는 계획을 추진하고 있다. 2017년 5월 자루비노 항만개발을 하고 있는 숨마 그룹의 경영진은 1단계 10억 달러, 2단계 20억 달러를 투자할 계획이라고 밝힌 바 있다. 숨마 그룹이 전체 투자액 가운데 5~6억 달러를 투자하고 나머지는 외국의 투자를 유치할 계획이다. 러시아는 자루비노항의 개발 및 현대화를 통해 한국, 북한, 중국, 일본 등 동북아시아 국가들과(화물 및 승객) 연계운송을 하는 물류거점항으로 육성한다는 계획이다. 자루비노항에 곡물 처리, 컨테이너선, 페리, 화물선 등을 위한 터미널 건설을 통해 2020년에 1,300만 TEU, 연간 6,000만 톤의 물동량을 처리할 계획이다.[3]

2. 최근 러시아의 극동개발 정책의 확대

러시아는 극동개발 정책을 적극 추진하고 있으며, 최근 몇 가지 중요한 변동이 있었다.

첫째, 극동개발부의 업무영역 확대 및 명칭 변경이다. 푸틴 러시아 대통령은 2019년 2월 26일 극동개발부 명칭 변경에 관한 대통령령에 서명하였으며, 이 대통령령으로 '극동개발부'에서 '극동북극개발부'로 명칭이 변경되고, 담당업무에 북극 개발이 포함되었다. 이는 메드베데프 당시 총리가 북극정책을 심의·집행하는 정부기구의 설립 필요성을 푸틴 대통령에게 제안하고 이를 대통령이 승인함에 따라 이루어졌다. 이처럼 극동개발부 업무 영역이 확대된 것은 북극 지역에 대한 러시아 정부의 효율적 관리를 위한 것이다. 부서의 영문 명칭은 'Ministry for Development of Russian Far East'에서 'Ministry of Development of Russian Far East and Arctic'으로 변경되었다.

과거에는 북극 지역의 천연자원 개발은 천연자원부, 북극항로는 교통부 산하의 북극해항로국(NSRA: Northern Sea Route Administration)에서 주로 담당하였으며, 2015년에 설립된 '국가북극개발위원회'가 정부부처 간 북극정책 조정 역할을 수행하였다. 향후

---

3 *Морские порты* №4 (2014).

에는 극동북극개발부가 기존의 북극 개발 담당 정부부처들과 협력하며 업무를 총괄할 것으로 전망되고 있다. 또한 극동북극개발부내에 북극 담당 차관급 직위가 신설될 계획이며, 기존의 북극 담당 부서들과 협력하여 러시아의 북극 정책을 총괄할 전망이다.

둘째, 극동러시아 지역의 행정구역확대이다. 2018년 11월 대통령령으로 시베리아연방관구의 2개 지역이 극동연방관구 지역으로 이전되었다. 시베리아연방관구의 부랴티야 공화국과 자바이칼스크 주가 극동연방관구 소속으로 이전되어, 극동연방관구 내의 지역은 기존의 9개에서 11개로 확대되었다.[4] 이에 따라 극동연방관구는 기존의 연해주, 하바로프스크 주, 아무르 주, 추코트 자치구, 캄차트카 주, 유대인 자치주, 사하공화국, 사할린 주와 추가된 지역인 부랴티야 공화국, 자바이칼스크 주 등을 포함하여 11개 지역으로 구성되었다.

한편, 새롭게 편입된 지역들은 극동러시아 지역에서 추진되고 있는 극동개발 프로젝트인 토지의 일정기간 무상이용, 선도개발구역 형태의 경제특구 지정 등에 참여가 가능하게 되었다.

셋째, 블라디보스토크로의 극동러시아 행정 중심 이전이다. 2018년 12월에 대통령령으로 극동연방관구의 청사를 하바로프스크에서 블라디보스토크로 이전하였다. 기존의 극동러시아 행정중심지였던 하바로프스크에서 최근 극동항만 활성화 등에 따라 극동경제의 중심

---

4 러시아 정부는 85개 지역을 다시 8개의 연방관구로 나누어 대통령 전권대표를 임명하여 관리하고 있으며, 극동연방관구는 러시아의 8개 연방관구 가운데 하나이다. 대통령 전권대표 가운데 극동연방관구를 담당하는 유리 트루트네프 전권대표는 유일한 부총리급이다.

지로 떠오르고 있는 블라디보스토크로 관구 청사를 이전한 것으로 이제 블라디보스토크는 명실상부한 극동러시아의 경제 및 행정 중심지로 발전될 것으로 전망된다.

그림 1. 새로운 극동연방관구 영역

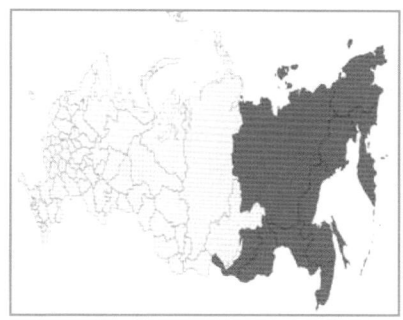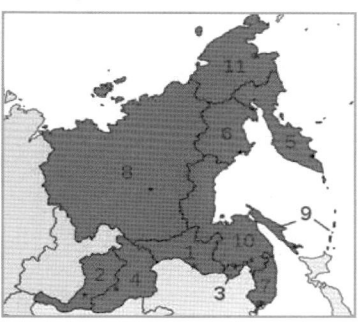

자료: 극동연방관구 * 추가된 지역: 부랴티야 공화국(2번), 자바이칼스크 주(4번)

표 2. 최근 극동 지역에 대한 주요 대통령령

서명일	대통령령	구체적 내용 및 의미
2018년 10월	극동개발계획 수립	2025년까지 극동러시아 발전계획 및 2035년까지 발전 전망 수립
2018년 11월	극동러시아 행정구역 확대	- 극동연방관구 행정구역에 기존의 시베리아 연방관구 행정구역의 부랴티야 공화국 및 자바이칼스크주 추가 - 기존의 9개 지역 ⇒ 11개 지역 - 극동 개발정책의 적극 추진
2018년 12월	극동러시아 행정 중심지 이전	- 하바로프스크 ⇒ 블라디보스토크로 이전 - 블라디보스토크의 극동러시아 행정 및 경제 중심지화
2019년 2월	극동개발부의 관리 지역에 북극 지역 포함	- 극동개발부 ⇒ 극동북극개발부로 확대 개편 - 북극 개발의 적극 추진, 동북아시아 지역과 연계된 에너지, 항로 개발 전망

이러한 러시아의 극동정책의 변동은 동북아시아 지역의 교통물류 협력에도 영향을 줄 것으로 전망된다. 먼저, 향후 러시아의 극동 및 북극 개발정책이 더욱 적극적으로 추진될 것으로 전망되며 한국, 중국, 일본과의 북극항로 협력이 추진될 것으로 전망된다. 최근 극동지역과 관련된 연이은 대통령령 공포는 러시아 정부와 푸틴 대통령의 극동 및 북극 개발에 대한 높은 관심을 반영하고 있다고 평가 할 수 있다.

또한 극동북극개발부 및 극동연방관구의 러시아 정부 내 영향력이 확대될 전망이다. 이에 따라 정부주도의 극동러시아 개발이 보다 적극적으로 추진되며, 동시에 북극 지역의 자원개발, 북극 항로 정책도 활발하게 추진될 것으로 전망된다.

또한 에너지 분야에서는 야말 LNG 개발을 포함한 에너지, 광물자원 개발이 지속적으로 추진될 것으로 예상된다. 북극 지역에는 전 세계 미개발 석유의 13%, 천연가스의 30%가 매장된 것으로 알려지고 있으며, 다수의 광물자원도 매장된 것으로 평가되고 있다. 러시아는 북극 야말지역에서 LNG 개발을 추진하여, 2017년 말부터 야말 LNG에서 LNG 생산이 이루어지고 있으며, 추가로 북극 LNG-2 프로젝트를 추진하여 2022년부터 생산을 시작할 계획이다.

그리고 물류 분야에서는 북극항로의 활성화가 추진될 것이다. 지구 온난화와 북극 지역 자원개발의 영향으로 북극 항로 이용이 증가하고 있으며, 러시아 정부도 이 점에 주목하여 북극항로 활성화를 추진하고자 한다. 북극항로를 이용한 화물운송 규모는 점차 증가하고 있으며, 2018년에는 약 2천만 톤의 화물을 운송하였는데, 러시아 정부는 2024년까지 약 8천만 톤의 화물을 운송할 계획이다.[5] 또한 러시아 정부는 북극 항로 활성화를 위해 캄차트카 지역에 LNG 및 화물, 여객 터미널을 건설할 계획이기도 하다. 이러한 러시아 정부의 북극개발, 북극항로 발전 정책은 우리의 물류 환경에도 영향을 줄 것이다.

3. 러시아의 대중국 교통물류 협력

러시아는 중국과의 협력을 통해 항만에서의 물류 환경을 개선하고, 항만과 중국 내륙지역으로 연결되는 물류 시장을 구축하고자 한다. 러시아는 이러한 프로젝트 추진과정에서 중국의 투자 유치를 기대하고 있다. 알려진 바와 같이 극동 지역에서 해상으로 향하는 출구가 없는 중국은 차항출해 전략으로 극동러시아의 항만을 통해 아시아시아태평양 지역으로 진출하고자 한다.

극동러시아의 교통 물류 프로젝트 가운데 중국과 연계된 것은 다음의 몇 가지로 구분된다.

첫째, 극동러시아 항만과 중국 내륙과의 연계 운송망을 구축하는 프로젝트가 있다. 중국과 연해주 남부의 내륙 지역에서 극동러시아의 항만으로 연결되는 '프리모리예-1, 2' 프로젝트는 극동러시아에서 가장 중요한 운송 프로젝트이다. 이 운송망은 극동러시아의 항만에서 내륙으로, 그리고 중국 동북 지역으로 연결된다. 또한 이 운송

---

5 http://kremlin.ru/events/president/news/57425 (검색일: 2019. 07. 03).

망은 일대일로의 중-몽-러 프로젝트에 포함되어, 중국과 몽골을 통해 유라시아 대륙으로 연결된다.[6] 이 프로젝트는 철도 및 도로의 건설과 개보수, 극동 항만시설 개선 등을 포함하고 있는데, 현재 중국 기업의 투자를 통해 추진되고 있다.

아래 <그림 2>에서와 같이 '프리모리예-1'은 중국의 하얼빈에서 무단장, 수분하를 거쳐 극동러시아의 포그라니치니, 우수리스크, 블라디보스토크, 보스토치니, 나호드카 항 등으로 연결되며, '프리모리예-2'는 중국의 장춘에서 길림, 훈춘을 거쳐 자루비노 항으로 연결된다.

그림 2. 중국 동북 지역과 러시아 항만을 연결하는 '프리모리예-1, 2' 프로젝트

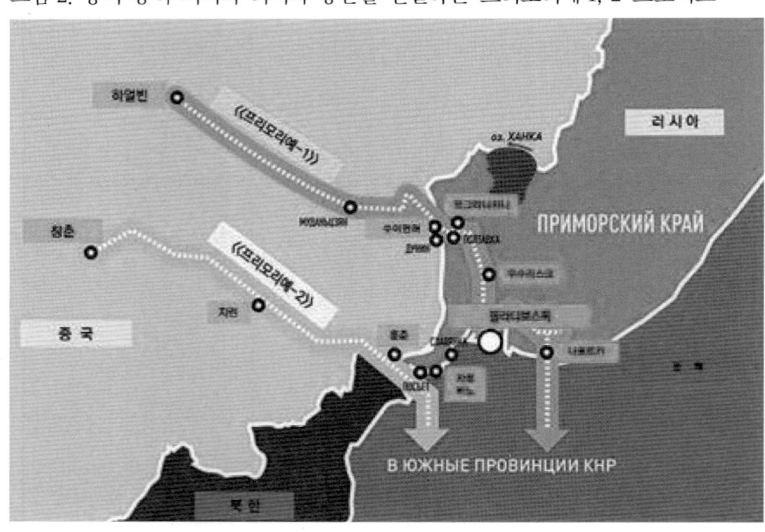

자료: 서종원, 한은영,「프리모리예 국제운송회랑 개발 현황 및 협력 방향」, 한국교통연구원. p. 6.

---

6 중-몽-러 프로젝트는 일대일로의 국제회랑에 포함되어 있으며, 3개국을 연결하는 교통망 건설, 전력망 연결 등을 포함하는 31개의 프로젝트로 구성되어 있다. 이 가운데 교통인프라 주문은 '프리모리예-1,2'가 포함된 13개 프로젝트가 있다.

현재 이 운송망을 통한 물동량은 대부분 러시아에서 중국으로 수출되는 것이다. 2017년 기준 '프리모리예-1'을 통한 1,010만 톤의 수출입 물동량 가운데 990만 톤, '프리모리예-2'를 통한 250만 톤의 수출입 물동량 가운데 249.5만 톤이 중국으로 가는 것이다.[7] 러시아 정부는 운송망 건설과 항만 인프라 개선을 통해 2030년까지 연 2,300만 톤 이상의 곡물, 180만 TEU[8]의 컨테이너가 운송될 수 있을 것으로 전망하고 있다. '프리모리예-1'과 '프리모리예-2' 운송망이 가진 국제운송망으로서의 장점을 더욱 높이기 위해 양국은 통관지역에서의 수속을 간소화하였다. 이는 2017년 6월에 발표된 '중국으로부터 러시아로 수입되는 물품 운송을 위한 국경 통관소'에 대한 정부령에 따른 것이었다. 이러한 정책으로 중국으로부터 극동러시아의 그로제코보 역과 마할리노 역을 거쳐 연해주의 항만으로 연결되는 컨테이너 운송 시간이 단축될 수 있을 것으로 전망된다.[9] 중장기적으로는 이 프로젝트를 통해 극동러시아 항만의 물동량이 증대되며, 블라디보스토크, 자루비노 등 관련된 항만의 발전이 기대된다.

둘째, 극동러시아 항만 개발 사업이다. 러시아는 극동항만의 인프라 개발을 통해 물류 시스템을 현대화하고, 물동량을 늘리고

---

7 Министерство дальнего востока. Ежегодный национальный доклад о развитии дальнего востока российской федерации 2018(러시아 극동개발부, 『러시아 극동발전에 관한 연례 보고서』. 2018년). pp. 95~96.
8 TEU(Twenty-foot Equivalent Units)는 20피트 컨테이너 1대분을 나타내는 단위이다.
9 Итоговый доклад о результатах деятельности министерства транспорта российкой федерации за 2017 год, целях и задачах на 2018 год и плановый период до 2020 года (러시아 연방 교통부의 2017년 성과, 2018년 목표, 2020년까지 계획에 대한 보고서), pp. 41~42.

자 한다. 그리고 시베리아 횡단철도의 기점인 극동러시아 항만 물류의 발전이 향후 러시아 전체의 물류망 발전에도 영향을 줄 수 있을 것으로 기대하고 있다.

셋째, 러시아와 중국 간의 국경 운송망 활성화 사업이 있다. 현재 추진되고 있는 러시아와 중국 간 국경 지역의 교량 건설이 여기에 해당된다. 이 사업은 극동러시아 지역의 주요 교통 프로젝트인 동시에 교역 활성화 사업이기도 하다. 먼저 2019년 4월에 완공된 유대인자치주의 니즈네레닌스크와 중국 툰장 간의 철도교량은 아무르 강을 통해 러시아와 중국을 연결하는 최초의 철도교량으로 이 교량을 통해 러시아의 '킴카노-수타르스크(Kimkano-Sutarsky)' 광산에서 중국으로의 광물 수출 거리가 크게 단축되는 효과가 있을 것으로 전망된다. 이 교량에는 러시아의 광궤와 중국의 표준궤가 동시에 부설되어 양국 간 철도 운행이 용이해질 것으로 전망된다. 또한 아무르 강을 통해 하바로프스크 주 블라고베셴스크와 중국 헤이룽장성의 헤이허를 연결하는 자동차 교량이 2019년 11월에 완공되었다. 이러한 양국 국경의 교량 건설을 통해 러·중 국경 간의 수출입 물동량이 증가할 것으로 기대된다.

이와 같은 러시아의 극동지역 교통물류 개발과 대외 협력 정책에 대해 한국과 중국, 일본이 높은 관심을 가지고 있다. 러시아 정부도 이 국가들로부터 투자를 유치하고자 한다. 특히, 중국은 적극적으로 투자를 추진하고 있다. 중국은 자루비노 항만 건설과 중국에서 자루비노 항만으로 연결되는 운송망 건설 사업을 추진하고 있다. 2014년 러시아의 항만 물류기업인 숨마 그룹과 중국의 길림성 정부는 자루비노 항만에 곡물 터미널, 컨테이너 터미널, 원유 터미널을 건설하는 계약을 체결한 바 있다. 중국은 자루비노 항만을 통해 길림성과 흑룡강성의 화물을 중국 남부 지역으로 수송하거나 해외로 수출하는 방안을 고려하였으나, 러·중 간의 지분구성 이견으로 성사되지 못하였다. 중국은 러시아 측에 자국 기업의 다수 지분과 운영권 보유, 건설 참여를 요구한 반면, 러시아 측은 중국 기업 지분율 25% 미만과 러시아 건설기업의 사업 참여 필요성을 주장해 왔다.[10] 자루비노 항만 건설에는 '중국상인그룹(China Merchant Group)'이 관심을 가지고 있으며 아직 양국간에 항만 건설에서 구체적인 성과는 나타나지 않고 있다.

한편, 중국은 동북 3성의 물류환경 개선을 위해 앞에서 언급된 중국 동북지역에서 극동러시아 항만으로 연결되는 프리모리예 1, 2 운송망 건설에 투자를 추진하고 있다. 2016년 4월 북경에서 개최된 러시아와 중국 정부의 회의에서 양국 관계자들은 러시아 운송망 건설을 위한 합작회사의 설립과 러시아측의 다수 지분 보유, 그리고 러시아 20%, 중국 80%의 인프라 투자지분에 합의한 바 있다.[11] 중국의 대기업들인 '중국통신건설회사(China Communications Construction Company)'와 '중국철도그룹(China Railway Group)' 등이 운송망 건설에 관심을 가지고 있는 것으로 알려진다. 중국은 러시아가 추진하는 '프리모리예-1' 프로젝트와 자루비노 항만과 중국 국경

---

10 http://primamedia.ru 04.09.2015.(검색일: 2019. 07. 03).
11 http://primamedia.ru 08.06.2016. (검색일: 2019. 07. 03).

을 연결하는 '프리모리예-2' 프로젝트에 중국수출입은행의 지원을 계획하고 있기도 하다.

또한 중국 물류 기업들은 2015년부터 훈춘과 극동러시아의 자루비노, 부산항을 연결하는 화물 운송 노선과 2016년부터 훈춘, 나진을 통해 상해로 연결되는 노선을 운영하고 있기도 하다. 이외에도 중국 기업은 중·러 양국 국경간 교량 건설에 참여하였으며, 러시아와 함께 하얼빈과 블라디보스토크를 연결하는 고속철 건설을 추진하고 있다. 이러한 국경을 연결하는 운송 인프라의 건설은 극동러시아의 물류 발전에 크게 영향을 주며, 동북아시아 국가들 간의 협력에도 기여할 것으로 전망된다.

표 3. 중국의 극동러시아 교통인프라 건설 참여 동향

투자자	부문	프로젝트 현황
China investment Corporation	철도, 도로	아무르강 러·중 국경 교량 공사
China Development Bank	철도, 도로	러시아 대외경제은행과 극동시베리아 지역의 투자 프로젝트에 8억 5,000만 달러 규모의 자금을 15년 간 투자하는 기본 협정 체결
China Railway Group	철도	'프리모리예-1', '프리모리예-2' 투자 의향
China Railway Construction Company	철도	사하공화국의 레나 강 교량 건설 의향 (2016년)
China Communications Construction Company	철도	'프리모리예-1', '프리모리예-2' 투자 의향

자료: Инфраструктура и рынки. Дальний восток. Росконгресс(『인프라스트럭처와 시장. 극동』. 로스콘그레스). 2018. p. 67.

중장기적으로 러시아와 중국이 추진하는 극동러시아 항만과 중국 내륙 지역을 연결하는 운송망인 '프리모리에-1, 2' 프로젝트를 통해 자루비노에서의 양국의 물류 협력이 활성화될 것으로 전망된다. '프리모리에' 프로젝트는 러시아의 자루비노, 블라디보스토크, 보스토치니, 나호드카 등 항만과 중국 동북 3성을 연결하게 되며, 이 운송망 연결을 통해 아래 <그림 3>과 같이 중국이 추진하고자 하는 물류망을 구축하게 될 것으로 전망된다. 또한 중국은 북한의 나진, 청진으로 연결되는 육로 운송망을 건설하여 북·중·러 3각 물류망을 구축하는 것에도 높은 관심을 가지고 있다.

그림 3. 중국의 대러시아 및 북한 물류 협력 정책

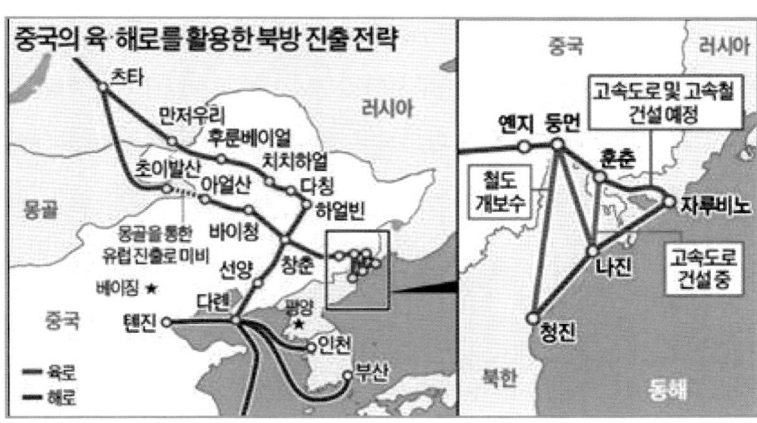

자료: 한국경제신문 2018년 9월 12일

4. 러시아의 대북한 교통물류 협력

　러시아는 한반도와 연결되는 대북한과의 교통물류 협력을 추진하고자 한다. 러시아는 나진-하산 프로젝트 및 남·북·러 철도 연결과 북·러 자동차 교량 건설에 매우 적극적인 입장을 보이고 있다. 러시아 정부는 한국기업이 나진-하산 철도, 남·북·러 철도 연결에 참여할 것을 요청했으며, 푸틴 대통령은 북·러 자동차 교량 건설 추진에 관심을 표명하기도 했다.

　2019년 4월에 블라디보스토크에서 개최된 북·러 정상회담에서도 이러한 러시아 정부의 태도는 잘 나타난다. 이 자리에는 교통부 장관 등이 참석하여 철도 물류망 개선 등에 대한 의견을 제시하기도 하였다. 당시 북·러 확대정상회담에 북한측에서 리용호 북한 외무상과 최선희 외무성 부상 등이 배석하였으나, 러시아측에서는 유리 트루트네프 부총리, 세르게이 라브로프 외무장관 등과 함께 예브게니 디트리히 교통장관, 알렉산드르 코즐로프 극동북극개발부 장관, 올렉 벨로제로프 철도공사 사장, 아나톨리 야노프스키 에너지부 차관 등이 배석하여 러시아 정부의 도로, 철도, 에너지 등에서 북한과의 협력에 대한 높은 기대를 분명하게 보여주었다고 할 수 있다.

　또한 2019년 6월 초에는 코즐로프 극동북극개발부 장관이 북한을 방문해 철도 연결, 교량 건설 등의 협력을 논의한 것으로 알려지고 있다. 위에서 언급한 바와 같이 현재 북·러 간 교통물류 협력은 크게 두 가지로 요약할 수 있다.

　첫째는 두만강 국경 위에 북·러 양국을 연결하는 자동차 교량 건설 추진이다. 자동차 교량 건설은 러시아 정부가 높은 관심을 가지고 있다. 현재 극동 지역에서 북한과 러시아 간의 운송망에는 평양과 블라디보스토크를 운항하는 항공노선과 두만강 철교를 통해 연결되는 '우호의 다리' 철도가 있을 뿐이다. 따라서 양국은 협력 확대를 위한 전용 교량 건설의 필요성에 대해 긍정적인 입장을 가지고 있다. 2019년 3월 모스크바에서 개최된 북·러 경제협력위원회에서 교량 건설이 논의되었으며, 러시아측은 4월 러시아 표준에 따라 건설될 것이라고 밝혔고[12], 교량 건설을 위한 타당성 조사를 마쳤다고 밝혔다. 또한 2019년 4월 29일 푸틴 대통령이 직접 극동북극개발부에 교량 건설 업무를 담당하도록 지시함으로써 향후 신속히 추진될 가능성이 높아졌다.[13]

둘째는 나진-하산 프로젝트이다. 이 프로젝트는 북한과 러시아 간의 공동 물류 사업으로 2000년대 중반 이후 나진에서 하산 구간 54km의 철도 현대화, 나진항 현대화 등이 주요 사업으로 추진되었다. 북한측이 30%, 러시아측이 70% 지분을 보유한 북·러 합작회사인 '나선콘트란스'가 2008년부터 사업을 추진하였으며, 2013년 9월 철도 현대화가 이루어지고, 2014년 7월 터미널이 완공되는 성과를 거두기도 하였다.

---

12 https://trans.ru/news/esli-most-na-granitse-rossii-i-severnoi-korei-budet-postroen-to-po-rossiiskim-standartam 2019년 4월 12일(검색일: 2019. 10. 11).
13 https://trans.ru/news/tehniko-ekonomicheskoe-obosnovanie-dlya-mosta-cherez-reku-mezhdu-rf-i-kndr-gotovo- 2019년 4월 29일(검색일: 2019. 10. 11).

그림 4. 나진-훈춘-하산

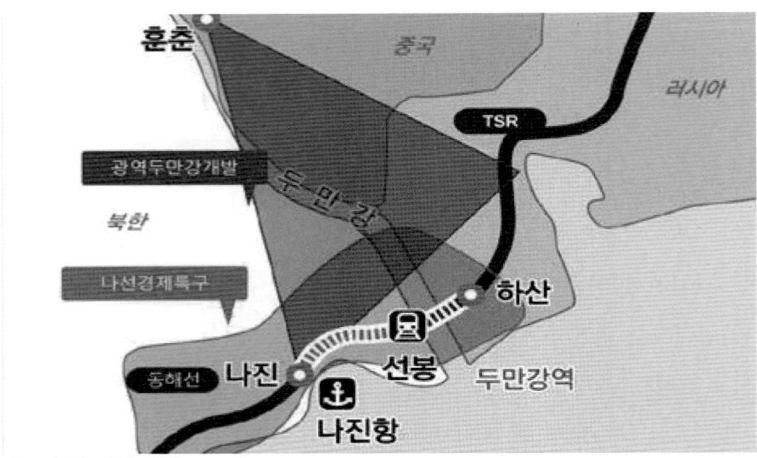

자료: 권구훈, 통상 5월 호, 2019년
http://www.tongsangnews.kr/pages/story/WN/cont?menuId=10000&menuNm=undefined&rawid=485511

이 사업은 당초 북·러 물류 프로젝트로 추진되었으나 이후 남·북·러 복합 물류 사업으로 발전되었다. 2013년 11월부터 러시아 철도청과 한국의 포스코, 현대상선, 코레일 등이 남·북·러 합작 사업으로 추진하기로 논의가 되었고, 한국 기업들은 나선콘트란스의 러시아 지분 49% 매입을 논의하였다. 2013년 이후에, 러시아에서 나진항을 거쳐 한국 항만으로의 석탄 시범운송을 세 차례에 걸쳐 실시하였으나, 2016년의 북한 4차 핵실험 이후에 협력이 중단되었고, 2018년 남북 관계가 개선되며 다시 논의가 이루어지기 시작하였다. 러시아 철도청은 2018년 말에 한국 기업들이 나진항 개발과 나진-하산 철도를 통한 남북·러 철도 연결에 참여할 것을 요청한 바 있다.

현재 러시아 정부는 바라놉스크-하산 철도 현대화를 추진하고 있으며, 이 사업은 초국경 교통망 발전에 큰 영향을 줄 것으로 전망된다. 바이칼 아무르 철도와 연결되는 바라놉스크-하산 철도 현대화는 북·러 철도 연결과 훈춘으로 연결되는 프리모리예-2와 관련된다. 이 철도 구간의 거리는 238㎞에 달하며, 현대화비용에는 70억 루블(약 1억 9천만 달러)이 필요할 것으로 예측되고 있다.[14]

2019년 4월의 북·러 정상회담에서도 남·북·러 철도 연결 사업이 언급되었다. 푸틴 대통령은 정상회담 후에 가진 브리핑을 통해 남북 철도 연결 사업과 관련하여 최근 남북간에 철도 연결이 추진되었음을 상기하고 "인내력을 갖고 철도 연결이 이뤄지길 기대한다"고 언급하였다.[15] 이와 같이 러시아는 북한과의 교통인프라 건설과 이를 통한 남·북·러 교통망 연결에 큰 관심을 가지고 있다.

5. 결론

향후 극동 러시아 지역에서 한국은 다음의 교통 물류 사업을 추진할 수 있을 것이다.

첫째, 자루비노 항만 개발 및 훈춘과 자루비노항의 물류연계를 추진할 수 있다. 이미 2016년 5월의 한·중 경제장관회의에서 우리나라는 중국 훈춘 물류단지 개발, 러시아 자루비노항 개발을 극동에서

---

14 https://www.mintrans.ru/press-center/branch-news/896 러시아 교통부 2018년 11월 9일.
15 KMI 북방물류 동향리포트. 2019년 5월 8일, p.9.

의 시범협력사업으로 추진하자고 제안하며 적극적인 개발 참여의지를 표명하였다. 우리 정부의 제안은 훈춘시의 물류창고업, 유통업, 임가공업 등 산업단지를 공동개발하고, 동북 3성 통과화물을 처리하는 항만·철도 연계 인프라를 자루비노항에 구축하는 사업에 양국이 공동으로 참여하는 것을 주요 내용으로 하고 있다. 우리 정부와 러시아 정부는 2008년 한·러 정상회담에서 자루비노 항만 공동개발에 합의하고 물류산업단지 개발계획을 추진하였으나, 성과를 거두지 못한 바 있다.[16] 이후에도 자루비노항 개발 참여는 극동러시아와의 주요 협력 과제로 제기되어 왔으나 뚜렷한 성과는 거두지 못하고 있다.

향후 자루비노 항만 물류시설 개발과 '훈춘 포스코현대 물류단지'를 연계할 수 있을 것이다. 포스코(지분율 80%)와 현대그룹(지분율 20%)의 출자로 설립된 훈춘 포스코현대는 중국 정부로부터 50년 간 150만 ㎡(45만 평) 부지를 장기 임차하여 물류단지를 설립하였으며, 2014년 8월 물류관리시설 건물과 물류창고 등 1기 공사를 마쳤고 향후 순차적으로 물류창고를 늘려갈 예정이다. 한국 기업들은 향후 훈춘 물류단지와 자루비노 항만을 연계하여 중앙아시아, 중국 등으로부터의 물류 유치를 통해 자루비노항을 한·중·러 물류거점항으로 육성하고, 향후 남·북·중·러 물류망으로 활용하는 방안을 고려할 수 있을 것이다. 특히 자루비노항은 보스토치니, 바니노와 더불어 러시아 정부가 대규모 투자를 계획하는 주요 항만으로, 향후 발전 가능성이

---

16 당시 양국 정부는 자루비노 항만 개발 관련 공동연구 및 전문가 회의 개최, 기업설명회 개최, 극동러시아 자루비노항 물동량 분석 및 진출 수요 조사 등에 합의하며, 적극적인 협력을 추진한 바 있다.

높은 것으로 평가된다. 러시아 정부는 자루비노 항만을 동북아시아 물류거점으로 육성하고자 하며, 항만개발과 투자유치를 위한 정책을 적극적으로 추진하고 있다.

그림 5. 훈춘 물류 단지의 물류망

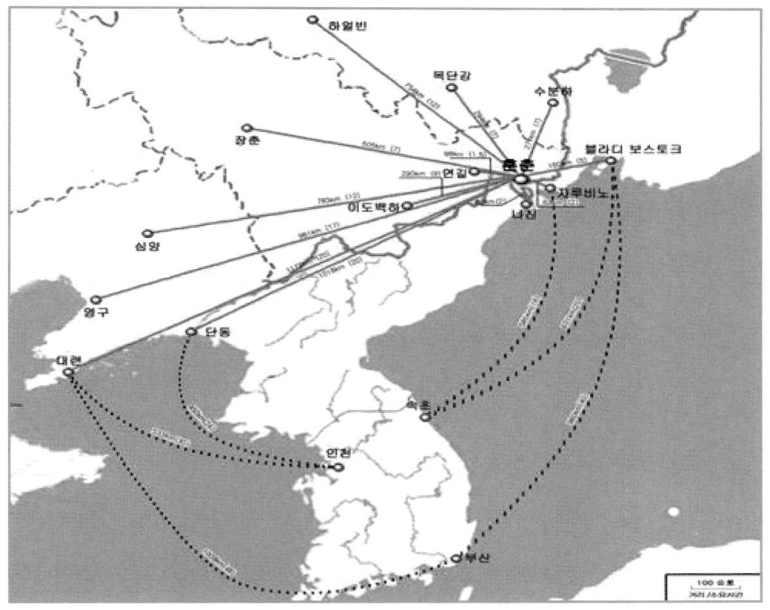

자료: http://kr.philogis.com/ (훈춘포스코현대국제물류유한공사)

둘째, 항만 현대화 사업에 참여할 수 있을 것이다. 석탄 터미널 건설이나 현대화 사업 참여를 고려할 수 있다. 극동러시아 주요 항만의 석탄 터미널은 물동량이 처리가능 용량을 초과하여 증설이 필요하다. 이미 2012년에 주요 항만 석탄 터미널의 처리가능 용량 대비

물동량 비율은 극동러시아 최대의 석탄물류항인 보스토치니항이 136%, 바니노 항이 115%, 나호드카 항이 136%로 석탄 터미널의 증설이 필요한 상황이다. 극동 항만의 러시아산 석탄 수출에 대한 수요는 많으나 석탄 터미널 설비가 미흡하며, 이는 시베리아 석탄 산지의 생산 부진으로 이어진다.[17] 이에 따라 숨마 그룹은 보스토치니항에 제3의 석탄터미널 건설에 대한 투자를 유치하고 있으며, 이미 일본이 투자를 검토하고 있기도 하다.

러시아 정부의 항만발전계획에는 이처럼 보스토치니, 바니노, 나호드카, 블라디보스토크 수호돌 만 등에 대한 석탄 터미널의 건설 또는 확장 계획이 포함되어 있으며, 이에 대한 러시아 정부의 지원이 예상되므로 우리 기업들도 투자를 고려할 수 있다. 현재 우리나라의 철강기업들과 전력기업들이 러시아로부터 석탄을 수입하고 있다. 향후 우리 기업들이 석탄 터미널 건설에 참여하고 독자적인 물류망을 구축할 경우 보다 효율적인 물류처리가 가능할 것으로 전망된다. 한국의 러시아로부터의 석탄 수입비중은 2010년의 7.5%에서 2017년에는 16.1%, 2018년에는 10.2%(호주, 인도네시아 다음의 세 번째 수입국)로 증가하였다.[18] 극동러시아로부터의 석탄 수입은 다른 지역으로부터의 수입에 비해 운송시간이 크게 단축되는 장점이 있다. 보스토치니로부터 우리나라 포항으로의 해상 운송비용은 호주 멜버른으로부터의 운송비의 1.02배로 거의 동일한 반면 운송시간은 1/8배 단축(톤당

---

[17] 삼일회계법인, 『한국 기업들의 극동사업 진출사례 및 진출전략』 한-러 물류협력 비즈니스 포럼, 2014년 10월 27일, p. 15.
[18] 대한석탄협회. http://www.kcal.or.kr (검색일: 2019. 10. 07).

운임은 호주 64.62달러, 보스토치니 66.54달러, 운송시간은 멜버른으로부터 16일, 보스토치니로부터 2일 소요)되는 것으로 평가된다.[19]

또한 향후 우리 기업들이 러시아의 석탄 터미널 현대화 사업에도 참여할 수 있을 것이다. 현재 극동러시아 지역에 18개의 석탄 터미널이 있으나, 이 가운데 현대화 설비를 갖춘 곳은 3개 터미널에 불과하여, 향후 친환경 현대화 설비 건설이 필요한 상황이다. 최근 석탄 터미널에서 발생하는 환경오염에 대한 극동러시아 지역 주민들의 항의가 빈번하여, 러시아 정부에서도 석탄 터미널 현대화 사업을 추진할 가능성이 높은 것으로 전망된다.

그림 6. 한반도 신경제 정책과 3대 경제벨트

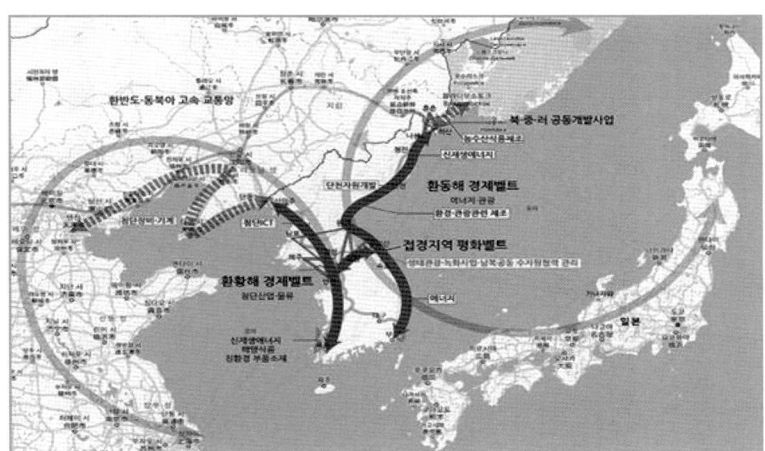

자료: 북방경제협력위원회

---

19 KMI. 2015. "극동러시아 해운·물류시장 진출 BM 소개." 러시아 극동지역 사업 투자 설명회.

셋째, 북극개발, 북극항로와 관련된 부문에 참여할 수 있을 것이다. 향후 우리 정부는 러시아와 북극항로를 통한 에너지 협력을 추진할 필요가 있으며, 북극항로를 통한 유럽 지역과의 화물운송 연계도 추진할 수 있을 것이다. 지구 온난화에 따라 북극 항로를 통한 화물운송의 상용화가 2030년경에 가능해질 것으로 전망되며, 이에 대비하여 우리나라에서 북극항로를 통한 유럽으로의 운송망 연결을 고려해야 할 것이다. 이와 관련하여 북극항로를 이용한 화물은 최근까지 석탄, LNG 등의 에너지 자원이 대부분이었으나, 점차 컨테이너 운항이 증가할 것으로 전망됨에 따라 우리나라 항만을 북극항로 연계 컨테이너 항만으로 육성할 필요가 있다. 또한 우리 기업들은 북극 자원개발에 대응하여 LNG 선박 수주 등을 추진할 필요가 있으며, 향후 서방의 대러 제재가 해제될 경우를 대비하여 북극 자원개발에 참여할 준비를 해야 할 것이다. 이와 함께 세계 제2의 LNG 수입국인 우리나라는 기존의 사할린 LNG 수입에 이어 야말 LNG 수입도 검토할 수 있을 것이다.

북방경제협력위원회는 2018년 6월 신북방 정책 중점 추진과제를 결정하면서 나진-두만강-하산으로 이어지는 물류루트를 '소다자 초국경 협력'의 가장 중요한 대상 지역으로 선정한 바 있다. 이 물류루트는 한반도 신경제정책의 환동해 경제벨트와 연결되기 때문이다. 환동해 경제벨트는 환경, 관광, 에너지, 제조업 등에서 초국경 사업으로 발전될 수 있는 가능성을 가지고 있다.

당연하게도 우리의 신북방 물류 정책이 완전한 성과를 거두기 위해서는 남북관계의 개선이 뒷받침되어야 할 것이다. 그리고 본문에서 살펴본 결과 같이 우리의 신북방 정책 추진과 별개로 향후 극동러시아 지역에서는 러·중, 북·러, 북·중·러, 중·몽·러 등을 연결하는 초국경 프로젝트 등이 활성화 될 것이다. 이처럼 동북아시아의 초국경 운송망은 남북 관계 개선과 함께 중국의 일대일로 추진, 중·몽·러 국제회랑 프로젝트의 극동러시아 지역으로의 확대 등의 영향으로 점차 발전될 것으로 예상된다.

참고문헌

권구훈. 2019. "평화와 번영을 위한 움직임 신북방경제협력." 『통상』 84(5월호), 8~13.

삼일회계법인. 2014. "한국 기업들의 극동사업 진출사례 및 진출전략." 한-러 물류협력 비즈니스 포럼. 서울. 10월.

서종원·한은영. 2018. "프리모리예 국제운송회랑 개발 현황 및 협력 방향." 『동북아북한교통물류 이슈페이퍼』(2월 26일).

KMI. 2015. "극동러시아 해운·물류시장 진출 BM 소개." 러시아 극동지역 사업 투자 설명회. 서울. 6월.

KMI. 2019. "북방물류 동향리포트." (5월 8일), 5~12

Итоговый доклад о результатах деятельности министерства транспорта российской федерации за 2017 год, целях и задачах на 2018 год и плановый период до 2020 года (러시아 연방 교통부의 2017년 성과, 2018년 목표, 2020년까지 계획에 대한 보고서).

Инфраструктура и рынки, Дальний восток. Росконгресс (『인프라스트럭처와 시장. 극동』. 로스콘그레스). 2018.

Морские порты №4 (2014)

대한석탄협회(www.kcoal.or.kr)

북방경제협력위원회(www.bukbang.go.kr)

http://primamedia.ru (검색일: 2019.07.03).

www.hankyung.com (검색일: 2018. 09. 12).

"Реконструкция ж/д линии в КНР и КНДР на территории Приморья заложена в БАМ/Транссиб-II." 9 Ноября 2018. Министерство транспорта Российской Федерации(러시아 교통부).

https://www.mintrans.ru/press-center/branch-news/896(검색일: 2019. 06. 10).

훈춘포스코현대국제물류유한공사(http://kr.philogis.com)

"Технико-экономическое обоснование для моста через реку между РФ и КНДР готово." 29 апреля 2019.

https://trans.ru/news/tehniko-ekonomicheskoe-obosnovanie-dlya-mosta-cherez-reku-mezhdu-rf-i-kndr-gotovo-(검색일: 2019. 10. 11).

"Если мост на границе России и Северной Кореи будет построен, то по российским стандартам." 12 апреля 2019.

https://trans.ru/news/esli-most-na-granitse-rossii-i-severnoi-korei-budet-postroen-to-po-rossiiskim-standartam(검색일: 2019. 10. 11).

저자 소개

조영관 Jo Young Kwan

소 속	한국수출입은행 해외경제연구소 선임연구원
학 력	모스크바 국립대 경제학 박사
주요 논저	"중앙아시아 이슬람금융의 특징에 대한 연구"(2019), 『신흥국의 대중국 경제협력 전략: 일대일로 이니셔티브 대응을 중심으로』(2018)(공저), 『극동러시아의 한-러 경제협력방안 연구』(2017) 등.
이 메 일	jycil@hanmail.net

3장
창지투개발전략과 연변의 지역구도변동에 대한 전망: 자치주와 연용도 계획을 중심으로

허명철 연변대학교

I. 들어가며

2009년 8월 30일 중국정부는 두만강지역개발을 국가발전전략 차원으로 승격시키면서 『중국 두만강지역합작개발계획요강 - 창지투(長吉圖)를 개발개방의 선도구로』(이하 『요강』으로 약칭함)를 공식 반포하였다. 『요강』은 향후 10년을 거쳐 2020년에 두만강지역을 연변(沿邊)개방개발의 주요한 지역으로, 중국이 동북아로 진출하는 중요한 문호로, 동북아경제합작의 중요한 플랫폼으로, 동북지역의 중요한 성장거점으로 자리매김하고 두만강지역을 중국의 연변(沿邊)개발개방의 선행구(先行區)와 시범구(示範區)로 건설한다는 전략적 목표를 제시하였다. 이러한 전략적 목표를 구체화하여 창지투개발개방선도구(长吉图开发开放先导区)[1]의 건설은 훈춘을 개발개방 "창구"로, 연용도(延龍圖)를 개발개방의 전연(前沿)으로, 장춘과 길림을 개발개방의 복지(腹地)로 하는 시스템을 가동하면서 2020년까지 신형공업기지, 과학기술창신기지, 현대물류기지, 동북아국제비즈니스서비스기지, 현대농업시범기지를 건설하며 이를 바탕으로 동북경제발전의 중요한 성장거점을 형성한다는 것을 기본골자로 하는 시행방침을 제정하였다.

『요강』에서 명시된 바와 같이 연변, 특히 훈춘과 연용도는 이번 "창지투" 전략 실시에서 핵심적 위치를 차지하고 있는 "창구"와 "전연"으로 지명되면서 중요한 역할을 감당하게 된다. 『요강』은 현재 진행 중에 있는 연용도의 지위를 두만강지역개발개방의 전초지로 명시함으로써 연용도일체화전략을 연변이라는 자치주 차원의 의미를 넘어서 국가발전전략의 일환으로 승격화 하였고 창지투개발개방선도구 건설의 중요한 역할을 부여받고 있음을 보여주고 있다. 따라서 두만강지역개발개방의 전초지로 부각된 연용도는 일체화 목표와 그 기능도 새롭게 해석되어야 할 필요성이 제기되고 있으며 연용도일체화는 연변의 미래발전과 직접적인 연관성을 띠고 있는 중요한 프로젝트로 급부상되고 있다.

그렇다면 『요강』의 실시와 연용도일체화는 향후 연변의 경제사회발전과 민족지역자치에 어떠한 영향을 미치게 될 것인가. 이론적으

---

[1] 『요강』에서 제시한 "창지투"의 범위는 창춘시의 부분 지역(창춘도시구역, 더후이시德惠市, 쥬타이구九臺區, 눙안현農安縣)과 길림시의 부분지역(길림도시구역, 죠우허시蛟河市, 융지현永吉縣), 연변주의 훈춘시를 말하는데 이 지역을 "창지투"라고 약칭한다.

로 보면 자치지역개발의 목적은 지역 내 주민들의 삶의 질을 향상시키고 지역사회환경과 생태환경을 미화하는 것이기에 지역개발의 주체도 지역주민, 지역단체와 자치정부가 되는 것이 마땅하다. 연변주정부의 주도하에 2005년를 시점으로 연용도일체화 기획안을 공식 가동하였지만 『요강』의 실시와 더불어 연용도일체화는 더 이상 연변주가 주도하는 지역 내 행정구도개편 내지 경제구도조정문제가 아니다. 연용도일체화는 반드시 국가발전전략실시의 시간표에 맞춰 그 요구에 도달해야 하며 "전초지"라는 위치에서 상응한 역할을 감당해야 한다. 연용도 뿐만 아니라 연변조선족자치주 "13.5"발전계획을 포함하여 연변의 중요한 전략적 결책과 시행조치도 『요강』에서 제시한 목표달성에 초점을 맞추어야 할 것이다.

『요강』에서 제시한 성장거점 구축이나 연용도일체화의 애초 취지 등에 경제발전이라는 의미를 많이 부각시켰던 것은 사실이며 이에 상응하여 현재 학계의 연구동향 역시 경제적인 접근이 지배적이다. 이 같은 기존의 연구성향과는 달리 필자는 연변이 조선족자치주라는 점에 입각하여 『요강』이 조선족자치주에게 부여한 특권, 즉 "선행선시先行先試"를 되새겨 보면서 국가에서 조선족자치주에게 무엇을 먼저 실행하고(선행) 무엇을 먼저 시험하라는 것인가(선시) 하는 문제를 고민해보고자 한다. 사실 중국사회가 사회주의시장경제체제로 전환하고 도시화발전전략을 실시하게 되면서 전통집거지에서 익숙했던 생산방식과 생활양식을 유지하면서 공동체적 삶을 이어왔던 소수민족구성원들도 내륙으로, 해외로의 이동이 본격적으로 시작되었으며 자치지역 내 소수민족 인구비례도 현저히 감소했다. 뿐만 아니라 소수민족인구가 자치지역에서 차지하는 비율이 점점 낮아짐에 따라 민족교육실시, 민족문화 전승과 발전, 민족 간 부양성 등 여러 방면에서 민족자치권리를 행사하기 어려운 실제문제들이 하나 둘 나타나게 되면서 지역사회발전과 민족정책실시에 있어서 걸림돌이 되는 커다란 사회적 문제로 부상되고 있다. 특히 국가차원에서 도시화전략을 제정 실시하면서 민족자치지역에서의 도시화발전전략의 실시 및 도시화수준의 향상은 또한 현재 실시되고 있는 구(區), 주(州), 현(縣) 3급 행정기구로 분류되어 있는 자치제도와 부딪치게 된다.

　이에 본 글에서는 중국의 민족지역자치정책과 제도를 연구배경으로, 현재 추진 중에 있는 연용도일체화와 "창지투"전략실시를 대상으로 향후 전개될 연변의 지역적, 행정적 구도변동을 가상(假相)화하면서 소수민족지역자치의 체제전환문제를 다루어보고자 한다.

II. 중국의 민족지역자치제도 실시 및 당면한 과제

　민족지역자치제도는 중국의 세 가지 기본정치제도 중의 하나이다. 민족자치지역을 설정하는 것은 민족지역자치제도와 정책실시의 수요이며 민족지역자치제도의 체제와 조직적 담보이다. 소수민족자치지역은 동급 지방행정기관과 동등한 권리를 향유하는 외에 소수민족자치기관으로서의 특수한 권리를 행사하게 된다. 소수민족지역에서 자치정부가 행사할 수 있는 자치권리의 주요 내용을 보면 다음과 같다. 1) 본 민족지역의 내부 사무를 자주적으로 관리한다. 2) 자치조례 및 단항 조례를 제정한다. 3) 본 민족 언어와 문자를 사용하고 발전시킨다. 4) 소수민족의 종교의 자유를 존중하고 보장한다. 5) 본 민족의 풍속습관을 유지한다. 6) 경제사업발전을 자주적으로 안배, 관리, 발전시킨다. 현재 중국 경내에 있는 민족자치지방은 자치구, 자치주, 자치현 등 세 개의 행정등급으로 나뉘어 있는 바 5개 자치구, 30개 자치주, 120개 자치현(기旗)가 있다. 연변조선족자치주는 1952년 9월 3일에 설립되었는데[2] 이는 현재의 30개 소수민족자치주 가운데서 쓰촨성(四川省)에 있는 간쯔짱족자치주(甘孜藏族自治州, 1950년 11월 24일 설립), 위쑤짱족자치주(玉树藏族自治州, 1951년 12월 25일 설립) 다음으로 세워진 것으로 67년의 역사를 가지고 있다.

다민족국가인 중국에서 민족지역자치지방은 인구, 자원, 면적, 위치 등에서 중요한 전략적 가치가 있다. 현재 자치지역에 거주하는 소수민족 인구는 전체 소수민족인구의 70%를 차지하며 민족자치지방의 면적은 전국 내륙국토면적의 64%를 차지하고 있는바 특히 국가안전과 변강건설 차원에서 놓고 볼 때 그 전략적 위치는 특히 중요하다. 중국의 22,000킬로에 달하는 육지국경선 가운데 약 19,000킬로가 민족자치지역에 있으며 135개 변경지역 현, 시 가운데 약 80%가 민족자치지역에 있으며 2,100만에 달하는 변경주민 총 인구수의 약 48%가 소수민족이다(中国国务院新闻办公室白皮书 09/05). 따라서 중국공산당은 변방의 안전과 건설을 민족문제와 직결시키고 이에 상

---

[2] 1952년 9월 설립 당시 공식명칭은 "연변조선민족자치구"였었는데 1955년 행정구도 개편을 거치면서 지금의 공식명칭인 "연변조선족자치주"로 변경되었다. - 필자 주.

응한 정책을 제정하였으며 민족과 지역을 합일화하는 제도적 장치를 출범시켰다. 한편으로는 소수민족이 거주하고 있는 변경지역의 경제사회발전은 변방을 공고히 하는 물질적 토대로 되고 있으며 변경지역의 사회발전 상황과 소수민족들의 물질생활 수준 여하는 변방지역 사회안정과 국가통일, 민족단결과 변방을 공고히 하는 데 직접적 영향을 미치고 있는 것이다. 그러나 전체적으로 놓고 볼 때 역사적, 환경적, 문화적 요소의 영향으로 말미암아 소수민족집거지역은 기타 내륙지방에 비해 사회기초시설이 낙후하고 생태환경이 취약하며 경제사회의 종합적인 발전수준이 낮은 실정이다. 소수민족의 다수 성원들이 집거해 있는 지역이 국가전략차원에서 중요한 위치에 놓여 있는 만큼 중국의 민족문제를 올바르게 인식하고 소수민족지역에 중국 실정에 부합되는 지역자치제도를 실시하는 것은 중대하고도 심원한 정치·경제·사회적 의의가 있는 것이다.

역사적인 맥락에서 볼 때 오늘날 집권당인 중국공산당이, 중국은 다민족국가라는 기본국정을 인지하고 국내 소수민족의 기본상황을 직감하면서 정책제정과 제도장치를 구축하는 데는 일정한 과정을 거쳐왔다고 할 수 있다.

건당초기 중국공산당의 주요과업이 반제·반봉건적이고 민족해방보다 계급해방이 우선시되어 있었고 혁명운동의 중심이 소수민족이 집거해 있는 변강지역이 아닌 도시중심이었기에 소수민족자체에 대한 이해가 부족했고, 소수민족이 중국혁명에서 차지하는 중요한 위치를 깊이 인식하지 못하였다. 1922년도 중국공산당 제2차 대표대회 당시 문헌자료를 보아도 알 수 있듯이 중국공산당의 소수민족에 대한 인식은 만족 이외에 몽골, 티베트, 신강 등 지역에 한정되어 있었고 대회문헌에서 사용한 소수민족에 대한 지칭도 "약소민족", "이종민족(異種民族)" 등으로 되어 있다. 1928년에 개최된 중국공산당 제6차 대표대회 이후 기본적으로 소수민족이란 용어를 사용하였는데, 이런 점에서 중국공산당 제6차 대표대회는 중국 민족문제에 있어서 이정표적 의미를 지니고 있는 중요한 회의였다고 할 수 있다. 6차 대표대회에서 처음으로 "민족문제에 관한 결의안"이 통과되었고 "중국 경내 소수민족문제는 혁명에 있어서 중대한 의의가 있다"고 명시하였다(民族問題文獻匯編 91/12).

전체적으로 보면 제1차, 2차 국내혁명전쟁 시기 중국공산당의 민족강령은 주요하게 민족자결권을 주장하고 연방제를 주장하였다. 1931년 11월 중화공농병소비에트 제1차전국대표대회에서 통과한 "중화소비에트공화국헌법대강"에는 소비에트정권 영역 내에서는 민족과 종교를 막론하고 법률앞에서 모두 평등하다고 규정하였다. 1934년에 반포된 "중화소비에트공화국헌법대강"은 "무릇 중국지역에 거주하는 민족은 완전한 자결권이 있으며 중국소비에트연방에 가입 또는 탈퇴할 수 있으며 자기의 자치구역을 건립할 수 있다"(民族問題文獻匯編 91/12)고 재차 천명하였다.

중국공산당이 국내 민족문제에 대한 인식전환에서 하나의 중요한 계기가 된 것을 꼽으라 한다면 당연히 "2만 5천리 장정"을 지목하게 된다. 1934년 10월부터 1936년 10월까지 있었던 중앙홍군을 주력으로 하는 2만 5천리 장정은 중국공산당이 중국은 다민족국가라는 기본국정을 인식하고 국내 소수민족을 이해할 수 있는 진일보한 과정이기도 하다. 관련자료 통계에 의하면 홍군 제1방면군은 전체 장정 시일의 33.7%에 달하는 125일을 소수민족지역에서 이동작전을 하였고 홍군 제2방면군은 전체 행군로정의 1/3에 달하는 5,669 리를 소수민족지역을 경과하는 데 소요하였으며 제4방면군은 4/5에 달하는 시일을 소수민족지역에서 보냈다고 한다(徐晓萍, 2008). 장정과정에서 중국공산당은 복건, 강서, 호남, 광서, 귀주, 운남, 사천, 감숙, 청해, 섬서 등 10여개 성에 분포되어 있는 소수민족지역을 경과하면서 묘족, 이족, 장족, 회족, 쫭족 등 10여개 소수민족을 경험하게 되었다(熊坤新, 2006). 소수민족지역을 경과하면서 소수민족을 한층 깊이 알게 된 중국공산당은 중국이 통일된 다민족국가임을 감성적으로 인식하게 되었고 전민족의 해방이야말로 중국의 완전한 해방을 의미하며 민족문제를 해결하고 소수민족을 동원하여 혁명에 동참시키는 것은 중국공산당이 정권을 탈취하고 신생사회를 건립하는 데 매우 중요함을 인식하게 되었다.

이 같은 인식전환에 따라 중국공산당은 "공산당의 민족정책을 모르면 공산당원의 자격이 없다"(熊坤新, 2006)고 할 정도로 소수민족문제에 깊은 주의를 기울였다. 당시 중국공산당은 소수민족사업을 올바르게 진행하고자 홍군 각 부대에 민족사업전문기구를 설치하고 소수민족의 정치, 경제, 풍속, 언어, 종교 및 이들의 요구를 조사하고 연구하여 중국실정에 부합되는 민족정책을 제정하기 위한 기초적 작업을 진행하였다. 중국공산당이 통일된 다민족국가라는 국정에 대해 새로운 인식을 가져온 징표는 1939년 12월에 발표된 모택동의 "중국혁명과 중국공산당"이라는 문장이다. 이 글에서 모택동은 처음으로 중화민족이라는 개념을 사용하면서 중국은 다민족으로 구성된 국가라고 지적하였다(毛泽东, 1975). 이는 과거 형성되었던 중원의 한족과 주변의 소수민족과의 대립구조를 해소하고 민족평등을 실시하는 데 커다란 영향을 미치었다.

2만 5천리 장정을 경과하면서 중국공산당은 기존의 민족자결권 주장에서 벗어나 자치권을 새롭게 제기하였으며 중국내 민족정책에서 점차적으로 민족지역자치제도 실시로 전환하였다. 1936년 5월 중앙홍군이 섬북지역에 도달한 후 중국공산당은 회족자치정부를 건립할 것을 제기하였고 10월 닝쌰(寧夏) 동부지역에 예해현회민자치정부(豫海縣回民自治政府)를 건립하고 『예해현회민자치조례(豫海縣回民自治條例)』를 통과하였다. 항일전쟁 승리 이후 중국공산당은 『평화건국강령초안(和平建國綱領草案)』(1946년 1월)에서 "소수민족지역에서 응당 각 민족의 평등한 지위와 자치권리를 인정해야 한다"고 지적하였다. 1947년 5월 1일 내몽골자치구를 성립하였고 내몽골 자치정부는 "고도로 되는 지역자치를 실시하는 지방민주연합정부이며 독립된 자치정부는 아니다"(民族問題文獻匯編 91/12)고 명확히 규명하였다. 이는 중국공산당이 국내 민족문제를 해결하는 데 중요한 실천경험을 제공하였다. 1949년 9월 29일에 채택된 『중국인민정치협상회의 공동강령』에서도 "각 소수민족집거지역에서는 민족지역자치를 실시한다"고 명확히 규정하였다. 건국 후 중국공산당은 점차적으로 중국민족문제를 해결하는 기본정책, 즉 민족평등, 민족단결, 민족자치, 민족발전을 확립하였다.

총체적으로 놓고 볼 때 민족지역자치는 중국공산당 치하에서 중국의 민족문제를 해결하는 기본정책이며 동시에 중국의 기본 정치제도 중 하나이기도 하다. 이러한 제도를 제정, 실시하게 된 것은 주로 다음과 같은 원인이 있었다고 보여진다. 첫째, 각 민족의 평등한 지위를 제도적으로 담보하려는 것이다. 둘째, 각 민족 간의 차이성과 소수민족의 특수성을 승인하고 실제로부터 출발하여 소수민족의 이익과 문화를 수호하려는 것이다. 셋째, 중앙과 지방과의 관계를 원활하게 조정하고 처리하기 위해서이다. 1984년에 제정된 『민족지역자치법』은 사실상 법률적 형식으로 민족지역자치를 중국에서 민족문제를 해결하는 기본제도로 확정하였다.

현재 중국은 마르크스주의 민족이론과 민족관을 중국민족정책의 이론적 토대로 하고 중국의 구체적인 실정과 결합하여 보다 체계화한 민족정책의 가치지향성을 제시하고 있다. 즉 1) 국가통일은 각 민족의 최고이익이며 각 민족은 일률로 평등하다. 2) 각 민족은 서로 존중하며 민족단결을 수호해야 한다. 3) 각 민족은 합작협조하면서 공동의 번영을 추구해야 한다. 이러한 가치 지향성은 중국사회 제반 발전목표를 실현하는 데 유리하며 국가의식과 중화민족정체성을 확립하는 데도 관련있다는 가치판단을 전제로 하고 있다. 이를 위해 중국공산당은 단일국가체제라는 구도 속에서 민족문제를 해결할 수 있는 근본적인 정책대안으로 민족지역자치라는 정치제도를 제정하고 시행하였다. 중국공산당 치하의 70년 역사가 증명하다시피 민족을 단위로, 지역을 범위로, 자치기관을 핵심으로 하는 민족지역자치체제는 국가의 통일을 보장할 뿐만 아니라 각 민족의 평등한 권리를 수호하는 효과적인 제도였다고 할 수 있다.

하지만 개혁개방과 사회주의시장경제체제로 진입하면서 중국 내 인구이동이 빈번해졌고 많은 소수민족구성원들이 기존의 삶의 터전을 떠나 도시로 진출하는 현시점에서 민족과 지역을 합일화하여 실시해 왔던 민족지역자치는 이미 지역을 떠난 소수민족의 권익을 지켜가기에는 상당한 한계성을 보여주고 있다. 역사적으로 형성 및 유지해 왔던 민족집거구 내 소수민족인구의 감소와 더불어 지역 범위에서 전개되어 오던 소수민족교육을 비롯한 상당한 영역이 충격을 받고 있으며 이에 따라 기존의 민족정책과 제도는 여러 면에서 현실로부터 오는 도전에 직면하게 된다. 중국 내 일부 학자들은 중국정부가 실시하는 민족정책의 이론과 원칙에 대해 회의를 제기하고 있을 뿐만 아니라 정책집행과정에서 나타나고 있는 문제점들, 현행 정책 하에서 나타나고 있는 새로운 사회적 현상 등에 의문을 제기하고 있다. 이를테면 현존하는 민족정책은 소수민족의 문화정체성과 민족정체성에서 곤혹을 불러오고 있다고 보고 있으며 민족지역자치제도 실시의 합법성과 필요성에 대해서도 의문을 표시하고 있다. 특히 소수민족우대정책에 대한 논란이 비교적 많다. 소수민족에 대한 우대정책은 사람마다 평등하다고 하는 헌법정신에 위배된다며, 특히 소수민족지역에 거주하고 있는 한족들은 우대정책에 대해 일종의 박탈감을 느끼고 있다. 이를 테면 같은 지역에 거주하고 있으면서 소수민족 학생들은 대학입시에서 가산점을 받을 수 있지만 한족이라는 이유로 자녀들은 가산점이 추가되지 않기에 교육평등원칙에서 소외된다는 것이다. 극단적인 표현이기는 하지만 우대정책실시는 민족차별의 또 다른 표현이라는 주장도 나오고 있다. 다시 말하면 소수민족에 대해 우대정책을 실시하는 것은 이들이 기타 민족에 비해 공평한 경쟁을 진행할 수 없는 수준이기 때문이라는 해석이 나오게 되면서 소수민족에 대한 우대정책 실시 자체가 소수민족에 대한 차별이라는 관점으로 해석되는데 이는 기존에 유행되고 있던 "한족에 대한 불평등으로 소수민족평등을 쟁취하는 것"이라는 해석과 완전 다른 주장이라고 볼 수 있다(徐曉萍, 2008: 208-209).

　따라서 소수민족에 대한 우대정책 실시 때문에 1980년대 이후에 많은 한족들이 민족성분을 변경하는 현상이 나타나게 되었다. 민족성분의 변경을 통해 한족이 소수민족우대정책 실시대상으로 되어 실제상 소수민족권익을 침범했다는 주장과 함께 소수민족의 불만을 자아내게 되었고 민족관계처리에서 부정적인 역할을 일으키게 된다. 민족정책실시와 더불어 새롭게 나타난 사회현상들은 결과적으로 민족정책의 권위성과 합법성을 약화시키고 있다는 평가가 나온다. 같은 지역 내에 거주하면서 소수민족만이 우대정책 대상으로 선정되는 것은 지역 내 민족관계처리에서 불이익을 가져올 수 있기에 지역으로 민족특성을 대처하여 우대정책범위를 확정하는 근거로 삼는다는 것은 시행과정에서 고려해보아야 할 부분이라는 목소리도 나오기 시작한다. 현재 실시하고 있는 서부대개발정책이 바로 경제적으로 낙후한 서부지역을 지원하는 우대정책으로서 지역발전을 통해 소수민족생활의 질적 향상을 가져오겠다는 전략이라고 보여진다. 물론 동일한 거주지역에서 한족과 소수민족간의 실제 존재하는 차이성을 고려한다면 소수민족을 대상으로 이루어지는 일정한 특혜는 필요한 것이라 하겠지만 이러한 특혜가 해당지역의 한족을 비롯한 타민족에게 또 다른 방식의 피해로 인식된다면 상기 우대정책이나 소수민족에게 베풀어지는 여러 가지 혜택의 사회적 효과성에 대해서는 다시 검토해 볼 필요성이 제기된다.

한편 소수민족지구의 도시화진척과 도시로 이동하는 소수민족의 권익을 수호하는 데 있어서 우리가 주목해야 할 부분은 바로 민족지역자치제도의 파생물로 되고 있는 도시민족구, 민족진, 민족향이다. 도시민족구는 민족자치지방도시화에 상당한 계시를 주고 있다. 현재 소수민족인구가 도시로 이동하게 되면서 도시에 새로운 민족집거구가 형성되고 있는 실정에서 도시로 진출한 소수민족의 권익을 보장하는 문제가 시급한 과제로 되고 있다. 현재 중국 경내에 존재하고 있는 5개 도시민족구(都市民族區)의[3] 경험을 잘 살려서 조건이 성숙된 지역에서 보급하는 것도 필요할 것 같다. 1956년 10월 6일에 반포한 국무원의 《보충지시》(关于更改相当于区和相当于乡的民族自治区的补充指示)정신에 의하면 도시 내에 있는 소수민족집거지역에서 무릇 민족구(民族區) 혹은 민족진(民族鎭)을 건립하기에 적합하면 모두 민족구 또는 민족진을 건립할 수 있는 것이다(民族政策文獻汇编 58). 이는 중국에서 도시에 거주하고 있는 소수민족을 대상으로 설치한 행정단위인 도시민족구와 민족진이 공식적으로 출범함을 의미

---

[3] 도시민족구는 국무원의 《关于更改相当于区的民族自治区的指示》(1955.12.29.)와 《关于更改相当于区和相当于乡的民族自治区的补充指示》(1956.10.6.)에 따라 도시내에 건립하였던 구에 해당되는 민족자치구를 민족구로 변경하면서 산생한 것이다. 현재 중국 경내에 있는 5개 도시민족구는 다음과 같다. 齐齐哈尔梅里斯达斡尔族区 (1956.11), 呼和浩特市回族区 (1956.11), 郑州市金水回族区 (1956.10), 开封市顺河回族区 (1956.12), 洛阳市瀍河回族区 (1957.11).

한다. 도시민족구는 정부에서 민족자치구역제도를 규범화하고 도시발전수요와 도시특징을 존중하는 과정에서 나타난 것이지만 도시에 집거해 있는 소수민족권익을 수호하고 도시민족관계를 처리하는데 있어서 매우 중요한 의의가 있다. 비록 도시화한 소수민족의 권익을 수호하기 위한 "임시"적인 제도를 실시한 것이지만 시대의 발전과 더불어 그 중요성과 의의가 더욱 돋보인다. 현재 도시화발전전략의 실시와 더불어 도시로 진출하는 소수민족인구가 대폭 증가하면서 도시에 새로운 소수민족집거구가 형성되는 상황에서 도시에서 새롭게 나타나는 민족관계문제를 처리하고 소수민족권익을 보장하는 데 있어서 좋은 귀감이 될 것이다.

  도시화의 중요한 표징은 도시인구의 대폭적인 증가, 다시 말하면 비농업인구가 도시로 대규모로 이동하는 것이며 이에 따른 지역형 행정기구의 변동을 가져오게 된다. 지구급 행정기구가 시로 변경되거나 현이 시로 변경되는 것이 대표적 사례이다. 국가에서도 해당 지역의 실정에 알맞게 행정기구조정을 적극 권장하면서 이를 통해 지역사회 경제발전을 추진하며 도시화 발전 속도를 가속화시키는 전략을 펼치고 있다. 특히 2007년 2월 국무원판공청에서《소수민족"십일오"규획(少数民族"十一五"规划)》을 반포한 후 민족자치지역의 도시화 속도가 가속화되었으며 농업인구가 도시로 이동하면서 비농업인구비례가 현저히 높아졌다. 이러한 형세하에 전국적으로 민족지역자치를 실시하던 7개 자치현은 시로 변경되었다.[4] 하지만 헌법에서 중국 민족자치지방의 행정구도가 자치구, 자치주, 자치현(기)으로 되어 있고 자치유형의 도시형 행정기구가 없기에 자치현이 시로 변경했을 경우 기존의 자치권리를 계속 소유할 수 있느냐 하는 문제가 제기된다. 사실 자치현이 시로 변경되었을 경우 여러 가지 문제점이 나타나고 있다. 이를 테면 자치현이 시로 변경된 후 비록 상급 행정기관에서 민족자치지방의 특혜를 보장해준다고 약속하지만 현실적인 법률적 보장은 없는 것이다. 특히 민족간부 등용에 있어서 자치권리를 포기한 후 소수민족간부들이 선발될 수 있는 비율이 현저히 낮아지고 있다.

그 외 우리가 관심을 돌려야 할 또 하나의 전형적인 사례는 신강위구르자치구 창지회족자치주(昌吉回族自治州)와 우르무치시가 일체화한 것이다. 우루무치시와 창지자치주 일체화는 기존의 민족지역자치제도가 어떻게 하면 민족자치지방의 현대화, 도시화를 가속화할 수 있느냐 하는 것을 시범적으로 보여주고 있다. 현재 연변주에서 추진하고 있는 "연룡도일체화" 역시 이러한 노력으로 보여진다. 자치현을 취소하고 시(구)로 변경하거나 민족자치구역에서 "일체화"를 추진하는 것은 민족지구도시화진척과 민족지구행정편제의 불일치되는 점이 존재함을 시사한다. 만약 도시화와 부합되는 지구급 시단위 행정

---

[4] 예하면 요녕성봉성만족자치현(辽宁省凤城满族自治县)이 봉성시 (凤城市) 로 변경하였고 (1994년) 해남성동방려족자치현 (海南省东方黎族自治县) 이 동방시 (东方市) (1997년)로, 상서토가족묘족자치주 (湘西土家族苗族自治州) 산하에 있던 대용현 (大庸县) 과 상직현 (桑植县) 이 장가계시 (张家界市) 소속으로 되면서 영정구 (永定区) 와 상직현 (桑植县) 으로 되었다.(2000년)

구도에서 자치권을 부여한다면 상기 모순들을 해결할 수 있다. 하지만 현재의 지구급 자치주는 하나의 도시규모에 따른 행정급이 아니기에 자치주 산하에서 도시화발전은 한계성을 느끼게 된다. 자치구역 행정시스템의 구조적인 모순을 해결하는 것은 이미 민족지역 도시화발전의 장애를 제거하는 필수적인 것으로 되고 있다.

III. 연용도일체화구상과 그 실천

도시화발전전략의 실시와 더불어 현재 각급 행정구역의 발전속도는 전에 없이 빨라지고 있으며 도시의 기능과 구역의 합일화는 이미 도시와 지역관계의 핵심이 되고 있다. 특히 소수민족자치지역에서는 도시통합 또는 일체화현상이 하나의 돌파구로 시험되고 있다. 기타 경제발달한 지역의 도시합병과 비교할 때 민족자치지역 내 도시통합은 민족성, 자치성 및 미숙성 등 특색을 띠고 있으며 민족자치지역 도시합병발전과정에서의 특수성을 보여주고 있다(王永超, 2013). 현재 추진중에 있는 연용도일체화는 전통적인 대도시 중심의 지역통합이 아닌 낮은 수준의 중소도시의 통합이라는 점이 특징적이다.

1999년 연변주에서는 소수민족자치주의 발전을 다그치고 지역중심도시를 건설하기 위해 "연길-용정-조양천 삼각지대 총체적 발전계획"을 수립했으며 연길-용정-조양천을 하나의 행정실체로 선정하고 향후 발전기획안을 제출하였다. 2003년 연변주에서는 "도시규모를 적당히 크게 하고 도시기능을 강화하고 도시수위를 높이고 도시

복사기능을 발휘"한다는 총체적인 지도사상을 새롭게 제정하고 연길-용정-조양천 삼각지대 구역개발과 건설을 시행하기에 이르렀다. 이를 바탕으로 이듬해인 2004년 연변주정부 산하 도시화건설연구팀에서는 연길-용정-도문 세 개 시의 발전을 통합적으로 고찰하여 함께 기획하고 함께 건설해야 한다는 종합보고서를 제출하였다. 이 보고서는 2005년 6월 중국사회과학원, 중국도시경제학회 전문가들로 구성된 조사팀의 긍정적인 평가를 받았고 조사팀은 연변주 "11.5"계획 제정사업에 대해 현지조사를 진행하면서 연길시를 핵심으로 하는 중심도시를 건설하고 연용도를 일체화함으로써 주변의 자원을 통합 이용하여 지역사회의 공동발전을 실현할 것을 제안하였다.

2005년 11월 연변주 당위 제8기 12차 회의에서 모든 역량을 동원하여 연길시의 발전을 다그치며 "적극적으로 추진하고 단계적으로 실시"하는 방식을 취하여 경제연합을 선도로 하는 연길, 용정, 도문 경제연합체를 구축함으로써 연길시를 일정한 규모가 있고 기능이 구전하며 복사능력이 강한 중심도시로 건설한다는 전략목표를 공식적으로 발표하였다. 2006년 1월 연변조선족자치주 제12기 인민대표대회 제4차회의에서는 『연변조선족자치주 국민경제와 사회발전 제11차 5개년 계획요강』을 채택, 통과하였고 2월 연변주에서는 『연길, 용정, 도문 도시발전협력사업 방안』을 제출하였는데, 이는 연룡도일체화가 정식으로 실시단계에 들어섰음을 나타낸다.

2007년 6월 30일 『연길, 용정, 도문 도시공간발전계획요강』(이하 『계획요강』이라 약칭함)은 길림성인민정부의 비준을 거쳐 정식으로 반포되었다. 『계획요강』에 따르면 계획범위는 연길, 용정, 도문 3

개시 산하 행정구역인 5,084k㎡에 달하는 지역이 포함되며 기간은 2006년부터 2020년까지이다. 『계획요강』은 2020년에 이르러 연룡도가 동북두만강지역개발에서의 전략적 위치, 장백산관광발전에서의 중추적 지위, 중국소수민족자치지역체제개혁에서의 시범적 지위, 동북지역에서 민족지역적 특성이 있는 특색지위, 길림성동부지역에서의 중심도시 지위를 기본적으로 확립한다는 발전목표를 제시하였다. 이 목표에 따르면 2020년에 이르러 연룡도지역 도시화율은 84.0%내지 87.0%에 도달하며 도시 전체인구는 120만 내지 125만 명에 달하며 그 중 도시인구는 105만에서 110만 명에 달하게 된다. 상기 인구발전목표에 도달하고자 하면 인구이동이 불가피하게 되는데 초기 인구이동의 주요한 방식은 자치주내 인구이동이다. 그러나 현재 자치주 전체 인구가 200만에 미달하고 있는 현실을 감안한다면 인구목표달성은 상당한 난이도가 있음을 보여주고 있다. 그렇다고 많은 일자리를 창출할 수 있는 기업이 영입되지 않는 상황에서 외부로부터 대규모로 인구를 유입해 온다면 예기치 못한 상당한 사회문제를 불러올 수도 있는 것이다. 그리고 경제일체화 목표에서 도시일체화 길을 택하게 된다면 자연히 행정일체화가 필수적으로 이루어져야 할 것이다. 사실 연룡도일체화는 새로운 행정체제 탐색인 만큼 단순 경제연합체 패턴에서 벗어나 지역내부의 경쟁력을 활성화 하여 경제적 격차를 줄일 수 있는 실제적인 행정일체화구축을 목포로 추진되어야 한다.

지금에 와서 연용도가 이미 국가에서 추진하고 있는 "창지투"전략실시 프로젝트의 일환으로 되어 있는 만큼 두만강지역개발개방에서의 연용도의 전략적 위치와 역할을 올바르게 인식하고 "전초(前沿)", "창구(窓口)", "복지(腹地)"의 관계를 명확히 할 필요성이 재차 제기되고 있다. 지리적으로 놓고 보면 연용도는 두만강지역개발개방전략에서 처한 위치는 "복지"와 "창구"사이에 있으며 장길(장춘, 길림)의 "복지"와 비교하면 외향성경제를 발전시킬 수 있는 지리적 우세와 통로적 우세가 있고 훈춘의 "창구"와 비교하면 내지와 합작할 수 있는 양호한 조건을 갖고 있다. 다시 말하면 현재 연용도는 "창구"와 "복지" 사이에 위치해 있으면서 중요한 교량적 역할과 전도 역할을 감당하고 있으며 "복지"와 "창구"를 이어놓는 중요한 연결고리가 되고 있다.

이 문제에 대해 연변주 연용도일체화발전사업지도소조판공실 주임 쨩위쑨(張玉順)은 창지투개발개방이란 전략적 기회를 틀어쥐고 연용도발전에서 방향을 명확히 하고 여섯 가지 면에서 적극 추진해야 한다고 지적했다. 즉 1) 창지투개발에서의 도시경쟁 우세적 지위를 강화하여 두만강지역합작개발에서 주도적 역할을 감당할 수 있는 국제화한 중심도시로 거듭나야 한다. 2) 두만강지역개발에서 경제중심적 지위를 강화하여 지역사회경제발전에서의 원동력이 되고 훈춘"창구"발전의 전략적 뒷심이 되어야 한다. 3) 두만강지역개발에서의 국제, 국내 무역중심의 지위를 강화하여 경제무역의 전도적 기능을 충분히 발휘하여 두만강개발개방의 새로운 국면을 열어놓아야 한다. 4) 두만강지역의 물류에서의 중추적 우세를 강화하여 국제 국내 유통업과 관광업의 중추적 기능을 발휘해야 한다. 5) 두만강지역의 금융, 과학, 정보 등 종합서비스기능을 강화해야 한다. 6) 연용도의 개혁개방과 메커니즘 창조의 시범지위를 강조하여 그 역할을 강조하여 한다(顔宝文, 2010).

현재 두만강지역국제합작개발의 현실적 수요에 비해볼 때 지역중심도시로서 지역경제사회발전에서 성장거점으로 부상해야 할 연길시가 현급 시라는 행정지위로는 이미 전면개방의 수요를 만족시키지 못하고 있고 도시 발전공간에 있어서도 두만강지역국제합작개발전략에 따른 중심도시 지위를 감당하기 어렵게 된다. 게다가 자치주 정부 소재지인 만큼 행정기구가 겹쳐있고 기능도 교차되어 정부재정부담도 상당히 크다. 그리고 현실적으로도 연길시가 중심도시의 기능을 감당하고 주변에 역할을 하고자 할 때 지리적 공간위치의 한계로 인해 그 영향력은 단지 용정시 산하 주변 향진에 그치게 될 뿐이다. 이러한 한계성을 극복해 나가려면 2차원의 중심도시 격으로 되고 있는 용정과 도문의 도시육성이 따라줘야 할 것이다.

위에서 논의했던 내용들을 다시 정리하여 설명한다면 연용도는 지리공간분포로 놓고 보면 도시가 상대적으로 인접해 있고 일체화에 유리할 듯이 보이지만 현실적으로는 도시통합의 전형적인 특색은 갖추지 못하고 있다. 세 개 시의 산업발전이나 시장발전은 아직도 상당히 미숙한 단계에 처해 있어 도시일체화에 필요한 조건이 성숙되지 못하고 있다. 따라서 현재로서 연룡도일체화는 정부가 주도하는 위로부터의 경제통합 내지 행정기구통합방식으로 진행되고 있는 실정이다.

하지만 희망사항이 전혀 없는 것도 아니다. 연길은 길림성 동부지역에서 제일 큰 공업생산기지이며 상업무역과 관광산업이 비교적 발달한 중등도시이다. 만주국 시기에는 간도성 도회지로, 해방전쟁시기에는 길림성정부와 연변행정독찰전원공서 소재지로 되었으며 1952년 9월 연변에 조선민족자치구가 설립되면서 자치정부소재지로 되었다. 1953년 5월 연길은 연길현 행정소속에서 벗어나 독자적인 현급 시로 되었다. 1985년 1월 국무원에서는 연길시를 전국 갑급(甲級) 개방도시로 비준하였다. 현재 연변은 장길도개발개방, 서부대개발, 동북노공업기지진흥, 변강소수민족정책(흥변부민) 등 국가정책의 혜택을 누리고 있으며 공항과 고속철도가 개통되면서 입체도로연결망도 구축하고 있다.

현재 연길시 토지면적은 1,748.3㎢이며 그 중 도시구역이 40.6㎢이고 시교가 1,707.7㎢이다. 2016년 통계에 따르면 연길시 당해 GDP는 333.84억원이며 그 중 제1산업 생산총액은 5.01억원이고 제2산업의 생산총액은 131.83억원이며 제3산업의 생산총액은 197.00억원으로써 산업구조비률은 대체적으로 1.5 : 39.5 : 59.0이다. 연길시 호적 총인구는 54.51만 명이며 그 중 도시인구가 46.65만 명이며 조선족 인구는 30.88만 명으로 전체인구의 56.6%를 점한다. 현재 연길시는 《중국최구구역대동력중소성시백강현(시)(中國最具区域带动力中小城市百强县(市))》, 《중국중소성시종합실력백강현(시)(中國中小城市综合实力百强县(市))》, 《중국현(시)특색발전모식(中國县(市)特色发展模式)》 등에 선정되어 지명도나 영향력이 크게 제고되었다.

연용도일체화의 주요 구성요소인 용정시의 경우 토지면적은 2,208㎢이며 인구밀도는 77명/㎢이다. 2016년 통계에 따르면 용정시 GDP는 41.8억원이며 호적 총 인구는 16.7만 명이며 그 중 조선족은

11.08만 명으로 전체 인구의 66.4%를 차지하며 도시인구는 83,521명이다. 도문시의 경우 2016년 통계를 보면 토지면적은 1,142.65㎢이며 GDP는 45.74억원이며 그중 제1산업의 생산총액은 1.65억원이고 제2산업의 생산총액은 24.85억원이며 19.23억원으로서 산업구조비율은 대체적으로 3.6 : 54.4 : 42.0이다. 도문시 호적 총인구는 11만 6천 백여 명이며 그 중 조선족인구는 6만 2천여 명이며 전체 인구의 53.5%를 차지하며 도시인구는 9만 6천여 명으로 전체 인구의 83.1% 차지한다.[5]

상기 통계를 놓고 본다면 연용도일체화를 실현하는 데 있어서 경제산업구조의 보완성은 현재로서는 미흡하다고 판단되지만 인구총수는 지구급 도시수준에 도달할 수 있는 것으로 예정된다. 하지만 경제적 보완관계를 떠나 행정일체화를 목표로 하는 세 개 도시의 통합을 이룩하고자 한다면 도로시설 등 기초시설로부터 시작하여 많은 작업들이 선행되어야 한다. 현재 세 개 도시의 경제규모나 GDP 증장속도를 놓고 본다면 일체화가동은 상당한 변수가 존재하는 만큼 급급히 서둘러 행정지령방식으로 가속화하는 것은 무리일 것으로 판단된다.

지금까지 민족자치지역에서 도시일체화의 성공적인 사례로 되고 있는 것이 "우창(烏昌)일체화"이다. 하지만 우창일체화는 연용도일체화와 비교해 볼 때 통합발전의 내용이나 미래전망에서 상당한 차이를 보여주고 있다. 우창일체화의 경우 대형중심도시와 주변의 중소도시와의 통합이며 현재 행정부처, 기초시설 등에서 비교적 완벽한

---

5 상기 수치는 2016년 길림성정부사이트(http://www.jl.gov.cn)에서 공개된 수치를 정리한 것임.

통합을 이루고 있다. 연용도일체화의 경우는 몇 개의 중소도시간의 통합인만큼 구심점이 되어 통합을 리드해 나갈 수 있는 중심도시를 부상시키는 것이 급선무로 되고 있으며 이에 따른 도시건설계획을 총괄 설계하거나 행정구역개편이 뒷받침해줘야 한다. 연용도는 여러 중소도시간의 통합발전이기에 새로운 도시통합관계유형에 속해 있다. 연용도는 행정구역 구분에 따라 진행할 수 있고 도시간의 경쟁에 따른 장애도 제거할 수 있다는 이점을 갖고 있다. 특히 민족자치구역내 도시정합(整合)의 시범이 될 수 있다는 것도 큰 의미를 띠고 있다. 연용도일체화가 성공하게 된다면 이는 도시화발전전략에 따른 소수민족자치지역에서의 도시화발전의 패턴으로 될 수 있다.

여기에서 우리가 반드시 다루고 넘어가야 할 중요한 문제는 민족지역의 도시와 도시 사이 행정통합은 풍부한 민족적 자원을 이용하여 경제발전을 추진하는 데 유리하지만 반면 복잡한 민족문제를 불러일으킬 우려가 있으며 민족문제 또한 중국에서는 고도의 정치적 민감성을 띠고 있다는 점이다. 중국의 헌법에서는 소수민족집거구에서 민족지역자치제도를 실시하며 자치구-자치주-자치현(기) 3급 행정관리체제를 형성한다고 명확히 규정하였다. 연용도일체화는 경제일체화에서 향후 행정일체화로 승격될 경우 필연코 행정구역 조정 문제에 부딪치게 된다. 다시 말하면 연용도일체화는 현재 각자 소속으로 되어 있는 행정구역을 통합하여 연길, 용정, 도문 세 개 시를 아우르는 새로운 행정도시를 형성하여 지역사회발전을 이끌 수 있는 중심도시로 부상될 가능성이 충분하다. 그렇게 될 경우 도시의 행정급별도 현급에서 지구급으로 격상되어야 그 기능을 충분히 발휘할 수 있을 것인즉 이 또한 자치주라는 행정급별과 상충하게 되는데 중심도시를 주축으로 자치를 실시한다는 것은 기존의 자치법과 충돌하게 된다. 그렇다고 지구급도시 부상을 위해 민족지역자치권리를 상실한다는 것은 사회적인 반응은 물론 시행상 어려움도 상당히 클 것으로 예상된다. 따라서 연용도일체화가 실질적으로 이루어지고 지구급 행정도시로 격상되는 동시에 민족지역자치의 권리도 향유한다는 두 마리 토끼를 동시에 잡을 수 있느냐 하는 문제에 부딪치게 되는데 이를 해결하려면 민족자치구역에서 상응한 제도적 혁신을 가져오는 것이 하나의 대안으로 될 수 있다고 보여진다.

IV. 연변의 지각변동에 대한 전망

다민족국가에서 실시되고 있는 소수민족의 자치패턴은 민족충돌을 방지하고 해결하는 하나의 메커니즘으로써 현재 중국을 비롯한 많은 나라들에서 민족문제를 해결하는 제도적, 정책적 대안으로 활용하고 있다. 일반적으로 말하는 지역자치는 중앙권력체제를 상대로 하는 지방사회를 다스리는 일종의 이념, 제도, 방식으로 주로 구역, 인구, 조직, 자치권 등 네 가지 요소를 기본으로 한다. 지역자치의 자치실체는 말 그대로 지역으로 구분되는바 일정 지역에 거주하고 있는 주민들이 집단적으로 자치권리를 부여받는 것이다. 여기에는 민족과 종족의 구분이 없다. 지역자치는 주요하게 역사적으로 또는 특정 원인으로 형성되어 왔던 문제들을 해결하고 국가의 주권과 영토를 보호하기 위하여 실시되는 것으로 절대 어느 특정 민족문제를 해결하는 것을 목표로 하는 것이 아니다.

이와 달리 민족자치의 자치실체는 지역이 아닌 민족집단으로 구분되며 자치권리는 어느 한 특정 민족에게 부여된다. 이 민족의 모든 성원들이 이러한 자치권리를 행사할 수 있게 되며 그 성원이 어느 지역에 거주하든 영향을 받지 않는다. 그러나 현행 국가행정관리패턴에 의해 민족자치는 반드시 특정지역에 의해 실시될 수밖에 없기에 지역이 민족자치의 매개로 될 수 있어 민족자치와 지역자치는 불가분적인 관계를 형성한다.

일반적인 상황에서 자치제도 실시는 몇 가지 적용되는 전제가 필요하다. 1) 비교적 집중된 지역에 상대적으로 이질문화(언어, 문화, 종교)의 군체가 상대적으로 집중되어 있다. 2) 이 지역에 정도부동한 지방주의와 민족주의 경향이 존재한다. 3) 주권의 불가침범성과 영토의 완전성이다. 국가적 차원에서 놓고 볼 때 자치를 실시하는 목적은 일정 집단이 그 어떤 이익을 위하여 국가의 주권이나 영토에 대한 위협을 제거하기 위해서이다. 따라서 자치의 전제는 국가의 주권과 영토보호를 하는 것이다. 4) 자치제도나 정책은 이질문화집단이 자아관리권리를 실현하고 국가관리에 참여하는 권리를 확보하는 것이다(徐曉萍, 2008: 194).

자치의 기능과 합리성은 흔히 국가권력의 양도정도와 자치구역 내 주민들의 만족도에 의해 결정되기도 한다. 국가에서는 자치제도 실시를 통해 주권을 보장받고 자치지방과 국가정권간의 모종의 평형을 유지하는 데 목적을 두고 있는 반면 자치지방의 주민들은 자신의 권익을 보장받는 데 초점을 맞추고 있다. 따라서 자치제도 실시과정에 있어서 여러 가지 미묘한 요소들이 작동하고 있기에 일정한 파동이 발생하는 것은 정상적인 것으로 받아들이게 된다.

"창지투"전략실시와 더불어 연변의 목표는 연용도일체화의 행정관리와 체제개혁을 실시하여 지역중심도시건설의 발걸음을 다그쳐 연변을 국가 소수민족자치지역의 행정구도개혁의 선행구로, 시범구로 건설하는 것이다. 현재 추진 중에 있는 연용도일체화는 모두 경제일체화를 목표로 하고 있으며 행정일체화를 회피한 경제적 조합방식에 특별히 힘을 기울이고 있다. 이러한 경제성 구조조정과 조합방식은 경제성장을 이룩하는 방편이 될 수는 있겠지만 장기적인 방안은 아니다. 연용도가 통합과정에서 성장거점으로서의 확산기능이 결핍되어 있기 때문에 도시통합을 목표로 해왔던 그간의 여러 가지 노력과 조치들이 한계를 여실히 보여주고 있다. 연길을 핵심으로 하는 중심도시건설은 중심도시, 성장거점으로서의 확산기능을 극대화하고 연용도일체화를 추진하는 효과적인 조치이다. 따라서 현재의 연용도 행정부처에 대한 구조조정이 필요하며 외부적인 추동력을 내부적 추동력으로 전환시켜야 한다. 연용도에 대한 행정구조조정을 통해 연길시를 핵심으로 하고 용정과 도문을 포함한 "소수민족자치시"(지구급)를 건립하는 것은 민족자치지역행정제도에 대한 일종의 혁신이다. 자치주를 기존의 행정급과 동등한 자치시를 건립함으로써 민족지역자치권리를 보존할 수 있을 뿐만 아니라 도시화발전전략에도 부합되는 새로운 패턴을 시도하는 것이다.

이러한 시도는 한편으로 일체화과정에서 나타나는 행정구역조정문제를 해결할 수 있으며 한편으로는 연변의 소수민족자치권리를 보장받을 수 있게 한다. 연용도일체화는 도시규모나 경제성장폭, 인구증가 등에서 지구급 도시로 부상할 수 있는 조건을 구비하고 있는바 자치시라고 하는 민족지역자치제도의 새로운 혁신을 시도해볼 필요가 있다. 이 또한 장길도요강에서 기대했던 선행선시의 정신에도 부합되는 것이다.

연변주와 연길시는 각항 지표에서 이미 국가에서 제정한 지구급 도시를 설립할 수 있는 표준에 도달하였으며 현재 연용도일체화를 추진하고 있는데 그 목적은 바로 연용도를 통합하여 길림성 동부지역의 중심도시로 건설하려는 데 있으며 이를 자치시체제 출범의 시범이 되게 한다는 배후의 의도 역시 명백하게 드러나고 있다. 국가발전전략 차원에서 실시되고 있는 "창지투"프로그램에는 "선행선시"라는 우대정책이 명백히 주어져 있는바 연변이란 민족자치지역에서의 "선행선시"의 구체적 실천은 바로 민족지역자치체제에 대한 시험적인 창신이라고 할 수 있다. 연용도는 "창지투"지역에서의 중요한 성장거점으로 중국의 민족지구에서 "민족자치시"를 설립할 수 있는 정책적 우세와 경제적 우세를 갖고 있다.

일찍 2004년 중국 내 자치주발전종합평가에서 연변은 이미 인구발전, 경제발전, 사회발전, 발전잠재력 등 네 가지 지표에 따른 종합평가에서 전국 30개 자치주에서 종합평가 순위 1위를 차지하였다.[6] 연변주가 종합평가 1순위를 차지할 수 있었던 요소를 분석해 본다면

---

6 자료 출처: 2005년 각 통계년감의 수치를 계산하여 얻어낸 결과임.

주요하게 인구발전, 사회발전 항목에서 1위로 평가받았고 경제발전과 발전잠재력에서 각기 3위, 5위로 평가받았다. 자산우세항목의 분석을 보면 연변은 도시화비율, 사회소비품도매율 총액, 인구당 저축액, 전화사용호 등에서 모두 1위를 차지했고 비농업인구취업율, 비농산업생산수치비중, 우전업무총량 세가지 지표에서 2위를 차지했다. 연변의 돌출한 우세는 도시화수준이 높고 도시와 농촌인구 생활수준, 기초시설조건, 재정지출상황, 지방교원분포, 사회고정자산투자, 노동생산율 등에서 모두 우세를 보여주고 있으며 전체적 발전형 자치주로 불리우고 있다(雷振扬, 2006: 96).

현재 연변지구에 있는 도시와 향진기능구조는 대체로 5개 등급으로 분리되어 있다. 즉 자치주급 중심도시, 현, 시급 중심도시 현, 시급 중심 소도시, 현, 시 차중심급 소도시, 현, 시 산하 지방성 소도시 등이다. 이들 도시들의 기능을 놓고 보면 산림, 광산, 의약을 위주로 하고 자원에 대한 의존도가 상당히 높다. 극소수의 도시가 초보적으로 종합적인 기능을 갖추고 있는 외에 다수의 도시들의 기능은 불투명하며 향진 단위의 소도시들은 대부분 농산품시장경영을 주요 기능으로 하고 있는 수준에 머물고 있다.

공간적 분포 특징을 정리해 본다면 연변의 도시 분포는 자원분포와 지형분포가 대부분이기에 하곡평원과 분지에 많이 집중되어 있으며 도시 분포 밀도가 비교적 낮으며 도시간 경제적 네트워크도 형성되어 있지 않아 상호의존도도 높지 않은 상황에서 행정관계를 통해 일정한 의존도를 보여줄 수 있는 네트워크를 유지하고 있는 상황이다. 지금 연변의 각 현시 도시 분포와 기능구도를 놓고 보면 연길-돈화-훈춘이 기본 중심축을 이루고 있고 기타 현, 시는 정부 소재지가 중심도시 역할을 하고 있는 실정이다. 그러나 연길-돈화-훈춘의 중심축이 그 주변의 현, 시 이를 테면 연길과 용정, 도문과의 관계는 경제전략차원의 상호 의존과 보완의 역학적 관계를 이루고 있는 것이 아니라 행정적인 업무관계에 그치고 있는 형편이다. 특히 연변의 현, 시급 중심도시를 비롯하여 소도시들의 도시화수준이 낮고 도시체계의 제반 기능들이 많이 뒤떨어져 있는 상황이다. 중심도시가 형성되어 있지 않은 현시점에서 소도시 수량은 많고 층차가 불투명하며 기능이 단일하며 산업구조간의 보완성이 약하고 발전전략에서 창의성이 뒤떨어져 있고 서로 중첩되어 있으며 각자 행정 소속에서 고립적인 발전을 시도하고 있다.

그러므로 연길-훈춘-돈화를 중심축으로 하는 도시들과 주변의 2차원 중심도시와의 연결고리를 풀어가는 것이 향후 연변사회발전에서 풀어가야 할 과제라고 생각된다. 이 점에서 연룡도일체화 전략의 지역적 의미가 돋보이고 있다. 연변의 경제발전의 우세는 많은 통상구를 갖고 있다는 점인데 연길이 중심도시로서의 견인역할을 감당하고 성장거점으로서의 경제적 확산기능을 감당하려면 외향적 경제발전의 길을 가야 하는바 통상구를 갖고 있는 용정, 도문과[7] 일체화를 형성한다면 대외 경제문화 교류에서 중요한 창구를 확보하게 될 것이다.

---

[7] 2015년 12월 24일 국무원에서 공포한 연변(沿邊)중점지구명록에는 변경경제합작구(17개)에 훈춘변경경제합작구와 화룡변경경제합작구가, 변경도시(28개)에 훈춘 도문 화룡 용정이, 연변(沿邊)국가급 통상구(72개) 중 육로통상구(61개)에 훈춘 권하 사토자 용정의 개산툰 삼합 화룡의 남평 고성리가, 철도통상구(11개)에 훈춘과 도문이 선정되었다.

그리고 지금 날이 갈수록 격상하고 있는 훈춘과 돈화의 역할과 향후 움직임도 주목해 볼 필요가 있다. 1992년이래 국무원에서 훈춘시에 국가급개발구-훈춘변경경제합작구(琿春边境经济合作区 1992년 9월 14일), 수출가공업구(出口加工区 2000년 4월 27일), 중·러호시무역구(中俄互市贸易区 2001년 2월 1일) 설립을 비준함으로써 훈춘시가 중국에서 유일하게 변경경제합작구, 수출가공업구, 호시무역구를 갖춘 "삼구합일(三区合一)"지역으로 부상되었다. 2009년에 발표된 〈요강〉에서는 훈춘시를 창지투개발개방선도구의 "창구"도시로 규명하였으며 2012년 4월에는 국무원에서는 〈중국두만강지역(훈춘)국제합작시범구中国图们江区域 (琿春) 国际合作示范区〉를 설치할 것을 비준하였다. 이는 두만강지역합작과 개발이 국가전략차원으로 비전되었음을 말해주고 있다. 특히 주목할 부분은 국무원의 〈중국두만강지역(훈춘)국제합작시범구건설을 지지할 데 관한 약간의 의견〉에서는 훈춘시를 동북아지역국제합작개발 및 중국의 연변개발개방의 시범구로 건설하여 동북의 전면진흥을 실현하고 지역협력발전을 추진하고 연변沿边개방수준을 제고하며 중국의 대외개방구도를 보완하는 데 있어서 중요한 역할을 하게 될 것이라고 명시했다는 점이다. 여기에서 우리는 훈춘의 발전문제는 이미 자치주 범주를 벗어난 제반 국가전략차원에서 제정되고 있음을 알 수 있다. 두만강지역개발개방전략의 실시 나아가 중국의 동북아전략실시에서 중요한 위치에 있는 훈춘의 지정학적 가치는 훈춘 자체의 경제성장규모나 도시행정급별을 초월하여 기대 이상으로 확장되어 가는 추세이다. 2015년 8월 28일에 길림성위 개혁심화지도소조 전체회의에서 통과한 『훈춘시가 개방

발전을 추진하는 것을 지지하는 것에 대한 약간의 의견(关于支持珲春市加快开放发展的若干意见)』에는 19개 방면의 265항에 달하는 항목에서 훈춘시에 지구급 시정부 관리권한을 부여하였다. 길림성위와 성정부에서 부여한 권한대로 한다면 성에서 시(주)급으로 하달하는 경제관련 문건은 연변주를 통하지 않고 직접 훈춘시에서 받아볼 수 있고 훈춘시 경제통계수치도 직접 성정부 관련 부처에 회보하게 된다. 다시 말하면 항목심사비준, 국토자원, 도로건설, 사회관리 등 면에서 훈춘은 연변주정부의 관할에서 벗어나 독자적으로 권리를 행사할 수 있다는 것이다. 뿐만 아니라 길림성에서는 『길림성위·성정부지지훈춘시가쾌개방발전협조령도소조(吉林省委, 省政府支持珲春市加快开放发展协调领导小组)』를 출범시킴으로써 훈춘의 "창구" 건설을 다그치고 있다. 물론 훈춘이 연변이란 민족자치지역에 소속되어 있는 점을 고려하여 훈춘에 부여한 권리에서 경제적 측면에 많이 치우치고 있다고 보여지지만 설사 이렇다 해도 경제영역에서 훈춘은 이미 연변주와 동등한 자격을 부여받게 된 것이며 특정 분야에서 이미 자치주를 넘어서 길림성의 직접적인 영도를 받게 된다는 것이 시사하는 바가 상당히 크다고 판단된다.

　훈춘시뿐만 아니라 향후 돈화 역시 이와 비슷한 상황에 놓이게 될 것으로 보인다. 그렇다면 연변은 지구급 도시격인 연용도, 훈춘, 돈화가 중심도시로 부상하게 될 것이며 이 또한 자치주의 존재자체와 행정기능에 커다란 도전으로 되고 있어 향후 연변의 행정구도에 상당한 영향력을 미치게 될 것은 더 이상 회피할 수 없는 시간적 문제이다. 자치주 주요 지도자들이 큰 국면을 돌보는 의식을 키워야 한다는 점을 누차 강조한 데서도 이러한 단초를 직감할 수 있다. 특히 현재 중국의 소수민족이 많이 집거해 있는 연변(沿邊)개방전략을 펼쳐나가면서 정책상 민족중심에서 지역중심으로 이전되고 있는 상황에 비추어 볼 때, 민족지역자치가 중국에서 여전히 중요한 정치사항으로 되고 있을 때 연변이 과연 "선행선시"라는 정책을 잘 실천하여 도시화와 민족자치라는 두 마리 토끼를 잡을 수 있는 돌파구를 찾을 수 있을까에 주목해 본다.

V. 나오며

중국의 민족지역자치제도는 중국의 기본정치제도의 하나로서 다민족국가에서 나름대로의 존재의 필요성과 합리성을 지니고 있으며 지난 60여년의 실천과정에서 괄목할만한 성과를 거두었다고 높이 평가해도 과분한 것은 아니지만 시대적으로 미흡했던 문제점들도 존재한다는 것 역시 회피할 수 없는 것이다. 민족지역자치제도를 완벽하게 하려면 우선 시대에 입각하여 패러다임전환부터 이루어야 할 것이다. 즉 현재 존재하고 있는 문제들이 제도설계자체의 문제인가 아니면 시행과정에서 발생한 문제인가 하는 것에 대한 올바른 인식이다. 이를 위해 민족지역자치제도의 정치적 의의와 현실적 의의에 대한 선전이 필요하다. 다음 헌법에 의거하여 민족지역자치를 실시해야 한다. 다시 말하면 민족지역자치제도실시에 대한 법적 보호장치가 있어야 한다. 현재는 대부분 정책에 의해 실시되고 있기에 간부들의 인식수준 여하에 따라 정책에 대한 해석이 달라지고 있어 자치권리행사에 상당한 영향을 받게 된다.

중국사회발전변화에 따라 민족지역자치제도도 부분적인 변화를 가져오는 것은 불가피한 것이다. 특히 일부 소수민족자치지역의 경제사회발전이 현저한 변화를 가져왔고 진일보로 되는 발전을 위하여 기존의 지역자치제도의 장치에서 벗어나야 한다. 현재 요녕성의 일부 자치현이 시로 변경하면서 자치권리를 포기한 것이 하나의 사례로 되고 있다. 자치제도 실시의 목적이 소수민족의 권익을 보장하고 해당 지역의 경제사회발전을 위한 것이라면 지역경제와 사회발전의 수요에 따라 필요한 정책적·제도적 조정은 필요한 것이다. 발전은 한 개 민족의 생존에 있어서 내적인 요구이다. 국가차원에서 소수민족과 민족지역의 경제, 사회, 문화사업의 발전을 강조하는 것은 단지 상이한 민족간, 지역간의 경제생활수준의 격차를 줄이고 사회 전반의 조화로운 발전을 실현하는 것에 의미를 두는 것뿐만 아니며 단지 어느 한 소수민족의 내적 수요를 만족시켜 각 민족의 경제적 평등을 실현하기 위한 것은 더더욱 아니다. 소수민족지역경제사회발전을 추진하는 것은 각 민족구성원들의 국가정체성을 확립시키고 국가적 응집력을 강화하여 국가의 통일을 수호하려는 데 있다. 특히 중국의 경우 소수민족이 대부분 변강지역에 거주하고 있는 만큼 소수민족지역의 경제사회발전을 추진하고 소수민족문화정체성을 존중하고 보호하는 것은 국가안정과 직접적인 연관을 띠고 있다. 이러한 차원에서 우리는 연용도일체화문제, 훈춘시 행정권한 격상 및 이에 따른 향후 연변의 행정지각변동과 민족자치권리 영위문제를 고민해야 할 것이다.

참고문헌

马戎. 2012.『中国少数民族地区社会发展与族际交往』. 北京: 社会科学文献出版社.

黄光学·施联朱·主编. 2005.『中国的民族识别 — 56个民族的来历』. 北京: 民族出版社.

徐晓萍·金鑫. 2008.『中国民族问题报告』. 北京: 中国社会科学出版社.

朴银哲. 2012.『延龙图区域经济一体化研究』. 北京: 中国经济出版社.

【美】特伦斯 E 库克 主编·张红梅 译. 2015.『分离、同化或融合：少数民族政策比较』. 北京: 东方出版社.

何博. 2014.『我国边疆少数民族的"中国认同"及其影响因素研究』. 北京: 中国社会科学出版社.

延边州统计局 编. 2014.『2014延边统计年鉴』. 北京: 中国国际图书出版社.

延吉市统计局 编. 2014.『2014延吉统计年鉴』. 北京: 中国国际图书出版社.

龙井市统计局 编. 2013.『2013龙井统计年鉴』(内部资料).

中共图们市委办公室 图们市人民政府办公室 编.『图们五十年 (1965-2015)』(内部资料).

朴银哲. 2011. "延龙图区域市场整合的几点问题."『东疆学刊』第3期.

朴银哲 2014. "民族地区中小城市一体化发展中的几个瓶颈问题."『延边大学学报』第4期.

李玉晶. 2007. "关于延龙图一体化的若干思考."『延边大学学报』第3期.

刘敬伟. 2007. "关于延龙图中心城建设及区域经济一体化的若干思考."『东北亚论坛』第4期.

王胜今. "从国家战略高度认识长吉图开发开放先导区的建设和发展."『吉林大学社会科学学报』第2期.

王胜今. 2010. "论长吉图开发开放先导区建设与发展战略."『社会科学战线』第4期.

方琦. 2011. "论长吉图规划下的延边区域中心城市建设."『北华大学学报』第3期.

候建明. 2012. "长吉图地区流动人口公共服务均等化研究."『人口学刊』第6期.

부록

中共延边朝鲜族自治州委、吉林省延边朝鲜族自治州人民政府关于加快推进延龙图一体化的实施意见 [부분내용]

为推进延吉、龙井、图们一体化发展进程,构建一个资源共享、优势互补、合作共赢的区域经济发展体系,加快建设以延吉为核心的吉林省东部中心城市,特制定如下意见。

一、认清发展形势,深化对延龙图一体化重大意义的认识

(一)推进延龙图一体化,建设以延吉为核心的区域中心城市,是州委、州政府全面落实科学发展观,深入分析州情,遵循市场经济发展规律,着眼于延边未来经济社会发展所做出的一项重大战略决策。

(二)推进延龙图一体化,有利于全面提高我州区域经济核心竞争力。实施延龙图一体化战略,将有效促进区域内生产要素的整合和资源的优化配置,全面优化产业结构与生产力布局,打造高效运作的城市经济体系,进而提升全州区域经济核心竞争力。

(三)推进延龙图一体化,有利于培育经济增长动力源和新的经济增长极。在城市经济成为区域经济发展主要动力的新形势下,推进延龙图一体化,不仅是集聚区域经济发展合力,做大城市经济规模,培育具有较强经济竞争力的区域中心城市的需要,也是提高首府城市经济辐射能力,增强我州经济发展动力,培育新的经济增长极,促进经济走上快速、协调、健康发展轨道的现实选择

(四)推进延龙图一体化,有利于我州全面扩大对外开放和积极参与东北亚国际合作开发。实施延龙图一体化战略,可使延龙图以一个城市地区的区域品牌,参与东北亚区域经济一体化进程,增强我州推动图们江地区国际合作开发的实力,确立我州参与东北亚经济合作的主导地位。是适应经济全球化、区域经济一体化发展形势和全面提高对外开放水平,提高区域竞争实力的战略选择

(五)推进延龙图一体化,有利于加快推进我州体制改革和制度创新。推进延龙图一体化是适应我州经济社会发展需要,加快民族地区体制改革和机制创新的一次重要实践,对促进民族地区经济社会发展,确保边疆经济繁荣和社会稳定具有特别重要的意义。

二、明确战略目标,坚定延龙图一体化发展信心

(六)明确推进原则,确保延龙图一体化有序推进。坚持以科学发展观统领全局,着力优化资源配置和区域统筹协调,促进三市经济又好又快发展与和谐社会建设;坚持规划先行,项目主导,着力推进经济一体化与城镇化互动发展;坚持重点突破,支持延吉市率先发展,着力培育区域中心城市,增强经济辐射带动功能;坚持体制改革、机制创新同步,着力构建有利于经济发展的体制、政策环境和高效运行机制,全面增强经济社会发展活力;坚持发展大局,注重组织协调,充分调动和发挥各方面积极性,实现三市共赢;坚持统一领导,科学决策,有序推进,着力降低改革成本,提高工作推进质量和效率。

(七)明确延龙图城市发展方向,努力实现预期战略目标。力争通过10年左右的努力,基本确立延龙

图在东北亚图们江地区开发中的战略重心地位、在自治州体制改革中的示范地位、在吉林省东部地区的中心地位、在长白山旅游发展中的枢纽地位。形成符合现代化都市特点、一体化协调发展的城镇空间布局和基础设施框架，完成满足东北亚外贸出口加工产业发展需要的城市功能布局，建立具有一定经济规模和综合竞争力的现代化都市区，构建人与自然和谐的生态环境和以促进人的全面发展为核心的社会发展体系。

(八) 深化体制改革，建立统一高效、运转协调的延龙图一体化行政管理体制，2008年完成延吉市与朝阳川镇行政资源整合和管理体制改革，为建立延龙图一体化行政管理体制积累经验，创造条件；再用3～5年时间，不断完善相关工作，进行一体化整合探索，以科学可行的方式，完成延吉、龙井、图们一体化行政管理体制改革，建立统一高效、运转协调的一体化行政管理体制和运行机制，为延龙图都市区进一步发展壮大提供体制动力支持。

(九) 全面优化产业结构，加快经济发展步伐。到2010年，力争延龙图地区生产总值达到220亿元左右，地方财政收入达到25亿元左右，年均增长保持在16%以上。产业结构调整由2007年的4.7：42：53.3调整为3：44：53。到2015年，延龙图地区生产总值达到420亿元左右，地方财政收入达到48亿元，年均增长保持在14%以上。产业结构调整为2：46：52。到2020年，延龙图地区生产总值达到740亿元左右，地区生产总值和地方财政收入，年均增长保持在12%以上。产业结构调整为1：45：54。

三、突出工作重点，着力完成延龙图一体化的主要任务

(十) 规划统筹，全面落实《规划纲要》。严格遵循国家"先规划、后建设"的工作方针，认真抓好与延龙图一体化有关专项规划的编制、修订工作。切实做好延吉 - 朝阳川主城区总体发展规划的编制和龙井、图们两市城市发展总体规划的修编，确保同城规划、同步建设、一体发展；继续完善"一山两河一区"规划，组织编制龙井市城区海兰江两岸景观规划，落实各相关控制性详规；抓好延龙图土地利用规划的修编，合理调整用地结构，留足用地空间；抓好延龙图城际交通体系规划设计，加快推进延吉 - 朝阳川、延吉 - 龙井、延吉 - 图们、龙井 - 图们等重点城际交通基础设施项目的前期准备，确保《规划纲要》落实与各专项规划的有效衔接。

(十一) 产业同筹，着力构建延龙图一体化产业支撑体系。以对外开放带动、区域品牌推动、产业结构转型和产业聚集发展为基本策略，按照统筹协调、优势互补、错位发展原则，明确三市产业发展定位，统筹安排产业发展布局，通过有效的政策引导措施，着力建设各具特色的产业功能区。延吉 - 朝阳川主城区：以建设吉林省东部区域中心城市为目标，重点发展先进制造业、现代服务业、高新技术产业、医药食品产业、现代旅游业、商贸物流产业，着力建设先进制造业和高新技术产业基地、商贸服务与旅游集散基地及现代物流中心；龙井市：以着力建设东北地区朝鲜族民族文化旅游城市为目标，重点发展旅游服务业、加工制造业、食品工业、能源矿产业、民族旅游产品加工业、边境贸易和都市农业，着力建设加工制造业基地、旅游休闲产业与都市农业基地；图们市：以建设中国重要的对朝边境口岸城市和延龙图的东部门户和铁路枢纽为目标，重点发展边境贸易和国际物流业、跨国旅游业、以轻工产品为主的出口加工业，着力建设出口加工、边贸服务与国际物流基地。通过实施产业集聚发展战略，全面优化生产力布局与资源配置，实现优势互补和错位发展。

저자 소개

허명철 XU MINGZHE

소 속	연변대학교 사회학과 교수
학 력	연변대학교 문학박사
주요 논저	『전환기의 연변조선족』(2002), 『연변조선족교육실태조사와 대안연구』(2002), 『통일시대 근현대민족정신사 연구』(2006), 『조선족사회변동과 가족생활』(2015), 『중국 동북지역 조선족의 일생의례와 풍속』(2018)등.
이 메 일	mingzhe104@qq.com

4장
초국경도시 훈춘 변화의 중국적 요인: (신)동북현상과 지린성 '삼화삼동' 전략

박철현 국민대학교

I. 서론

    1992년 유엔개발계획(UNDP : United Nations Development Programme)이 주도하는「두만강 유역개발계획(Tumen River Area Development Project : TRADP)」이 시작되면서, 중국 훈춘(琿春)은 한반도, 러시아, 태평양에 인접한 변경도시라는 지정학적 지경학적 우세에 기초하여 주로 물류단지, 위탁저장, 국제운송, 무역, 금융 등 종합물류서비스업을 중심으로 하는 경제적 발전의 중심지로 주목받기 시작했다. 특히 태평양으로 바로 진출할 수 있는 항구를 가지지 못한 중국 동북지역으로서는 북한의 나진항을 빌려서 태평양으로 바로 진출할 수 있는 거점도시로서의 훈춘의 가치는 매우 중요했다. 기존「두만강 유역개발계획」을 토대로, 2005년에는 참여국가들을 확대하고 공동기금을 설립하는「광역 두만강 개발계획(GTI: Great Tumen

Initiative)」이 시작되면서, 북한 청진, 중국 옌지(延吉), 러시아 나호드카였던 사업대상지역도 한국 동해안 지역, 북한 나선 경제무역지대, 중국 동북지역과 내몽골 자치구, 러시아 연해주와 하바로프스크, 몽골 동부지역으로 크게 확대되었다.

이렇게 훈춘을 중심으로 하는 중국 변경지역의 발전은 이 지역의 지정학적 지경학적 우세에 기초하여 중국, 한국, 러시아, 일본, 몽골 등이 국제적인 차원에서 물류산업 중심으로 하는 경제적 협력을 모색한다는 것이었다.

이러한 특징으로 인해서 훈춘은 많은 학술적 연구의 대상이 되어 왔다. 역사적 연구를 제외하면, 이 연구들은 「두만강 유역개발계획」과 「광역 두만강 개발계획」이 가져온 경제적 잠재력에 주목한 내용이 대부분이었다. 그 주제를 살펴보면, 일대일로(一帶一路), 국제합작시범구, 중·러 호시(互市)무역구, 훈춘개발의 영향력, 보호세금제도, 경제개발현황과 발전전망, 창지투(長吉圖) 개발, 나선지역 인프라 확충, 관광개발 전망, 자유무역지대, 조선족 디아스포라, 도시네트워크 등이다.[1] 그 외 이 지역 개발이 가져온 사회적 측면에 주목한 연구도 일부 있다(김민환 외, 2016; 박현귀, 2018). 주로 경제적 잠재력에 주목한 이들 연구의 특징은 훈춘이 중국의 개혁개방과 소련 및 동유럽 사회주의의 몰락이라는 냉전의 종식을 배경으로 해서 중국, 러시아, 북한, 몽골, 한국, 일본 등 동북아 국가들 사이에 국경을 뛰어넘는 경제적 협력을 통한 발전의 중심지로 상정되고 있다는 점이다.

도시 훈춘이 21세기 "북방의 선전(北方的深圳)"이 될 수도 있다는 장밋빛 전망을 제시하는 근거는 대부분 이와 같은 '국제개발 담론'이다.[2] 하지만 훈춘은 여러 국가들의 국경에 접하고 있는 '초국경' 도시

---

[1] 훈춘에 관한 국내 선행연구는 꽤 있는데, 그 일부를 소개하면 다음과 같다. 김태홍. 1991. "훈춘 및 두만강 개발의 내용과 전망."『동북아경제연구』29; 김부용·임민경. 2012. "창지투 개발의 현황과 시사점: 훈춘을 중심으로."『중국 성별 동향 브리핑』; 김철. 2000. "북·중 국경무역 활성화와 나진 선봉지역 인프라 확충방안."『통일문제연구』12(2); 이진영. 2013. "중국의 창지투 계획과 조선족: 변방에서 중심으로 이동하는 디아스포라."『디아스포라 연구』7(2); 이옥희. 2011.『북·중 접경지역: 전환기 북·중 접경지역의 도시네트워크』푸른길; 강태호 외. 2014.『북방 루트 리포트: 환동해 네트워크와 대륙철도』돌베개. 한편 중국 선행연구는 매우 많은데, 그 주제는 국내 선행연구와 유사하다. 그 일부를 소개하면 다음과 같다. 郭文君. 2015.「琿春國際合作示範區…」『延邊…大學學報』1期; 劉國斌·杜雲…昊. 2014.「論東北亞絲綢之路之紐帶」『東北亞論壇』3期; 張楠·胡氷. 2013.「中國圖們江區…域(琿春)國際合作示範區…發展現狀及問題硏究」『經濟視覺』9期; 王柏玲·朱健·劉政. 2012.「環日本海航線建設背景下的琿春市産業結構優化硏究」『東北亞論壇』2期; 鄭洪蓮·姜恒勇. 2011.「圖們江區…域經濟合作進程中琿春市的城市功能定位及發展戰略」『延邊…黨校學報』1期; 梁明. 2010.「建設琿春國際經濟合作範區…戰略思路」『國際經濟合作』12期; 劉麗琴·李秀敏. 2005.「論邊…境縣域經濟優勢産業的選擇: 以琿春市爲例」『經濟問題探索』8期. 연구논문에 비해 단행본은 통계, 연감, 지방지를 제외하면 거의 없다.

[2] "북방의 선전"은 1980년대 초 경제특구로 시작하여 초고속 성장을 통해 현재 '1선 도시(一線城市)' 중 하나가 된 광동성(廣東省) 선전(深圳)처럼 훈춘을 그 지정학적 지경학적 우위를 잘 활용하여 동북지역 연해 개방도시로서 발전시키자는 중국 관방 (官方)의 전략에서 나온 일종의 미래 목표이다. http://www.hunchunnet.com/archives/51181/ (검색일: 2019. 04. 01); http://news.163.com/13/1025/01/9C0D2P8E00014Q4P_mobile.html (검색일: 2019. 04. 01).

이지 '무국적' 도시는 아니다. 다시 말해서, 훈춘은 중국 동북지역 지린성(吉林省)의 도시이기 때문에 훈춘 도시변화에 대한 전망은 위에서 본 것과 같은 '국제개발 담론'만이 아니라, 동북지역과 지린성이라는 중국 국내적 맥락을 구성하는 힘과 주체들에 대한 고려가 필요하다. 이제까지의 연구는 대부분 '국제개발 담론'을 중심으로 국제적인 힘과 주체들이 어떠한 훈춘의 도시변화를 초래할 것인가의 문제를 상당히 장밋빛 전망을 가지고 분석했을 뿐, 동북지역 지린성의 도시라는 중국 국내적인 힘과 주체가 훈춘의 도시변화에 어떠한 영향을 초래할 것인가에 대한 연구는 거의 없었던 것이다. 한 연구가 훈춘 도시건설을 '삼화삼동(三化三動)'의 문제와 관련시키기는 했지만, 훈춘 도시변화의 문제에 관한 기존 '국제개발 담론' 시각의 문제점을 지적하고 훈춘 도시변화에 대한 균형 있는 접근을 위해서는 국내적 맥락을 구성하는 힘과 주체가 필요하다는 시각에서 접근하는 것은 아니라는 한계를 지니고 있다(中共琿春市委 琿村市人民政府, 2012).

　이 연구는 개혁기 중국 훈춘의 도시변화를 주로 「두만강 유역개발계획」, 「광역 두만강 개발계획」과 같은 국제적인 차원의 힘들과 주체들에 의해서 분석해왔던 기존 연구를 비판한다. 훈춘은 중국, 러시아, 북한, 한국, 일본이 접하는 국경지역이지만, 동시에 지린성에 속한 도시이기도 하다. 따라서 훈춘의 도시 변화는 국제적인 차원의 힘과 주체만이 아니라, 동북지역과 지린성이라고 하는 중국 국내의 힘과 주체들의 복합적 작용에 의해 결정된다고 봐야 한다. 즉 동북지역-지린성으로 이어지는 국내 다양한 힘들과 주체들이 상호작용하여 훈춘 도시변화를 만들어가고 있는 측면에 주목해야한다는 것이다. 이렇게 보면 향후 21세기 "북방의 선전"이 될 것이라는, 국제적인 차원의 도시변화가 가져올 장밋빛 일변도의 단선적(linear) 전망과는 많이 다른, 훨씬 복잡한 도시변화의 가능성과 맞닥뜨릴 수 있게 된다. 왜냐하면 '국제개발 담론'만 보면 훈춘의 전망은 긍정적일 수 있으나, 훈춘은 '동북현상(東北現象)'과 '신(新)동북현상'을 겪고 있는 동북지역 지린성의 도시이기도 하기 때문이다.

여기서 동북현상과 신동북현상은 기업도산, 노동자 실직, 인구감소, GDP성장률 감소 등을 가리킨다. 다시 말해서, 「두만강 유역개발계획」이 시작된 1990년대 초 이후 지금까지 훈춘의 도시변화에 대한 접근은 그 지정학적 지경학적 우세에 기초한 관련 주변국들 사이의 경제적 협력이라는 '국제개발 담론' 시각에서 이뤄져왔는데, 동북현상과 신동북현상이라는 동북지역 사회경제적 문제의 해결이라는 '국내문제 담론'이라는 시각에서 훈춘의 도시변화를 분석할 필요가 있다는 것이다.

본 연구는 다음과 같이 구성된다. 서론에 이어서 2장에서는 현재 중국 동북지역이 처한 사회경제적 난제를 동북현상과 신동북현상의 해결을 위한 지린성 '삼화삼동' 전략을 통해서 살펴본다. 3장에서는 이러한 '삼화삼동' 전략이 도시 훈춘의 변화에 어떤 영향을 미치고 있는지를 구체적으로 분석한다. 결론에서는 본 연구의 발견내용을 정리하고, 도시 훈춘의 변화에 대한 심도있는 이해를 위해서는 "북방의 선전"이라는 단선적 도시전망을 넘어서, '국제개발 담론'과 '국내문제 담론'의 시각을 균형있게 취할 필요가 있음을 지적한다.

II. 중국 동북지역의 사회경제적 난제와 지린성

여기에서는 지린성의 '삼화삼동' 전략의 배경이 되는 동북지역의 동북현상과 신동북현상에 대한 해결책으로 제시된 「지린보고(吉林報告)」에 대해서 알아본다. 저장(浙江)과 같은 동남연해지역이 이미 1990년대에 '사영기업가(私營企業家)의 천국'이라고 불릴 정도로 시장화 개혁에 신속하게 적응하고 국유기업 개혁을 완료한 것에 비해서, 동북지역은 길게는 100년이 넘는 중화학공업 부문 중대형 기업들이 집중된 곳으로 2000년대 초까지도 본격적인 국유기업 개혁은 시작되지 않았고, 과거 계획경제 시기의 관행과 이에 적응한 노동자들이 시장경제 확산이 초래한 사회와 경제의 침체를 겪고 있던 지역이었다. 이러한 '난제'를 해결하기 위해 지린성이 내놓은 전략이 바로 '삼화삼동'이다.

1. (신)동북현상과 「지린보고」

지린성을 포함하는 중국 동북지역은 과거 만주국(滿洲國) 시기를 전후하여 형성되어 1949~1978년 사회주의 시기 내내 중국 최대의 중화학공업 밀집지역으로 존재했다. "공화국의 큰아들(共和國長子)", "공화국의 장비부(共和國裝備部)", "동방의 루르(東方魯爾)"라고 불릴 정도로 사회주의 중국을 대표하는 석탄, 금속, 철강, 기계, 철도, 조선, 화학 등 분야의 중대형 국유기업(國有企業)과 소속 노동자들이 집중되어있는 "선진지역"이었다.

1980년대 중국이 개혁기에 들어서 시장이 점차 사회와 경제를 운용하는 핵심기제로 자리 잡았지만 동북지역의 이들 국유기업은 이러한 시장화 개혁에 적응하지 못하고 쇠락한다. 특히 1990년대 도시지역 국유기업 개혁이 본격화되면서 기업파산, 조업정지, 공장폐쇄, 노동자 해고 등이 대규모로 발생하여 지역 사회와 경제가 함께 쇠락하는 '동북현상'이 발생한다. 예를 들어, 동북지역 중화학공업 기지의 대표도시 선양(瀋陽) 톄시구(鐵西區)는 '해고의 도시(下崗之城)'라는 표현이 나올 정도로 심각한 상황이었다(박철현, 2013: 250). 2004년 중앙정부 차원에서 '노후공업기지 개조(老工業基地改造)'를 핵심내용으로 하는 「동북진흥(東北振興)」 정책이 실시되어 동북지역 중대형 국유기업을 대상으로 하는 국유기업 개혁이 시작된다. 2015년 2월15일 신화사(新華社)는 2014년 동북지역의 사회경제적 문제를 지적하면서 '신동북현상'이란 표현을 사용한다.[3] 신동북현상은 기업파산과 노동자 해고로 대표되는 기존 동북현상의 문제점은 일정하게 해결되었다는 입장에서 새로운 문제점으로 부각된 '인구감소'와 'GDP 성장률 감소'의 문제를 지적하는 것이다. 2015년 동북 3성인 랴오닝(遼寧) 지린 헤이룽장(黑龍江)의 합계출산율(total fertility rate)은 0.55로 세계 최저를 기록했다.[4] 이 지역의 '인구감소'는 낮은 출산율 외에도 '인재유출'이 중요한 원인이다. 동북지역 경제의 쇠퇴로 일정 수준 이상의 학력을

---

3 http://news.163.com/15/0216/05/AII5RTS300014AED.html (검색일: 2019. 04. 01).
4 http://www.globaltimes.cn/content/1112233.shtml (검색일: 2019. 04. 01). 합계출산율은 여성이 15~49세 사이에 낳을 것으로 기대되는 자녀의 숫자를 합한 것이다. 2015년 중국 전체의 합계출산율은 1.62였고, 한국의 합계출산율은 1.24명이었다.

가진 '인재(人才)'가 동북지역에서 다른 지역으로 유출되는 현상을 가리키는 것이다. 또한 2016년 상반기 중국 '전국 31개 성, 자치구, 직할시의 GDP 성장률' 순위에서 랴오닝, 헤이룽장, 지린은 각각 31위, 29위, 26위라는 최하위 권을 기록했다. 사실 이러한 '인구감소'와 'GDP 성장률 감소'는 상호 영향을 미쳐서 점점 심각한 문제가 되어, 심지어 "투자는 산하이관을 넘지 않는다(投資不過山海關)"란 표현이 나올 정도이다. 여기서 산하이관은 전통적으로 동북지역과 관내(關內)를 나누는 기준이 되는 곳이기 때문에, 이 표현은 투자자들의 동북지역 투자기피 현상을 가리킨다.

이와 같이 동북현상 및 신동북현상은 동북지역의 사회경제적 '난제(難題)'가 되었고, 이 난제를 해결하기 위한 노력이 중앙정부와 지방정부 차원에서 지속되는 가운데, 2017년 8월 전(前) 월드뱅크 부총재인 린이푸(林毅夫) 베이징대학 교수가 이끄는 베이징대학 '신구조경제학 연구중심(新結構經濟學研究中心)'의 연구팀이 지린성정부의 의뢰를 받아서 지린성 발전개혁위원회(發展和改革委員會)와 함께 「지린성 경제구조 전환 업그레이드 연구보고(吉林省經濟結構轉型昇級報告), 이하 지린보고」를 발표한다. 이 「지린보고」가 나오자 동북지역을 비롯한 전국적인 범위에서 비판이 나오고 이에 대해 린이푸 연구팀의 반론이 제기되면서 여러 논자들이 참여하는 논쟁으로 비화된다.[5] 「지린보고」의 핵심내용은 지린성이 동북현상과 신동북현상을 해결하

---

5 이 논쟁의 내용에 대한 분석을 통해서 동북지역의 사회와 경제를 인식하는 보다 역사적 구조적 시각의 필요성을 제기한 연구는 다음을 참고: http://diverseasia.snu.ac.kr/?p=299 (검색일: 2019. 4. 1).

기 위해서는 '비교우위론'에 입각하여 '약점'인 방직과 소비자가전 등의 경공업을 보완해야 하고, '강점'인 장비제조업을 중심으로 하는 중화학공업을 강화해야 한다는 내용이다. 이러한 「지린보고」의 주장에 비판을 제기한 논자들은 과잉생산능력 감소와 부채 감소를 위한 '공급 측 개혁(供給側改革)'이 중앙정부 주도로 전국적인 범위에서 추진되는 상황에서 지린성이 경공업을 한다면 기존 상하이, 광동, 저장과 같은 경제발전지역과 비교해서 경쟁력이 훨씬 떨어지는 기업과 상품만을 양산할 것이라는 우려를 표시했다. 「지린보고」를 둘러싼 논쟁은 지금도 현재형으로 계속되고 있으며, 이러한 사실 자체가 바로 동북지역이 처한 사회경제적 위기가 '비교우위론' 같은 산업정책 같은 단기적인 처방이 아니라, 역사적 구조적 배경을 가진 훨씬 심층적 성격의 것임을 말해준다.

2. 지린성 '삼화삼동' 전략

삼화삼동은 위에서 살펴보았던 동북지역의 사회경제적 난제인 동북현상과 신동북현상을 해결하기 위해 지린성 차원에서 제기된 발전전략으로, 그 구체적인 내용을 살펴보면 다음과 같다. 우선 '삼화(三化)'는 공업화(工業化), 도시화(城鎭化), 농업현대화(農業現代化)를 가리킨다.

'공업화'는 전통적인 의미의 공업화를 가리키는 것이 아니고, 빅데이터 클라우드 사물인터넷과 같은 첨단 정보통신기술을 기존 제조업 생산능력과 결합시키는 새로운 공업화를 의미한다. 이는 주로

「중국제조 2025」로 표현된다. 「중국제조 2025」는 1980년대 개혁개방 이후 중국이 '세계의 공장'이 되면서 축적한 제조업 생산능력을 정보통신기술과 결합시켜서 중국 제조업 역량을 질적 측면에서 세계 최고수준으로 만들겠다는 전략이다. 문제는 동북지역은 사회주의 시기에 중국 중화학공업 부문 중대형 국유기업 최대 밀집지역인데, 개혁기에 들어서 시장경제에 적응하지 못하고 점차 쇠퇴하여 1990년대 중후반 동북현상이 발생하였고, 동북지역의 사회와 경제는 침체하게 되었다는 사실이다. 따라서 지린성정부가 추진하는 공업화는 농업 위주 산업구조를 제조업을 중심으로 하는 공업위주 산업구조로 전환한다는 전통적인 의미의 공업화가 아니라, 이 지역에서 정보통신기술을 기존 제조업 생산능력과 '결합'시켜서 보다 부가가치가 높은 상품을 생산함으로써 기업경쟁력을 강화하겠다는 것을 가리킨다.

'도시화'는 앞서 공업화와 마찬가지로 전체 인구 중 도시 상주인구의 비중을 증가시키는 양적 도시화가 아니라, 기존의 도시화와는 다른 '신형(新型)도시화'를 가리킨다. 여기서 주목해야 할 것은 도시화를 가리키는 표현이 '성시화(城市化)'가 아니라 '성진화(城鎭化)'라는 점이다. 일반적으로 중국어로 도시는 '성시(城市)'라고 하는데, 신형도시화에서는 '성진(城鎭)'이라고 표현한다는 점이 중요하다. '성(城)'은 기존의 도시를 가리키는데, '진(鎭)'은 농업인구(農業人口) 보다 '비(非)농업인구'가 많고 일정규모 이상의 공업지대가 형성되어있고 면적도 비교적 넓은 지역이며, 이에 비해 '향(鄕)'은 농업인구가 비농업인구보다 많은 지역이다. 따라서 '성진화'는 기존의 도시지역만이 아니라 기존 도시지역만큼의 도시화가 이뤄지지는 않았지만 '향'보다는 도시화가 더 많이 진행된 '진'을 도시화의 주요 대상지역으로 하겠다는 것을 의미한다. 여기서 주의할 것은 중국 국무원이 발표한 「국가 신형도시화 규획 2014-2020」에 따르면, 신형도시화의 핵심은 '인간의 도시화(人的城鎭化)'인데, 여기서 '인간'은 농민을 가리키는 것으로 '인간의 도시화'는 곧 농민을 도시민으로 만들겠다는 의미이다. 따라서 도시화는 농민을 베이징(北京), 상하이(上海), 광저우(廣州), 선전(深圳)과 같은 대도시로 이주시키는 것이 아니라 '진', 소도시(小城鎭), 중등도시(中等城市) 등으로 이주하도록 유도하는 것을 말한다. 이러한 도시화 전략은 개혁기 기존 도시화가 '도농격차', '지역격차', '계층격차'를 심화시키면서 진행되었기 때문에 많은 사회경제적 문제를 발생시켰다는 성찰에서 비롯되었다. 이렇게 보면 지린성정부가 추진하는 도시화는 곧 신형도시화를 의미하는 것으로 농민을 중소도시로 이주하도록 유도하는 것이다.

특히 도시화와 관련하여 주목해야 하는 것은 동북지역 도시화의 특수성이다. 앞서 보았던 동북현상과 신동북현상으로 인해서 동북지역은 외지(外地) 농민공은 물론 동북지역 출신 농민공도 장기적인 체류를 목적으로 이 지역 도시로 이주하지 않는다는 점이다. 이들 농민공은 사회와 경제의 쇠락이 진행되고 있는 동북지역 도시로 이주하지 않고 '관내' 지역의 베이징, 상하이, 광저우, 선전 등 '1선 도시(一線城市)'나 동남 연해지역의 발달된 도시들로 이주하려는 경향이 강하게 나타난다. 이에 따라서 이들 도시와 달리 동북지역 도시들에는 '성중촌(城中村)' 보다는 '판자촌(棚戶區)'이 일반적인 현상으로 나타난다. 다시 말해서 동북지역 도시들에는 농민들이 장기간 체류를 목적으로 진입하지 않기 때문에, 돈을 벌기위해서 도시에 진입하여 장기간 체류하는 과정에서 형성되는 농민공들의 집단 거주지인 '성중촌'은 별로 많지 않고, 기존 도시 노동자들의 거주지역이 지역 전체의 사회경제적 쇠락과 함께 판자촌이 되는 경우가 훨씬 더 보편적이다.

'농업현대화'는 생산수단의 현대화, 생산기술의 과학화, 경영방식의 산업화, 농업의 사회적 서비스 기능 제고, 해당 지역에 적합한 지주산업과 상품의 개발, 기초시설의 현대화, 생태환경의 현대화, 농업노동자의 현대화, 농민생활의 현대화를 가리킨다. 중요한 것은 지린성은 백두산으로 대표되는 풍부한 농업자원을 가지고 있으며, 이러한 자원을 활용한 고부가가치 농업생산으로의 전환을 시도하고 있다는 점이다. 「지린보고」는 기존의 중화학공업 위주의 산업구조를 바꿔서 경공업 등 새로운 산업을 모색해야 한다고 주장하고, 5대 산업을 육성할 것을 제안하는데 그 중 하나가 바로 농업이다. 특히 농업의 범위를 단지 식량, 채소, 과일과 같은 농산품 생산에 그치는 것이 아니라, 지린성의 자연자원을 활용한 고부가가치 산업으로의 전환까지를 포함하는 것으로 인식한다. 따라서 이 보고서는 관광자원, 건강요양(健康療養) 자원을 충분히 발굴하여 지린성을 중국 여름피서와 겨울스키의 메카로 만들고, 관광, 양로, 건강산업을 발전시켜야 한다고 지적한다. 또한 지린성의 농산품과 식품 브랜드를 만들고, 생물의약과 중약(中藥)산업을 발전시키고, 특히 한국과 경쟁할 수 있는 인삼 관련 브랜드를 만들어야 한다고 주장한다.

다음으로 '삼동(三動)'은 '투자가 촉진하고(投資拉動)', '프로젝트가 선도하며(項目帶動)', '혁신이 동력을 제공하는(創新驅動)' 전략을 가리킨다. 앞서 언급한 "투자는 산하이관을 벗어나지 않는다"는 분위기에 대응하기 위해서, 투자를 이끌어내는 것이 우선이고 이를 통해 경제의 활력을 기대하는 것이다. 기업도산, 노동자 실직, 인구감소, GDP성장률 감소에 직면하여 투자자는 투자손실을 우려해서 투자를 기피하고, 투자기피 때문에 또 다시 기업도산, 노동자 실직, 인구감소, GDP성장률 감소가 심화되는 악순환의 고리가 발생하고 있기 때문에, 이 고리를 차단하기 위해서는 투자가 필요하고 투자가 선행되어야 각종 프로젝트가 경제발전을 선도하고 혁신에 의한 질적 발전이 가능하다는 의미이다.

이상과 같이 지린성 '삼화삼동' 전략에서 '삼화'는 목적이고 '삼동'은 이 목적실현을 위한 방법이라고 할 수 있다.

III. 훈춘의 '국제화 창구도시' 건설

그렇다면 이와 같은 지린성 '삼화삼동' 전략에 기초하여, 훈춘은 어떻게 국제화 창구도시를 건설하고 있는가? 국제화 창구도시란, 지린성의 지역발전전략인 「창지투 개발개방 선도구(長吉圖開發開放先導區)」 건설에 있어서 훈춘이 이 지역이 해외로 나가는 '창구'가 되는 도시 역할을 담당한다는 의미이다. 따라서 '공업화, 도시화, 농업현대화'와 '투자가 촉진하고, 프로젝트가 선도하며, 혁신이 동력을 제공하는' 지린성 삼화삼동은 훈춘에서는 국제화 창구도시 건설을 위한 전

략의 형태를 가지게 된다.[6]

1. 공업화

훈춘은 '4대 산업기지' 건설을 목표로 하고 있다. 국제적 에너지 광물생산 기지, 현대화된 수출가공업, 두만강지역 국제물류, 동북아시아 초국경 국제관광이 바로 그것이다. 훈춘은 「경제발전방식 전환에 관한 실시의견」, 「훈춘시 자원형 도시 지속가능한 발전 시점(試點) 실시방안」, 「훈춘시 2011년 10억 위안 이상 중대형 프로젝트 추진 실시방안」, 「훈춘시 산업구조 총체계획」 등을 통해서, 기존 저부가가치 중공업 위주 산업구조의 고부가가치 산업구조로의 전환을 모색하고 있다.

우선 기존 발전소와 광업그룹을 확대 개편하여 석탄과 발전을 모두 포함하는 산업클러스터, 러시아의 석유와 북한 나선지역의 정유소를 결합시키는 석유화학 산업클러스터, 금 동 텅스텐을 포함하는 금속제련 산업클러스터 조성을 추진하고 있다.

또한 자동차 부품, 목제품 가공, 건축자재, 기계, 장비제조업을 육성하여 두만강 지역 범위에서 일정수준 이상의 영향력을 갖춘 대형 선진제조산업 클러스터, 동북아시장을 겨냥한 전자정보통신 산업 클러스터, 고급패션 일용품 농부산품(農副產品) 등 경공업 클러스

---

[6] 이하 공업화 도시화 농업현대화 관련 구체적인 팩트는 다음에서 인용(中共琿春市委 琿村市人民政府, 2012).

터 등의 조성을 추진하고 있다.

　아울러 국제물류기지를 만들기 위해서, 기존 포스코현대 물류단지, 국제상품교역중심 등을 중심으로 정보통신기술을 활용하여 물류자원을 통합하고, 전문시장을 육성하며, 동북지역 물자의 수출창구로서의 지위를 이용하여, 두만강 개발과 국제육해물류노선을 결합시켜서 국제물류산업 클러스터를 조성한다.

　마지막으로 중국, 러시아, 북한 등 국경이 접하는 지리적 장점을 활용하여, 태평양을 넘어 일본까지 이어지는 초국경 관광산업을 육성한다.

　이러한 훈춘의 '4대 산업기지' 건설전략은 기존 '세계의 공장'으로서 축적한 기존 제조업 역량을 정보통신기술과 결합시키고 관광업과 같은 고부가가치 산업으로의 전환을 모색하는 '공업화' 전략을 국제화 창구도시 건설과 결합시킨 것이라고 할 수 있다. 중요한 것은 이러한 '4대 산업기지' 건설이 '국내' 생산요소의 최적 결합을 통하는 방식이 아니라, 북한, 러시아, 한국, 일본 등 초국경도시 훈춘이 접하는 동북아시아 여러 국가들의 생산요소들의 최적 결합을 통하는 방식으로 추진되고 있다는 점이다. 이런 점에서 볼 때 훈춘의 공업화는 지린성의 '삼화삼동' 전략을 훈춘의 차원에서 재해석하는 방식으로 이뤄지고 있다고 하겠다. 이렇게 훈춘의 공업화 전략에서도 지린성 '삼화삼동'이라는 '국내문제 담론'이 '국제화 창구도시'라는 '국제개발 담론'과 결합되는 양상을 포착할 수 있다.

2. 도시화

훈춘은 동북지역 '자원형 도시(資源型城市)' 중 하나이다. 자원형 도시는 도시와 그 인근 지역의 광산, 삼림 등에서 부존된 천연자원의 채취 및 가공과 관련된 산업을 중심으로 형성된 도시를 가리킨다. 따라서 자원형 도시에서 해당 자원은 도시의 사회와 경제의 발전에서 핵심적인 요소가 된다. 예를 들어, 안산(鞍山)의 철, 푸순(撫順)과 랴오위안(遼源)의 석탄, 다칭(大慶)의 석유 등이 도시와 그 핵심 천연자원이다. 다칭은 1959년 유전이 발견되면서 석유 채굴을 위한 공장과 관련 시설 및 노동자 거주지역을 중심으로 성장하여 중국을 대표하는 석유 채굴 및 관련 산업을 중심으로 하는 도시로 성장하였으나, 산유량의 감소가 근본적인 원인이 된데다가 동북현상과 신동북현상까지 겹쳐서, 석유 산업은 물론 도시 자체의 사회와 경제가 쇠락하는 문제를 겪고 있다. 즉 과도한 자원의존형 산업구조가 근본 원인이 되어 쇠락하는 도시를 설명하기 위해서 동원되는 개념이 바로 자원형 도시이다(박철현, 2016).

훈춘은 석탄을 중심으로 구리와 금의 채굴과 관련 산업이 발달한 도시였다. 특히 석탄산업은 국유기업과 집체기업을 위주로 발전했고 훈춘 전역에 탄광이 산재했는데, 개혁기 들어서는 사영기업도 등장했다. 1990년대 들어서부터 기업파산과 노동자 해고 등 동북현상이 발생했고 이에 대응하여 기업개혁이 진행되었다(琿春市地方志編纂委員會編, 2005: 617-624). 이와 같은 자원형 도시가 봉착한 사회경제적 쇠락이라는 난제를 돌파하기 위해서는 지린성정부는 훈춘을 「국가 자원형 도시 지속가능한 발전 개혁 시점(國家資源型城市可持續發展改革試點)」에 선정되도록 추진하고 있다.[7]

자원형 도시의 문제를 해결하기 위한 노력과 더불어 훈춘은 다음과 같은 3가지 측면에서 신형도시화를 추진하고 있다.

우선 '살기 좋은(宜人居)' 국제도시 건설이다. 이를 위해서 시정부는 국유기업을 동원하여 훈춘시 동쪽에 국제적인 수준의 생태도시를 건설하고 있으며, 구도심에 대한 정비도 계속하고 있다. 생태도시는 중국 국내인은 물론, 국경을 접하고 있는 러시아, 한국, 일본 등지에서 관광, 사업 등의 목적으로 훈춘에서 장단기 체류하고 있는 외국인들을 흡수할 목적으로 건설되고 있다. 도시공간구조에서도 '육종오횡(六縱五橫)'의 간선도로 건설을 통해서 기본 골격을 짜고, 판자촌 개조, 염가(廉價)주택 및 공원 건설을 진행하고 있다. 그 외 시민의 문화생활을 위한 박물관, 체육관, 미술관, 도서관 등도 건설되고 있다.

다음으로 도시브랜드를 만들고 있다. 과거의 역사문화자원을 동원하여 '개방도시', '허브도시', '자원도시', '문화도시' 등의 도시브랜드를 만들어서, 과거 "편벽한 변경"에 위치한 군사지역 이미지를 탈피하고 "동북아시아를 아우르는" 지리적 우세를 점한 도시로서의 이미지를 만들어가고 있다.

---

7 「국가 자원형 도시 지속가능한 발전 개혁 시점」은 자원형 도시의 지속가능한 발전을 위한 시험지역을 전국에 설치하는 2013년 11월12일 국무원 통지를 가리킨다. 다음을 참고: http://www.gov.cn/zwgk/2013-12/03/content_2540070.htm (검색일: 2019. 04. 01); 2014년 10월30일 지린성정부는 훈춘이 이러한 시험지역에 선정되도록 하는 의견을 발표했다. 다음을 참고: http://www.hunchunnet.com/archives/8327/ (검색일: 2019. 04. 01).

이렇게 도시화에서도 훈춘은 석탄, 구리, 금 위주의 자원형 도시에서 탈피하기 위한 국유기업개혁을 추진하는 한편, 개혁기 도시화 과정에서 쇠락한 공업지역 주민들이 밀집된 판자촌 등을 개조하며, 도시로 이주해온 농민들을 위한 염가주택 등을 공급하는 신형도시화 전략을 추진하고, 생태도시를 만들어 외국인 장단기 거주자를 유치하는 등 국제화 창구도시 전략이 두드러진다.

3. 농업현대화

앞서 「지린보고」에서는 농업은 지린성이 경쟁력을 가진 산업 중 하나로 보고, 특히 농업의 범위를 보다 넓게 해석하여 지린성 자연자원을 활용한 고부가가치 산업으로의 전환까지 포함하는 것으로 인식한다고 했다.

훈춘에서는 유기농 쌀, 황소, 한약재(中藥材), 식용버섯(食用菌), 채소, 과일 등을 농업부문 '6대 지주산업'으로 삼고, 훈춘에 기반을 둔 고유브랜드 육성을 주요 목표로 삼고 있다. 또한 그간 취약했던 농업 금융서비스를 체계화하기 위해서 시정부 산하에 '물권융자유한책임공사(物權融資有限責任公司)'를 설립하여 농업생산에 필요한 자금지원을 제도화시켰다.

아울러 기존의 '가정연산승포책임제(家庭聯產承包責任制)' 방식을 뛰어넘어 '가정농장(家庭農場: 대농)'을 핵심으로 하는 새로운 농업경영체제를 모색하고 있다.[8] 가정농장이란 가족구성원을 주요 노동력으로 삼아서, 농업의 규모화, 집약화, 상품화 생산경영을 겨냥하는 것이다. 가정농장의 농민은 농업 전업농가로서, 도시로 이주하여 농민공이 되거나 농촌 향진기업에서 공업에 종사하여 획득하는 수입이 전혀 없다.

즉 가정농장은 농촌 집체정부가 기존 농민이 도시로 이주하면서 반납한 농지사용권을 모아서 특정 가정에 대규모 농지사용권을 제공하는 것으로, 농민은 대규모 농지에서의 경작을 통해서 농업경영에서 '규모의 경제'를 확보할 수 있는 장점을 가지고 있다. 기본적으로 대규모 경영이 가정농장의 중요한 특징이기 때문에 가정농장의 확산으로 인해서 1949년 건국 이전과 같은 '대지주(大地主)'의 출현가능성을 완전히 배제할 수 없다는 점에서 일정한 위험성을 지니고 있는 것은 사실이지만, 개혁기 농민의 대규모 도시이주로 농촌에 생겨난 '휴한(休閑)' 경지를 적극적으로 활용할 수 있다는 점에서 긍정적인 측면이 있는 것도 사실이다. 특히 반납된 농지의 활용으로 창출한 수익으로 농민의 도시이주와 정착에 필요한 자금의 일정부분을 지급할 수 있다는 점에서도 긍정적인 측면이 있다.

---

8 '가정연산승포책임제'는 가족농 체제 즉, 개별 가족을 기본으로 하는 가구(戶) 별로 농업생산과 경영의 주체가 되는 체제를 가리킨다. 사회주의 시기 중국의 농업생산과 경영 방식은 인민공사(人民公社)를 중심으로 하는 집단농업체제였는데, 개혁기 들어서 이러한 집단농업체제를 대체하여 '가정연산승포책임제'가 지배적인 농업생산과 경영 방식으로 등장하면서 인민공사는 해체된다. 1980년대 초 '가정연산승포책임제'의 전면적 도입을 계기로 중국 농업생산성은 크게 증가했다.

IV. 결론 : 초국경 도시와 지린성 도시

이제까지 연구에서 도시로서의 훈춘 변화는 언제나 국제적인 차원의 힘들과 주체들에 의해서 규정되어왔다. 「두만강 유역개발계획」, 「광역 두만강 개발계획」이 바로 그것들이며, 국내적 차원의 「창지투 개발개방 선도구」도 기본적으로는 지린성과 해외를 연계시켜서 훈춘의 도시변화를 전망하는 것이므로, 훈춘은 수십 년 내에 "북방의 선전"이 될 것이라는 장밋빛 전망이 도시변화를 분석하는 기본 인식으로 작동하고 있었다.

사실 이러한 훈춘의 미래전망은 "북방의 선전"에 그치지 않는다. 2009년 「인민일보(人民日報)」는 「창지투 개발개방 선도구」 지정을 계기로 훈춘이 "미래의 홍콩(未來的香港)", "동방의 로테르담(東方鹿特丹)"이 될 것이라는 전망을 하면서 그 근거로서 동해와 가까운 위치, 반경 200km 안에 러시아와 북한의 항구가 다수 밀집되어있다는 점을 제시하고, 훈춘의 도시발전은 중국 동북지역 전체는 물론 몽골 등 동북아시아 전체에도 혜택을 가져다 줄 것이라고 주장한다.[9] 이러한 주장은 서론에서 제시한 '국제개발 담론'의 시각에서 도시 훈춘의 변화를 전망한 것이다.

이러한 시각은 「동북진흥」 정책을 단순히 '지역발전계획'으로 인식하고 있는 데서도 드러난다(강태호 외, 2014: 326-331). 즉 「동북진

9　http://news.china.com.cn/zhuanti/2012jlx/2012-12/09/content_27361579.htm (검색일: 2019. 04. 01).

흥」 정책을, 과거 사회주의 시기 형성된 중화학공업 부문 중대형 국유기업의 침체와 이에 따른 사회와 경제의 쇠락 현상을 해결하기 위한 중앙정부 차원의 '노후공업기지 개조' 정책이 아니라, '2005년 랴오닝 연해 경제벨트'→'2009년 지린성 창지투 개발개방 선도구'→'2012년 두만강 국제합작시범구'로 이어지는 일련의 '지역개발계획'으로 인식하고 있다. 이를 배경으로 훈춘 도시변화를 전망하는 데서 드러나듯이, 훈춘 도시변화의 전망에 대한 인식은 '국제개발 담론'의 시각에 기초하는 경향이 매우 강하다는 것이다.

하지만 본문에서 살펴보았듯이 훈춘은 물론 초국경도시로서 국제적인 힘과 주체의 맥락에서 그 도시변화를 평가 전망할 수 있지만, 그러한 평가 전망에 동북지역-지린성이라고 하는 중국의 대표적인 노후공업기지와 소속 노동자들이 밀집된 지역에 속하는 도시라는 점이 동시에 고려되어야 한다. 지린성은 동북현상과 신동북현상이라는 사회와 경제의 쇠락의 위기에 대응하기 위하여 최근 '삼화삼동' 전략을 내놓았고, 훈춘은 '자원형 도시'로서 도시화, 공업화, 농협현대화를 위한 전략을 추진 중이다. 따라서 '국내문제 담론', 즉 동북지역 노후공업기지의 동북현상과 신동북현상은 해결하기 어려운 난제 중의 난제라는 시각에서 보면, 훈춘 도시변화에 대한 평가와 전망은 '국제개발 담론'이 투사하는 것과 같은 장밋빛 전망 일변도로만 구성되기에는 곤란한 측면들이 매우 많다. 향후 '국제개발 담론'과 '국내문제 담론'에 대한 균형 있는 분석을 통해서 훈춘의 도시변화에 대한 심화된 연구가 필요하다.

참고문헌

강태호·강재홍. 2014.『북방 루트 리포트: 환동해 네트워크와 대륙철도』. 파주: 돌베개.
김민환·박철현. 2016. "북·중·러 접경도시 훈춘의 유동인구 정책과 외국인 정책: 특구와 변경의 변증법."『만주연구』21, 227-263.
김부용·임민경. 2012. "창지투 개발의 현황과 시사점: 훈춘을 중심으로."『중국 성(省)별 동향 브리핑』3(17), 1-18.
김철. 2000. "북·중 국경무역 활성화와 나진 선봉지역 인프라 확충방안."『통일문제연구』12(2), 75-93.
김태홍. 1991. "훈춘 및 두만강개발의 내용과 전망."『동북아경제연구』29.
박철현. 2013. "중국 개혁기 공간생산 지식의 내용과 지형: 선양시(瀋陽市) 톄시구(鐵西區) 노후공업기지의 개조를 중심으로."『중소연구』37(1), 235-269.
박철현. 2016. "중국 동북 지역 연구의 새로운 가능성: '노후공업도시'."『역사비평』116, 125-145.
이옥희. 2011.『북·중 접경지역: 전환기 북·중 접경지역의 도시네트워크』. 서울: 푸른길.
이진영. 2013. "중국의 창지투 계획과 조선족: 변방에서 중심으로 이동하는 디아스포라."『디아스포라 연구』7(2), 7-26.
박현귀. 2018. "반(反)중국정서와 중·러 접경도시: 우수리스크, 수이펀허, 훈춘에 관한 민족지적 연구."『한국문화인류학』51(2), 125-167.
郭文君. 2015.『琿春國際合作示範區』延邊: 延邊大學學報.
梁明. 2010. "建設琿春國際經濟合作示範區戰略思路."『國際經濟合作』12期.
王柏玲·朱健·劉政. 2012. "環日本海航線建設背景下的琿春市産業結構優化研究."『東北亞論壇』2期.
劉國斌·杜雲昊. 2014. "論東北亞絲綢之路之紐帶."『東北亞論壇』3期.
劉麗琴·李秀敏. 2005. "論邊境縣域經濟優勢産業的選擇: 以琿春市爲例."『經濟問題探索』8期.
張楠·胡氷. 2013. "中國圖們江區域(琿春)國際合作示範區發展現狀及問題研究."『經濟視覺』9期.
鄭洪蓮·姜恒勇. "圖們江區域經濟合作進程中琿春市的城市功能定位及發展戰略."『延邊黨校學報』1期.
中共琿春市委 琿村市人民政府. 2012. "琿春: 深入實施'三化三動'戰略全力構建'國際化窓口城市'."『經濟視覺』1期.
琿春市地方志編纂委員會編. 2005.『琿春市志』吉林: 吉林人民出版社.
琿春示范区网. 2019. "把琿春建成中国'北方深圳'." http://www.hunchunnet.com/archives/51181/ (검색일: 2019. 04. 01).
城市晚报. 2019. "琿春打造中国北方的深圳(组图)."

http://news.163.com/13/1025/01/9C0D2P8E00014Q4P_mobile.html (검색일: 2019. 04. 01).

Cao Siqi. 2018. "Northeast China has world's lowest fertility rate, around a third of Japan's: expert." http://www.globaltimes.cn/content/1112233.shtml (검색일: 2019. 04. 01).

박철현. 2018. "『지린보고(吉林報告)』 논쟁을 통해서 본 중국 동북지역의 사회와 경제." http://diverseasia.snu.ac.kr/?p=299 (2019. 04. 01).

国务院办公厅. 2013. "国务院关于印发全国资源型城市 可持续发展规划 (2013-2020年) 的通知." http://www.gov.cn/zwgk/2013-12/03/content_2540070.htm (검색일: 2019. 04. 01).

珲春示范区网. 2014. "吉林省落实东北振兴政策全力支持珲春国际合作示范区发展." http://www.hunchunnet.com/archives/8327/ (검색일: 2019. 04. 01).

新闻中心-中国网. 2012. "'东方鹿特丹'珲春崛起的'开放窗口'." http://news.china.com.cn/zhuanti/2012jlx/2012-12/09/content_27361579.htm (검색일: 2019. 04. 01).

저자 소개

박철현 Park, Chulhyun

소　　속　　국민대학교 중국인문사회연구소 HK연구교수, 서울대 아시아연구소 아시아도시 사회센터 공동연구원

학　　력　　중국런민대학(中國人民大學) 사회학 박사

주요 논저　　『도시로 읽는 현대중국 (1권, 2권)』(2017), 『특구: 국가의 영토성과 동아시아의 예외공간』(2017), 『다롄연구: 초국적 이동과 지배, 교류의 유산을 찾아서』(2016), "사회주의 시기 중국 동북 지역의 국가와 기업: 대련기차차량창의 전형단위제를 중심으로"(2015) 등.

이 메 일　　chparke@hanmail.net

제2부

초국경 인구이동과
공간의 재구성

5장
북·중·러 접경도시 훈춘의 유동인구 정책과 외국인 정책: 특구와 변경의 변증법

김민환 한신대학교
박철현 국민대학교

I. 서론

혼히 국경은 '장벽'으로 간주된다. 외부세력의 침입을 막아야 하는 방어선이자 내부의 사람이 갈 수 있는 가장 먼 곳이자 막다른 곳인 것이다. 그러나, 지난 30년 간 전개된 소위 '글로벌화(globalization)' 과정은 경계선 및 국경의 의미를 변화시켰다. 특히 동아시아의 경우, '글로벌화' 과정은 중국의 부상을 통해 부각되었고 여기에 정치적으로 '탈냉전'이라는 흐름이 더해지면서 경계선 혹은 국경은 '교량'역할, 곧 두 나라 혹은 세 나라 사이에 협력적 공간을 창출하는 역할을 하면서 교류를 주도하고, 그 성과를 다른 지역으로 확산하는 기능을 수행하는 양상이 나타나 많은 주목을 받았다(김민환, 2014: 46).

중국은 여러 이웃 나라들과 국경을 사이에 두고 현재 여러 곳의 월경(越境)적 소지역(cross-border subregion)의 성립에 관여하고 있다(Chen, 2005: 13-14). 1992년 아시아개발은행(Asian Development Bank)이 동남아시아 대륙부 여러 국가들의 월경적 지역으로 기획한 광역메콩강(GMS: Greater Mekong Subregion) 프로그램으로 시작한 동남아시아 메콩의 월경적 소지역에는 중국의 윈난성이 개입되어 있으며(이요한, 2014: 203-205), 남중국 월경적 소지역(Greater Southeast China Subregion)에는 대만과 중국의 푸젠성 및 광동성이 개입되어 있다(Chen, 2005: 61-106).

이 논문에서 다룰 지역이자 한반도와 직접 관련이 있는 동아시아의 월경적 소지역은 북한·중국·러시아 3개국의 접경지역이다. 전통적으로 북한·중국·러시아 3개국의 접경지역은 '돌삼각지역'으로 표현되었다. 국민국가적 시각에서 볼 때 이 지역은 가장 변방지역의 '장벽'이기 때문에 군사지역이자 일종의 버려진 땅이라는 의미가 있었던 것이다. 그러나, 1990년대 초 유엔개발계획(UNDP: United Nations Development Programme)이 주도하는 「두만강유역개발계획(TRADP: Tumen River Area Development Project)」이후 이 지역을 '황금삼각지역'으로 변화시키려는 움직임이 매우 활발하게 전개되고 있다.

그렇지만, 두만강유역개발계획 등 초기의 월경적 소지역의 개발 시도와 그 뒤를 잇는 2005년의 「광역두만강계획(GTI: Greater Tumen Initiative)」은 중국, 북한, 러시아, 남한 등 이 지역을 둘러싼 주변 국가들의 정치적 이해관계의 충돌과 투자국가들의 무관심으로 인해 별다른 성과를 거두지 못했다. 그 이후 북한·중국·

러시아 접경지대협력은 중국과 러시아가 개별적으로 자국의 개발 프로젝트를 주도하는 가운데, 필요한 경우에만 관련국과의 제한적인 협력을 모색하는 형태로 전개되고 있다(신범식 외, 2016: 4). 따라서 현재 이 지역에 대한 연구도 월경적 소지역 전체를 입체적이고 중층적으로 사고하는 연구보다는 각국의 전략적 입장과 그에 따른 접경지대 발전전략에 대한 연구들이 다양하게 나오고 있다. 가령, 이 지역에 대한 중국 중앙정부의 전략적 입장을 강조한 연구는 중국이 자국의 낙후된 동북지역의 발전을 도모하고 동북 국경의 안보를 지키는 한편, 자국의 경제력을 통해 동북아시아에 대한 지정학적 영향력을 확대하기 위해 북한·중국·러시아 접경지대 협력을 활용하고 있다고 본다(Rozman, 2010: 179-197). 러시아 중앙정부의 경우, 기본적으로 '유럽'국가인 러시아가 정치적·경제적으로 소외된 자국의 극동개발을 추진하는 한편, 상실한 아시아에 대한 영향력을 회복하기 위해 이 지역 개발에 관심을 가지고 있다고 간주된다(Bauer, 2009; 신범식, 2013). 그런데, 이 지역에 대한 중앙정부의 입장을 강조하는 이런 연구들은 접경 지역의 고유한 지역적 혹은 지방적 특성을 더 구체적으로 포착하지 못하는 문제점이 있다. 모든 것이 중앙정부의 '의도'가 결정하는 것으로 상정되어 있는 것이다.

중앙정부 중심의 접근에 대한 한계가 부각되면 당연히 중앙정부의 입장과 함께 지방의 자구적인 노력을 동시에 살펴보고자 하는 연구경향들이 나타나게 된다. 그러나, 지방의 역할을 강조한 연구들은 지방정부의 구체적인 이니셔티브들을 중앙정부의 전략적 이해관계의 관점에서 해석하는 경향이 강하다(신범식 외, 2016: 5). 여전히 이 지역에서는 중앙정부의 역할이 중요하고, 성공적인 지방 프로젝트는 결국 중앙의 구상에 부합해야 한다는 것이다. 중국을 사례로 한 것이냐[1] 러시아를 사례로 한 것이냐[2]의 차이만 있을 뿐이다.

이 논문은, 지방의 역할에 주목했지만 여전히 중앙정부의 규정력이 강해 '최종심급'에서는 중앙정부의 규정력이 작동한다고 주장한 기존 연구들의 경향에 한편으로는 동의하지만, 다른 한편으로는 그럼에도 불구하고 이 지역의 특징이 강하게 드러나는 지방적 차원의 움직임을 보다 적극적으로 살펴보아야 한다는 문제의식에서 출발한다. 그렇지 않으면 이 지역의 중층적인 행위자들의 이해관계가 평면적으로 나열되는 데 그쳐 이들이 복합적으로 상호작용하고 중층적으로 영향을 주고받는 역동성이 제대로 드러나지 않을 가능성이 높기 때문이다. 무엇보다도 이 지역의 개발이 '생활세계'라는 측면에서 어떤 구체적인 변화를 야기하는지에 대해 제대로 알기 위해서는 '아래로부터'의 관점을 도입할 필요가 있다.

이 논문에서 다루고자 하는 것은 북한·중국·러시아의 중국측 접경도시 훈춘의 유동인구 정책과 외국인 정책이다. 여기서 유동인구는 훈춘으로 유입된 중국인을 가리키며, 외국인은 러시아

---

1 여기에 대해서는 (원동욱 외, 2013; 이금휘, 2014; 강태호 외, 2014)를 참조할 것.
2 여기에 대해서는 (이재영 외, 2006; 우평균, 2010; 한종만, 2014) 등을 참조할 것.

인, 한국인, 북한인 등을 가리킨다. 「두만강유역개발계획」이래로 훈춘은 북한·중국·러시아의 월경적 소지역의 잠재적인 핵심노드(node)로 주목을 받아왔다(Chen, 2005: 150-151). 그러나, 앞에서도 언급한 것처럼, 초국가적인 「두만강유역개발계획」이나 「광역두만강개발계획」이 구체적 성과없이 흐지부지된 이후 훈춘은 국제적인 공조에 의해서가 아니라 중국 중앙정부의 개발 프로젝트에 의해 발전이 진행되고 있다. 따라서 여러 국가가 합의한 월경적 소지역의 핵심노드로서 비교적 자유로운 인적·물적 교류가 이루어지는 장소라기보다는 중국의 핵심 이익을 반영하는 장소로서의 성격이 강해졌다고 할 수 있다. 물론, 중국이 훈춘을 발전시키려는 근거는 여전히 훈춘이 접경지역이어서 과거의 '장벽'을 '교량'으로 바꿀 수 있다는 그 사실이지만 말이다.

이 논문에서 훈춘의 유동인구 정책과 외국인 정책을 다루고자 하는 이유는, 중국 중앙정부 주도로 개발하는 접경지역 도시 훈춘의 어떤 보편적 성격과 특수한 성격이 여기에서 가장 잘 드러날 것이라는 기대감 때문이다. 한편으로 훈춘은 경제발전을 위한 국가급 특구로서 개방되어 있는 곳이다. 러시아, 북한, 한국, 일본 등 여러 지역 사람들의 이동을 촉진하고 유발하기 위해 다양한 정책적, 제도적 장치들이 고안되고 실현될 수밖에 없다. 뿐만 아니라, 훈춘은 현재 인구 25만 명의 도시에서 장래 100만 명의 대도시로 성장할 계획을 세우고 있는데, 이것을 위해서는 중국 내부에서의 인구이동도 필수적이다. 요컨대, 중국의 다른 지역으로도 열려 있고 외국으로도 열려 있는 '이중적 개방성'은 필수적인 것이다. 그러나 다른 한편으로, 훈춘은 여전히 '장벽'의 기능도 수행해야만 한다. '안보/치안의 논리'가 작동하지 않을 수 없는 것이다. 훈춘이 국제적인 공조가 아닌 중국 주도로 개발되고 있기 때문에 이것은 더욱 포기될 수 없는 특징이라고 할 수 있다. 따라서, 훈춘은 한편으로는 인구이동에 대해 이중적 개방성을 보여야 하지만, 다른 한편으로는 이들 인구에 대한 체계적인 '관리'도 이루어져야 하는 것이다. 이 지점에서 중국 및 외국에서 훈춘으로 이동한 인구에 대한 관리는, 과연 중국 내부의 '유동인구', 예를 들면 '농민공'의 대한 관리와 비교해서 동일한 원칙이 적용되는가 아니면 별도의 원칙이 적용되는가 하는 질문을 할 수 있다. 만약 여기에 대한 답을 찾는다면, 훈춘이 갖는 보편성과 특수성의 한 측면을 알 수 있게 될 것이다.[3]

II. 훈춘 개발계획의 진전과 인구변동의 추이

이 장에서는 훈춘이 북한·중국·러시아 접경지역의 중심도시로서 부상하는 배경이 되는 국내외 정치-경제적 과정과 이에 따른 인구변동의 추이를 살펴본다. 훈춘은 지린성의 도시이면서 동북삼성(東北三

---

[3] 이동(특구)과 경계(변경)의 관점에서 바라본 훈춘의 유동인구와 외국인 정책을 파악하기 위해 모두 3차례의 현지 조사를 실시하였다. 2014년 7월 16일-21일의 예비조사와 2015년 2월 6일-12일의 현지 조사와 8월 2일부터 10일까지의 현지 조사를 통해 공무원 및 관계자, 다양한 훈춘 거주 외국인 등과 인터뷰를 진행했고, 필요한 자료를 수집했다.

省)의 도시이지만, 동시에 북한·중국·러시아가 서로 마주보는 지역의 도시이기도 하다. 훈춘의 이러한 지정학적 지경학적 조건은 국내외 정치-경제적 과정과 만나서 훈춘에 인구가 유입되는 동력이 되는데, 이것은 동북삼성 전체의 인구감소와는 대조를 이룬다.

 훈춘은 1952년 성립된 옌볜조선족자치주(延邊朝鮮族自治州)에 편입되면서 훈춘현(琿春縣)이 되었다. 이후 1988년 국무원의 비준을 거쳐서 훈춘시(琿春市)가 될 때까지도 계속 '군사금구(軍事禁區)'로서 통행증이 있어야 출입이 허가되었지만, 1992년 국가급 개방도시(國家級開放城市)로서 지정되면서부터 대외개방이 이뤄졌다. 이보다 앞서 1991년에는 평양에서 유엔개발계획이 주최하는 두만강지역 개발회의가 개최되고 보고서가 채택되었다. 당시 두만강 개발계획은 나진(북한)-훈춘(중국)-포시에트(러시아)를 연결하는 지역에 대규모 공단을 조성하는 것이 핵심내용이었으나, 2005년 9월부터는 개발대상지역을 중국의 동북삼성, 북한의 나진과 선봉, 러시아의 연해주, 한국의 동해안, 몽골 동부지역으로 크게 확대하고 공동기금을 설립하기로 하는 「광역두만강개발계획」으로 개편되었다. 중국은 「광역두만강개발계획」을 중국 동북삼성(東北三省) 개발계획과 연동시키기 위해서, 2009년 8월 국무원이 「중국 두만강 지역 합작개발규획 강요: 창지투 개발개방 선도구(中國圖們江區域合作開發規劃綱要: 長吉圖開發開放先導區)」를 비준한다. 이 프로젝트는 중국 지린성 내의 창춘(長春)-지린(吉林)-두만강지역을 연결하여 국제적인 차원의 「광역두만강개발계획」의 중국 측 핵심 개발대상으로 하겠다는 것이고, 여기서 훈춘은 「창지투 개발개방 선도구」의 '창구'도시로 지정된다. 2012년 4월 중국 정부는 「중국 두만강 지역 (훈춘) 국제합작시범구」의 설립을 허가하고, 훈춘은 국무원으로부터 세금, 산업구조, 투자, 토지이용, 금융, 세관설치, 인재유치, 통관, 자금지원 등 다양한 부문에서 정책적 지원이 부여된다.

이상과 같이 훈춘은 1992년 대외개방이 이뤄진 후, 동북아 다자간 경제협력 사업인 「광역두만강개발계획」을 중국 국내 개발프로젝트와 연동시키려는 중국 정부의 결정으로 「창지투 개발개방 선도구」의 대표도시가 되었다. 중요한 것은 국제적 차원의 「창지투 개발개방 선도구」 개발계획은 동북삼성을 대상으로 하는 국내적 차원의 「동북진흥(東北振興)」 정책의 연장선에서 생각해야 한다는 점이다.

「동북진흥」이란, 사회주의 시기 내내 중국의 대표적인 중공업 위주 중대형 국유기업 밀집 지역이었던 동북삼성이 개혁기 시장화 개혁에 적응하지 못하고 기업경쟁력이 급격히 약화되어 기업도산과 노동자 해고가 잇따르고 동북지역 전체가 사회경제적 침체에 빠지는 '동북현상(東北現象)'을 극복하기 위해서, 2003년부터 중앙정부 차원에서 실시된 동북지역 진흥정책이다. 이 정책의 핵심목표는 '노후공업기지개조'로, 시장화 개혁에 적응하지 못한 국유기업을 개혁하여 경쟁력을 높이고 산업구조를 조정한다는 것이었다. 따라서 「창지투 개발개방 선도구」 개발계획은 동북지역 전체를 대상으로 하는 「동북진흥」 정책을 국제적인 경제협력인 「광역두만강개발계획」 속에서 실현시키기 위해서 중앙정부와 지린성정부가 내놓은 것이고, 훈춘은 지정학적·지경학적 조건으로 이러한 지역개발프로젝트의 핵심도시가

된 것이다.[4]

이상의 내용을 정리하면 다음과 같다. 첫째, 훈춘은 1992년 국가급 개방도시로 지정되면서 변경의 '군사금구'에서 벗어났다. 둘째, 중국·러시아·북한이 국경을 마주보는 지정학적 지경학적 우위가 훈춘 부상의 가장 기본적인 조건이 되었다. 셋째, 1990년대 초부터 시작되어 2000년대 중반 확대 개편된 「광역두만강개발계획」은 동북아 최초의 다자간 경제협력으로 훈춘이 부상할 수 있는 국제적 환경을 조성하였다. 넷째, 2000년대 초반 시작된 「동북진흥」 정책은 동북삼성의 노후공업기지개조를 핵심목표로 하는 지역개발프로젝트인데, 지린성에서는 「광역두만강개발계획」과 결합하여 「창지투 개발개방 선도구」 개발계획으로 나타났다.

이렇게 보면 국제적 차원(동북아)과 국내적 차원(동북삼성)에서의 정치-경제적 과정이 훈춘의 지정학적 지경학적 조건과 맞물려서 '변경'이자 '특구'인 훈춘의 부상을 낳았다고 할 수 있다. 이 때문에 훈춘의 유동인구와 외국인 정책은 이러한 국제적 국내적 정치-경제적 과정과 결합한 훈춘의 지정학적 지경학적 조건 속에서 사고해야 한다.

무엇보다 중요한 것은 개혁기 훈춘은 지속적으로 인구가 증가했

---

[4] 훈춘에 적용되는 국가급 정책에는 「동북진흥」 정책, 「창지투 개발개방 선도구」 개발계획 이외에, 중국의 「서부대개발」 계획 및 「일대일로」 정책도 포함된다. 「서부대개발」 계획은 동부연안에 비해 상대적으로 개발이 더딘 중국의 서부지역 개발을 위해 추진한 것인데, 이 계획이 중국 동쪽 끝인 훈춘에도 적용된다. 또한, 최근의 가장 큰 이슈인 「일대일로」 정책도 훈춘을 포함하고 있다. 이렇게 보면 훈춘은 중국 중앙정부가 추진하는 4개의 큰 개발계획 모두에 포함되어 있는 핵심 지역이라고 할 수 있다.

다는 점이다. 이 점은 같은 시기 동북지역 전체의 인구가 지속적으로 감소하고 있는 상황과 비교할 때 주목할 만한 하다.

동북지역은 1950년대 건국 초기에 그 이전 만주국 시기부터 이어져 내려오는 중공업 위주 기업들이 밀집해 있었던 곳으로, 당시 중국 전역에서 상하이 주변 지역과 더불어 가장 발달된 공업기업과 소속 노동자들이 거주하는 곳이었다. 특히 사회주의 공업화 시기인 제1차 5년 계획(1953-57) 기간 소련이 중국에 자금, 기술, 전문가까지 모두 원조한 대형 개발프로젝트인 '156개 중점건설항목'의 1/3 이상이 이 지역에 집중되었다. 중국 정부도 기존의 공업인프라를 갖춘 이 지역에 우선적인 투자와 지원을 시행하기 위해서 전국에서 '선진적' 노동자들을 모집하여 이 지역에 집중 배치하였다. 또한 상대적으로 인구가 적은 이 지역에 농민을 이주시켜서 대대적인 개간을 진행하기도 했다. 공업과 농업 부문에서의 이러한 '계획이주'의 결과, 1950년대 동북지역은 인구 '순유입(純流入)'지역이 되었다. 이후 1980년대 직전까지 인구증가 속도는 줄어들었지만, 동북지역은 여전히 유출인구보다는 유입인구가 많았다.

개혁기인 1980년대에 들어서면 동북지역의 인구증가 추세는 정체된다. 정체의 가장 큰 원인은, 중국이 개혁개방 당시 자금과 기술이 부족한 상황에서 화교자본을 유치하기에 유리하고, 동시에 만약 실험이 실패했을 경우 체제에 미치는 악영향이 상대적으로 적은, 광둥성, 푸젠성, 하이난다오(海南島) 등의 동남연해지역에서 먼저 시장경제를 도입을 했기 때문이다. 따라서 동남연해지역을 중심으로 시장경제에 적응한 기업들은 경쟁력을 갖추기 시작하는 반면, 계획경제의 경로의존성이 강한 동북지역은 개혁개방이 시작되자 기존에 가지고 있던 전통적인 우위를 상실하면서 이 지역에 집중된 중공업 위주 국유기업들은 시장경제에 적응하지 못하게 된다. 특히 1990년대 들어서 중국 전역에서 국유기업 개혁이 본격화되자 동북지역에도 도산하는 기업이 발생했고, 소속 노동자들은 해고되기 시작한다. 이러한 동북지역 국유기업 개혁의 정점은 바로 2003년부터 실시된 중앙정부 차원의 동북 노후공업기지 개조 정책인「동북진흥」정책이었다. 이 정책을 계기로 동북지역의 국유기업 개혁은 가속화되어, 상당수의 국유기업이 산업구조 조정과 소유권 개혁을 통해서 사유화되거나, 주식제 국유기업이 된다.

이상과 같이 1990년대부터 시작된 국유기업 개혁으로 인한 기업도산과 노동자 해고로 동북지역은 전체적으로 유입인구보다 유출인구가 더 많은 인구 '순유출(純流出)'지역이 된다. 동북지역 성별로 보면 랴오닝성(遼寧省)은 유입인구가 유출인구보다 많고, 지린성(吉林省)과 헤이룽장(黑龍江省)은 유출인구가 유입인구보다 더 많다. 이것은 랴오닝성이 동북지역 전체 산업과 인구에서 절대적인 비중을 차지하기 때문이다.

도시화율 측면에서 보면, 동북지역의 도시화율(城鎭化率)은 1990년 47.4%, 2000년 52.1%, 2013년 59.4%에 달했다. 이에 대해 전국 평균 도시화율은 1990년 26.4%, 2000년 36.2%, 2013년

53.7%였다.[5] 이러한 통계수치가 의미하는 것은 다음과 같다. 첫째, 동북지역은 개혁기 이전 사회주의 시기부터 중공업 위주 중대형 국유기업이 도시에 밀집해 있었고 이러한 국유기업을 중심으로 하는 제조업이 산업구조에서 차지하는 비중이 높았기 때문에, 1990년부터 이미 도시화율이 50%에 육박했다. 둘째, 시장화 개혁이 심화되는 1990년대 들어서면 이 지역 국유기업들은 차츰 경쟁력을 잃게 되고 동북지역 농민공들도 이 지역 도시로는 진입하는 것이 아니라 다른 지역으로 이주하게 된다. 셋째, 그 결과 도시화율 증가속도도 완만해지는데, 동북지역을 제외한 다른 지역은 도시화율이 급증하게 된다. 따라서 1990년 이후 동북지역의 도시화 진전은 '공업화 없는 도시화'라고 할 수 있다.

한편 훈춘시의 상주인구(常住人口) 변화를 보면, 기존 현(縣)에서 시(市)로 승격한 1988년 17만 명, 국무원이 국가급 개방도시로 비준한 1992년 18만7천 명이었다(琿春市地方志編纂委員會編, 2005: 127). 2000년에는 21만 명, 2015년 25만 명에 달했다.[6] 훈춘시의 이러한 지속적인 인구증가는 동북삼성과 관내(關內) 지역으로부터 인구가 지속적으로 유입되고 있기 때문인데, 1992년 '군사금구(軍事禁區)'에서 개방도시가 된 이후, 2009년 창지투(長吉圖) 개발개방의 '창구'도시로 지정되고 이후 「중국 두만강 지역 (훈춘) 국제합작시범구」가 설치되는 등 일련의 정치-경제적 과정들이 바로

---

5 (中國統計年鑑 1990), (中國統計年鑑 2000), (中國統計年鑑 2013)
6 http://www.ybnews.cn/news/local/201501/231213.html (검색일: 2016. 05. 05).

인구증가의 직접적인 원인이다. 따라서 동북지역 전체의 인구순유출과 '공업화 없는 도시화'와 대조를 이루는 훈춘의 지속적인 인구증가는 이러한 지역개발프로젝트들의 결과라고 할 수 있다.

III. 훈춘의 유동인구 정책

이 장에서는 개혁기 훈춘의 유동인구 정책을 분석한다. 앞서 2장에서 보았듯이 훈춘은 오랫동안 변경의 군사도시로 변경지구 주민증과 통행증에 의해서 출입이 제한되는 폐쇄지역이었다가, 국무원에 의해서 1992년 국가급 대외개방도시로 지정되면서 통행이 자유로워졌고, 특히 2009년 '창지투 개발개방 선도구'의 창구도시로 지정된 이후 유동인구가 급증했다. 최대도시인 선양을 제외하고는 유입인구보다는 유출인구가 더 많은 동북지역에서 돋보이는 훈춘의 인구증가는 무엇보다도 이 도시가 그 지정학-지경학적 우세를 이유로 여러 가지 형태의 '특구'로서 지정되고 이러한 특구에서 생산 활동에 종사할 노동력이 필요한 것이 가장 큰 이유라고 할 수 있다.

현재 중국에서는 일반적으로 고급인력(인재)과 일반 노동력을 구분하고 있다. 이런 구분은 사회주의 계획체제에서 간부-노동자(工人) 구분 등을 통해 역사적으로 형성되었지만, 오늘날 도시 노동시장에도 상당 부분 반영되고 있다. "일반적으로 중국에서 고급노동력은 '인재' 또는 '인재자원'이라고 불리고 있으며, 그것은 사회경제활동에서 지식과 기술 및 업무 능력을 갖추고 있어서 생산 경영과 작업에 성과나 공헌이 있는 사람을 지칭한다."(김영진, 2002: 65) 기본적으로 이 인재 개념은 정태적이지 않고, 중국 각 지역의 사정에 따라 유동적이지만, 인재시장과 노동력시장을 엄격하게 구분하면서, 전자의 개방 정도를 계속 높여나가고 있는 경향이 있다. 여기서 '개방'이라는 것은 기본적으로 그 지역의 호구를 갖고 있지 않는 다른 지역의 호구를 갖고 있는 출신의 인재(소위 '외지 인재')를 받아들인다는 의미이다. 중국은 지난 2000년대 이후 인재시장에서 호구를 포함한 제도적인 장벽들을 제거하는 추세인 것이다(김영진, 2002: 82-83).

이 구분에 따르면, 훈춘으로 유입되는 유동인구의 경우에도 '노동력'과 '인재'로 그 범주를 구분할 수 있다. 그런데, 훈춘에서는 이 노동력과 인재 범주에 외국인들이 포함되는 것이 특징이다. 물론 중국의 다른 지역에도 이런 구분에 외국인이 포함되겠지만, 훈춘의 경우, 의식적으로 '외지 인재' 이외에 '외국인 인재'의 유입에 신경을 특히 많이 쓸 수밖에 없다는 점을 주목해야 한다.

이 장에서는 우선 훈춘의 유동인구 정책에 대해서 살펴볼 것이다. 우선 개혁기 중국 유동인구 정책의 일반적인 변화를 살펴보고, 이를 기반으로 현재 훈춘의 유동인구 정책을 특징을 살펴볼 것이다. 또한 상하이와 훈춘의 유동인구 정책과의 비교를 통해서, '경제수도/국제도시'와 '특구/변경도시'가 각각 유동인구에 대해서 어떠한 태도와 입장을 취하고 있는지를 드러내고자 한다. 상하이와 훈춘은 도시의 규모나 위상이란 측면에서 큰 차이를 가지고 있지만, 유동인구 정책과 외국인 정책에서 좋은 대조를 이루고 있기 때문이다.

1. 개혁기 중국의 유동인구 정책

건국 초기 가용한 모든 자원을 도시 중공업 국유기업 부문에 우선적으로 투자하는 성장전략을 실현하기 위해서, 중국에게 도시와 농촌을 엄격히 분리하여 상호 간의 이동을 차단하는 도농이원체제(城鄕二元體制)는 필수적이었고, 이로 인해서 사회주의 시기 농촌호구(農村戶口) 소지자는 원칙적으로 도시로 이주할 수 없었다. 1978년 개혁개방을 선언한 이후 1980년대 후반부터 호구제도(戶口制度)가 차츰 이완되었고, 1990년대 도시지역의 개혁이 본격화되자 농민들은 대량으로 도시로 이주하기 시작한다.[7] 개혁기에 등장한 농민의 대규모 도시이주와 함께 비로소 유동인구(流動人口)라는 개념이 생겨나고 관련 정책도 생겨나기 시작했다.

관련 연구에 따르면, 개혁기 유동인구 정책은 3단계를 거치면

---

[7] 이렇게 도시로 이주한 농민들을 가리키는 용어는 농민공(農民工)과 유동인구(流動人口)가 있는데, 농민공이 농민의 신분(=농촌호구)으로서 농촌을 떠나서 도시로 이주하여 노동자(=공인; 工人)의 일을 하는 존재라는 의미에서 신분과 노동의 성질에 초점을 맞춘 용어라고 한다면, 유동인구는 호적지(戶籍地)를 벗어나서 다른 지역에서 노동과 생활을 하는 인구라는 용어로 원칙적으로는 종사하고 있는 신분과 노동의 성질과 관련이 없기 때문에 도시호구 소지자로서 다른 도시에서 살고 있는 인구까지 포함한다. 하지만 현실적으로 유동인구의 압도적 다수는 농민공이므로, 유동인구는 곧 농민공이라고 봐도 무방하다. 2013년 통계로 유동인구 중 도시호구 소지자, 즉 비(非)농촌호구 소지자의 비율은 13%에 불과했다. 즉 유동인구 전체의 87%가 농민공인 것이다. (國家人口和計劃生育委員會流動人口司 編, 2014) 참조.

서 각각 다음과 같은 특징을 가졌다.[8] 첫째, 1984~89년 시기로 정부는 유동인구에 대해 비교적 개방정책을 취했다. 개혁기 초기에는 기존 사회주의 시기의 도농분리 정책을 고수하고 유동인구에 대한 '대비(對備)'라는 시각이 여전히 존재했으나, 1983년 1월 호별영농제(戶別營農制) 개혁으로 농민은 생산에 대한 자주권을 보유하게 되어 기존에 농업에 결박되어있던 대규모 잉여노동력이 '해방'되었다. 이와 함께 주로 도시와 농촌의 중간지대에 설립된 향진기업(鄕鎭企業)에 의한 농촌공업화가 진행되어 잉여노동력을 상당부분 흡수했고, 이 과정에서 농촌을 벗어나는 유동인구가 점차 발생하기 시작했다. 또한 아직 본격적인 국유기업 개혁을 시작하지 않은 도시에도 이러한 농촌 잉여노동력이 행상, 건축업, 서비스업 등에 종사하기 위해서 소규모 진입하고 있었고, 이러한 농민의 유동에 대해서 중앙정부와 지방정부는 법규신설을 통해서 개방적인 태도를 취하고 있었다.

둘째, 1989~2000년 시기로 정부는 유동인구에 대해서 엄격한 통제정책을 취했다. 1989년 설날 직전 전국의 기차역과 버스터미널에는 고향으로 돌아가려는 농민공들이 대규모로 몰려들었고 이때 이러한 대규모 농민공들의 도시이동을 가리키는 '민공조(民工潮)'라는 용어도 생겨났다. 이 시기 정부의 기본방침은 농민의 도시이동에 대해서 "맹목적 유동금지"였으나, 1992년 덩샤오핑(鄧小平)의 남순강화(南巡講話)로 사회주의 시장경제를 선언한 정

---

8 이하의 내용은 (尹德挺·黃匡時, 2008)을 정리한 것이다.

부는 이전과 달리 "거시적인 조절과 관리"로 정책을 바꿨다. 이러한 변화는 무엇보다도 1990년대 본격화된 도시지역 국유기업 개혁으로 기존 노동자의 대규모 실업이 발생했고 이를 대신할 저렴한 농민공 노동력이 필요했던 것이 가장 큰 이유였다. 하지만 이 시기는 국유기업 노동자의 상당수가 여전히 자리를 지키고 있거나 노동계약에 기초한 임금노동자로 신분을 바꿔서 재직 중이었고, 기존 중국사회를 조직하던 단위체제(單位體制)도 상당부분 온존되어 있었기 때문에, 도시정부 입장에서는 무차별적으로 농민공의 도시진입을 허용할 수는 없었고, 잠주증(暫住證)과 같은 임시거류허가증 제도를 통해서 도시로 진입하는 농민공을 제한하는 조치를 취했다. 또한 농민공은 농촌호구 소지자이기 때문에 도시호구 소지자에게만 제공되는 교육, 의료, 보험, 주택 등으로부터 배제되었다.

셋째, 2000년 이후 지금까지의 시기로, 정부는 유동인구를 포용하기 위한 융합정책을 실시했다. 이때는 농민의 대도시 이주를 억제하기 위해서 중소도시로 이주하는 농민들에 대해서는 해당지역 도시호구를 부여하는 정책을 펼쳤을 뿐 아니라, 기존에 도시호구 소지자들만이 누리던 교육, 의료, 보험 등의 혜택에 대해서도 농민들에게 일정부분 개방하고, 특히 인권유린으로 문제시되던 '수용송환제도'를 폐지하는 등, 농민공을 적극 포용하는 융합정책이 시행되었다. 이것은 무엇보다도 이 시기가 개혁기 성장방식의 문제점이 지역격차, 계층격차, 도농격차로 표출되어, 대규모 시위와 파업 등의 사회적 불안정이 증가하고 있었기 때문에 정부로서는 사회적 약자인 농민공의 도시유동에 대해서도 이전과는 달리 적극적으로 수용하려는 태도를 취하지 않을 수 없었던 것이다.[9]

2. 훈춘의 유동인구 정책: '특구'와 '변경'의 변증법

이상과 같은 개혁기 중국의 유동인구 정책의 변화는 전국적인 범위에서 일정한 보편성을 가지고 시행되었지만, 동시에 지방정부가 일정하게 독자적인 유동인구 정책을 시행하는 경향도 생겨났다. 이것은 1994년 중앙과 지방에게 각각 귀속되는 조세수입원을 다시 조정하는 분세제(分稅制) 도입 이후 재정수입 확보를 위해서 지방정부가 자신의 경제정책 시행에 있어서 이전보다 큰 자율성을 갖게 되고, 이에 따라 경제와 긴밀한 관련이 있는 유동인구에 대한 정책도 일정하게 자율적으로 실행할 수 있게 되었기 때문이다.

러시아 및 북한과의 변경지역으로 오랫동안 군대가 관리하는 제한구역으로 편입되었다가 1992년에야 비로소 국가급 개방도시로 지정되어 통행의 제한이 사라진 훈춘의 유동인구 정책은 이러한 전국적인 범위의 보편성을 가지고 있지만, 동시에 이 지역의 특수성도 가지고 있다.

이러한 특수성은 두 가지 측면에서 설명할 수 있다. 첫째, 훈춘

---

9 중국국가통계국에 따르면, 농민공 숫자는 2010년 이미 2억4천만명, 2014년에는 2억7천만명을 돌파했다. http://www.gov.cn/xinwen/2015-04/29/content_2854930.htm (검색일: 2016. 02. 05).

은 태평양으로 바로 나갈 수 있는 항구가 없는 동북지역에서 "항구를 빌려서 바다로 나갈(借港出海)"수 있는 지경학적 조건으로 인해서, 비교적 짧은 시간 내에 개방과 경제발전을 위한 도시로 지정되어 중앙정부와 지린성에서 제공하는 토지, 투자, 세금 측면에서의 다양한 혜택을 누렸기 때문에, 유동인구 정책의 일정부분은 이 지역의 경제적 발전을 위해 인구유입을 촉진하는 방향으로 구성되었다는 점이다. 간단히 말해서 유동인구 정책이 '경제/발전의 논리'에 기초해있다는 것이다. 둘째, 훈춘은 과거와 같은 군사통제지역은 아니지만 러시아 및 북한과 국경을 맞대고 있는 변경도시이고, 동북아 지정학의 긴장관계가 직접적으로 표출되는 지역이기 때문에 변경지역 출입경(出入境)을 전담하는 공안국(公安局)이 유동인구를 상시적으로 관리하고 있는 '안보/치안의 논리'가 지배하고 있는 지역이기도 하다.

이렇게 '경제/발전의 논리'와 '안보/치안의 논리'가 공존하고 충돌하는 훈춘지역의 특수성은 유동인구 정책에서 다음과 같이 나타난다. 우선 2013년 5월7일 훈춘시 공안국은 「두만강구역(훈춘)국제합작시범구(圖們江區域(琿春)國際合作示範區)」관련 문건에 따라서, 유동인구를 신속히 흡수하고 도시경제발전을 도모하기 위해서 호적(戶籍)관리와 관련해서 다음과 같이 몇 가지 중대한 조치를 내린다.[10] 첫째, 훈춘 시내 5개 가도(街道)에서 도시화를 촉진하기 위해서 이 지역에 있는 모든 인구를 비농업호구(非農業戶口)로 '일원화(一元化)'하여 등록 관리하고, 이후 이 5개 가도로 이주하는 모든 인구에게도 비농업호

---

10 http://gat.jl.gov.cn/jwzx/gddt/201305/t20130507_1454830.html (검색일: 2016. 02. 05).

구를 부여한다.[11] 둘째, 도시 경제발전에 필요한 인력에게 호구를 부여하는, '특별인재 호구취득(特別人才落戶)'은 해당 인력을 고용한 단위가 훈춘시 관련부문에 연락하면, 담당자가 직접 찾아가서 정착하는데 필요한 수속을 처리해준다. 셋째, '주택구매 호구취득(購房落戶)'으로, 훈춘시에서 구매, 증여, 승계 등의 방식을 통해서 합법적 주택 소유권 증서를 취득한 주민은 그 주택의 면적과 거주기한 등과 상관없이 해당 지역 파출소의 조사를 거쳐서 해당 주택에 1년 이상 거주한 것이 확인되면, 주택소재지에 호구를 취득할 수 있다. 넷째, '학력 호구취득'으로, 전문대학이나 실업계 고교의 졸업 이상의 학력을 보유한 인구도 졸업증, 신분증, 호구이주증(戶口遷移證)만 있으면 훈춘 호구를 취득할 수 있다.[12]

이것은 변경도시 훈춘이 각종 명목의 '특구'로 지정되면서 중앙정부와 지방정부 차원의 전폭적인 혜택을 받은 상황에서 빈약한 인력자원의 한계를 극복하기 위해서 취한 정책으로, 공안국 스스로 밝히고 있듯이 「두만강구역(훈춘)국제합작시범구」의 정신을 구체화하기 위해 모범을 보이는 조치이며, 경제/발전의 논리에 기초해있다.

한편, 2013년 7월 18일 훈춘시 공안국은 징허가도(靖和街道)의

---

[11] 비농업호구란 농업호구와 상대되는 개념으로 도시호구를 가리킨다.
[12] 2014년 7월 24일 국무원은 「호적제도개혁의 진일보 추진에 관한 국무원 의견(國務院關於進一步推進戶籍制度改革的意見)」을 발표하여, 도시와 농촌의 주민을 모두 주민호구(居民戶口)로 통합하고 주민증(居住證) 제도를 전면적으로 실행하며, 도시 인구규모에 따라서 도시를 나누고 도시별로 정한 항목을 충족시키는 정도를 점수로 환산하고 그것에 따라 주민호구를 취득할 수 있는 "점수적립제 주민호구 취득제도"를 실시한다. 이로써 비농업호구와 농업호구의 구별은 사라지게 된다. 다음을 참고할 것. http://www.gov.cn/zhengce/content/2014-07/30/content_8944.htm (검색일: 2016. 02. 05).

파출소에 관내 유동인구에 대한 관리를 강화하고, '유동인구의 범죄'를 예방, 통제, 타격할 것을 요구한다.[13] 구체적인 내용을 보면, 첫째, 주민가정, 임대주택, 기업 등을 직접 방문하여 유동인구의 등록과 증명서 처리 상황을 직접 확인하고, 특히 임대주택의 등록과 「임대주택 치안책임서(出租房屋治安責任書)」 서명 작업을 독촉하여, 유동인구와 임대주택의 상황을 확실하게 파악할 것을 강조하고 있다. 또한 기초 신상정보와 인터넷 사용 등록정보를 수집하고 종합하여 데이터의 정확성을 높이고, 유동인구와 임대주택 임대인에게 준법행위와 방범의식 제고를 위한 선전교육을 강화하도록 요구한다. 둘째, '고위험군 인물'에 대한 관리와 통제 강화이다. 가가호호 방문을 통해서 수집한 정보를 기초로, 범죄전과 인물, 낮에는 집에 있다가 야간에 활동하는 인물, 정규적인 직업이 없는 인물, 인간관계가 복잡한 인물, 범죄율이 높은 지역 출신 인물 등을 고위험군으로 분류하고 관리와 통제를 실시한다. 임대주택, 영세여관, PC방, 공사현장, 오락장소 등 '더럽고 불결한' 부위를 부정기적으로 단속하여 범죄자들을 타격하며, 경찰들이 일상적으로 이러한 장소들에서 정보를 수집하고 의심스런 인물들을 탐문할 것을 특히 강조한다. 셋째, 유동인구 단속에는 반드시 서비스가 따라가도록 해서, 취업, 거주, 교육, 의료 등의 측면에서 경찰들이 앞장서서 서비스를 제공하고, 무엇보다도 범죄를 예방하기 위해서 관련 법률지식들을 적극적으로 보급할 것을 요구한다.

---

13 http://www.jlzf.org/changan/f/p/detail_info_20000989.html (검색일: 2016. 02. 05).

이것은 앞서 '특구'정신에 입각하여 '고학력 고소득 인재'의 이주를 적극 유도하기 위해서 다소 파격적이라고 할 정도의 호구정책의 실시를 요구하면서 이러한 조치를 선진적인 호구제도의 모범지역으로 묘사하던 것과는 정반대의 정책이라고 할 수 있다. 즉 훈춘시 공안국이 징허가도 파출소에 요구하는 정책은, 유동인구를 기본적으로 '고위험군 잠재적 범죄집단'으로 설정하고 '예방, 단속, 색출, 타격'의 관점에서 감시 통제해야 할 대상으로 보고 있다. 이러한 정책은 러시아 및 북한과 국경을 맞대고 있는 '변경도시'로서 훈춘이 앞서 지적한 '안보/치안의 논리'에서 유동인구를 인식하고 있는 것이다.

이렇게 보면 훈춘에서 유동인구는 '고학력 고소득 인재'이면서 동시에 '고위험 잠재적 범죄집단'이라는 두 가지 상충되는 표상을 가지는데, 유동인구 정책을 보다 포괄적인 '신형도시화(新型城鎭化)'의 핵심 내용인 농민공의 도시화와 '위계적 시민권'의 맥락에서 분석해보자.

신형도시화는 개혁기 진행된 기존의 도시화가 베이징, 상하이, 광저우, 선전 등과 같은 대도시로의 인구집중과 환경오염 및 농민공의 차별과 같은 사회경제적 문제점을 낳았다는 인식에서 출발하여, 기존의 도시화와는 다른 새로운 형태의 도시화를 추진하겠다는 것이다. 신형도시화의 핵심내용은 '인간의 도시화(人的城鎭化)', 즉 '농민공의 시민화'를 의미하는 것으로, 농촌호구와 도시호구를 엄격히 구분하여 도시로 이주한 농민공이 차별에 노출되는 기존과는 달리, 농민공도 도시에서 도시민과 동일한 권리를 누릴 수 있도록 만든다는 것이다. 그렇다고 농민공에게 자신이 원하는 도시에 무차별적으로 거주할 수 있는 권리를 부여하는 것은 아니고, 도시를 인구규모에 따라 분류한 후 해당 도시에서 설정한 지표들, 예를 들어 학력, 기술, 사회보험료 납부기간, 주택보유, 중점산업 종사 등을 점수화해서, 이 지표에 따라서 농민공을 점수화해서 해당 도시 주민호구 신청자격을 부여하는 방식이다.[14] 이것을 「점수적립제 도시 거민호구 취득(積分落戶)」 제도라고 하는데 현재 광둥성(廣東省)은 성 전체를 대상으로 시행 중이며, 베이징, 상하이, 충칭 등지에서도 일부지역을 대상으로 실험 중이다.[15] 문제는, 이렇게 될 경우, 도시들 사이에, 그리고 도시들의 시민권 사이에도 위계가 생겨나고, 학력, 기술, 주택보유 등등과 같은 '능력(merit)'에 따라 해당 도시에 이주하여 시민이 될 수 있는 권리가 주어지게 될 것이라는 점이다.

훈춘의 유동인구 정책은, 이러한 '능력'을 갖춘 유동인구에 대해서는 '경제/발전의 논리'에 기초하여 '고학력 고소득 인재'로서 표상하며, '능력'을 갖추지 못한 유동인구에 대해서는 '안보/치안의 논리'에 기초하여 '고위험 잠재적 범죄집단'으로 표상하고 있는데, 이것은 앞서 지적한 '특구'와 '변경'이라는 훈춘의 이중적 성격에 기인한 것

---

14 보다 자세한 내용은 앞서 언급한 「호적제도개혁의 진일보 추진에 관한 국무원 의견」과 2014년 3월 16일 국무원이 발표한 「국가신형도시화규획(國家新型城鎭化規劃) 2014-2020」을 참고.
15 이 방식에 따르면, 베이징, 상하이, 광저우, 선전과 같은 이른바 "1선도시(一線城市)"가 요구하는 거주증 취득 점수기준은 당연히 허페이(合肥), 난닝(南寧)과 같은 "2선도시(二線城市)"나 안산(鞍山), 바오딩(保定) 같은 "3선도시(三線城市)"가 요구하는 점수기준보다 훨씬 높다. 이러한 분류는 대체로 상주인구에 따른 분류와 일치하는데, 「국가신형도시화규획 2014-2020」은 도시를 "초대성시(超大城市: 1천만 이상)-특대성시(特大城市: 5백만 이상)-대성시(大城市: 1백만 이상)-중등성시(中等城市: 50만 이상)-소성진(小城鎭: 10만 이상)"으로 분류한다.

이다.[16]

　훈춘의 이러한 유동인구 정책은 상하이의 유동인구 정책과 좋은 대조를 이룬다. 우선 유동인구 비중부터 보자. 상하이는 2015년 현재 전체 상주인구 2,415.27만 명 중 1,433.62만 명으로, 유동인구가 40.64%에 달한다. 이에 비해 훈춘은 전체 인구 25만 명 중 유동인구는 3만7천명으로 14.8%에 달했다.[17] 상하이가 상주인구와 유동인구의 절대수량과 유동인구의 비중 모두 훈춘과는 비교할 수 없을 정도로 크다. 다음으로 유동인구 정책을 보면 가장 먼저 눈에 띄는 것이 바로 상하이가 2020년 상주인구를 2천5백만 명으로 제한하는 것을 목표로 하고 있으며, 「점수적립제 거주증」(2013년) 제도를 실시하여 유동인구의 상하이 거민호구 취득을 제한해왔다는 점이다. 최근 상하이에서 도입되고 있는 「점수적립제 거주증」은 학력, 기술, 취업, 자산, 주택 등을 포함한 여러 가지 항목으로 구성된 '점수적립 지표'에 따라서 신청자격을 점수화해서 부여하는 거주중이다. 이 거주증을 획득한 이후 다시 7년 이상의 시간과 조건을 갖춰야 비로소 다시 상하이 거민호구를 취득할 수 있다.[18]

---

16 물론 '능력'에 기초하여 인재와 잠재적 범죄집단으로 이주민(=유동인구)을 양분하여 표상하는 것은 중국 내부의 다른 지역이나 다른 나라에서도 종종 볼 수 있는 현상이지만, 훈춘은 이러한 양분화된 표상의 발생원인이 바로 '특구'와 '변경'이라는 이중적 성격 때문이라는 점에서 구분된다. 예를 들어 「점수적립제 도시 거민호구 취득」 제도 실험이 한창 진행 중인 베이징은 국제대도시를 미래 도시위상으로 내세우면서 인재유치에 적극이면서, 동시에 '수도'라는 특수성 때문에 치안/안보의 문제가 중시되지만, 변경도 특구도 아니다.
17 http://www.baike.com/wiki/%E7%8F%B2%E6%98%A5%E5%B8%82 (검색일: 2016. 05. 01).
18 거주증과 거민호구의 차이는 매우 크다. 거주증 소지자의 경우, 상하이의 주택을 구매할 수 없으며, 소지자 부모는 사회보험에 가입할 수 없다.

이렇게 상하이는 가능한 유동인구의 도시거민호구 취득을 제한하고 점수로 환산된 최소한의 '인재'만 수용하려 하기 때문에, 도시호구 취득 이전의 「잠주증」과 「거주증」이라는 '완충지대'를 설정하고 점수로 표상되는 '능력'을 갖춘 유동인구를 위계화시켜서 수용하는 정책을 취했던 것이다.[19] 따라서 앞서 분석한 훈춘의 '인재'수용정책과 유사한 측면은 존재하지만, 훈춘과 같은 '고위험 잠재적 위험집단'에 대한 경계는 잘 드러나지 않는다. 다시 말해서 상하이가 '초대도시'로서 가능한 거민호구 소지자 숫자를 제한하는 것이 목표이지만, '경제수도/국제도시'로서 적정수준의 '인재'들을 「잠주증」과 「거주증」의 형태로 수용할 필요는 있기 때문에, '안보/치안의 논리'가 약화되고 대신에 능력에 따른 위계화를 통해 유동인구를 관리하는 것이다.

다음 장에서는 훈춘의 외국인 정책에 대해서 살펴보자. 외국인은 중화인민공화국 국적 소지자가 아니기 때문에 유동인구 범주에 포함되지는 않지만, 외국인들도 '인재'와 '노동자(勞動者; 務工人員; 勞務人員)'로 나뉘어 표상되는 것은 동일하다. '경제수도/국제도시'로서 상하이가 지닌 '선진적인' 외국인 정책과 '특구/변경'으로서 훈춘의 외국인 정책을 비교하도록 한다.

---

19 2015년 2월 15일을 기해 호구제도 개혁의 일환으로 잠주증 제도는 공식 폐지되었다.

IV. 훈춘의 외국인 정책

1. 훈춘 거주 외국인의 범주 구분

앞에서 언급한 것처럼, 훈춘의 경우, 인재시장에서 '외지 인재'와 더불어 '외국인 인재'를 끌어들이는 데 많은 관심을 갖고 있다.[20] 이 장의 2절에서 상세히 살펴 볼 '훈춘국제인재교류센터'의 설립 및 활동이 그 근거 중 하나이다. 현재 훈춘에 거주하는 외국인은 기본적으로 인재냐 일반 노동력이냐, 아니면 그 둘 모두에 해당하지 않느냐 하는 것을 기준으로 분류가능하다. 그리고 이 분류는 현재 대체로 외국인의 국적과 긴밀한 관계를 갖는 것처럼 드러나고 있다.

훈춘의 가장 특징적인 외국인 범주로서 들 수 있는 것은 인재도 아니고 일반 노동력도 아닌 '이주민'이다. 이들 중 대다수는 러시아의 연해주에서 훈춘으로 건너 온 러시아사람들이다. 2014년 1년 동안 훈춘세관을 통해 출입국한 러시아사람은 12만 명 정도인데, 이들 중 대다수는 짧게 왔다 돌아가는 관광객들이나 '보따리상인'이지만, 훈춘에 장단기 체류하는 러시아 이주민들도 꽤 된다. 이들은 러시아와 중국 물가의 상대적 격차 때문에 러시아에서 받은 연금으로 훈춘에서 살아갈 수 있고, 치안도 훈춘이 러시

---

[20] 외지 인재와 외국인 인재에게 동일한 정책을 실시하느냐 하는 문제 및 외지 노동력과 외국인 노동력에게 동일한 정책을 실시하느냐 하는 문제는 훈춘이라는 도시의 인구관리정책을 파악할 때 핵심적인 지점일 수 있다.

아와 비교가 안 되게 좋으며, 기후면에서도 온화하기 때문에 훈춘에 정착했다고 한다.[21] 이들은 훈춘에서 주택을 구입해서 살고 있으며, 몇몇 거점을 기반으로 소규모 공동체를 형성하고 있다. 훈춘에서는 3개월 이상 체류하고 있는 외국인을 '상주외국인'으로 분류하는데, 이들은 약 1,300명 정도로 파악되고 있다. 이들 중 상당수가 러시아 이주민들일 것으로 추정되고 있다.[22]

러시아 이주민들 이외의 이주민들은 조선족과 결혼한 한국인, 조선족이었지만 한국으로 건너가서 한국국적을 취득한 후 다시 훈춘에서 살아가는 사람, 조선족과 결혼한 러시아인, 중국에서 태어났지만 북한국적을 갖고 있는 사람 등인데, 이들의 수는 많지 않지만 우리가 방문한 훈춘의 '가도판사처'관리가 이들의 존재에 대해 알려 주었다. 특히 북한국적자들에게는 한달에 500위안의 생활비를 중국정부에서 지원한다고 한다.[23]

1,300명의 상주외국인 중 이주민을 제외한 나머지 사람들이 '외국인 인재'라고 할 수 있다. 《외국인중국취업관리규정》제9조에 의하면, 중국 정부가 직접 투자해 초빙한 외국인 전문 기술인원 또는 국가기관과 채용기관에 의한 투자나 국가와 국제권위적인 기술관리 부문 혹은 업종협회에서 명확히 인정받은 고급 기술이 있는 자 혹은 특수기능 자격증을 가진 외국인과 외국인 전문

---

21 훈춘에 정착한 러시아인(고려인) 장선생과의 2015.08.05. 인터뷰에 의함.
22 훈춘에 1년 동안 출입국한 러시아인 수 및 상주외국인 수는 커우한첸(寇含謙) 훈춘국제인재교류중심 주임과의 2015.08.04. 인터뷰를 통해 파악했다.
23 훈춘 어느 가도판사처 관리와의 2015.08.05. 인터뷰에 의함. 가도판사처는 우리나라의 동사무소와 같은 중국의 기초행정조직이다.

관리인은 외국전문가관리국에서 발급한 '외국인전문가증'을 취득해야 한다(노재철, 2014: 237). 일반적으로 중국에서 외국인이 취업하는 분야를 4부류로 나눌 수 있다. A: 국가경제건설중점 프로젝트 관련 첨단과학 기술자 및 관리인; B: 외국계 투자자; C: 외자기업, 내자기업에 재직 중인 중·고급 기술자, 관리인; D: 고용회사에서 채용하는 일반근무자(노재철, 2014). 이 중 훈춘과 관련해서 생각해보면, A와 B, C까지가 대략적으로 '인재'의 범주에 속한다고 할 수 있으며, D는 '노동력'의 범주에 속한다.

훈춘 거주 한국인들은 대략 100-200여 명 정도로 추정되는데, 3분의 2 정도는 조선족과 결혼한 이주민이며, 나머지 3분의 1이 A와 B의 부류에 속한다.[24] 그런데, B의 부류, 즉 외국계 투자자의 경우는 단순하지가 않다. 실제로는 '선교'를 목적으로 들어와 있는데, 비자를 받기 위해서 커피숍이나 빵가게를 한다든지 하는 식으로 투자자처럼 꾸며서 들어오는 경우도 많기 때문이다.[25]

지금 훈춘 당국이 가장 신경을 쓰는 한국인은 당연 포스코현대물류센터로 대표되는 A 부류의 사람들이다. 그런데, 이들은 조

---

24 강군한(토우유한회사 총경리), 김문곤(포스코현대물류센터 본부장), 이승덕(포스코현대물류센터 부장)과의 2015.08.04. 인터뷰에 의함.
25 훈춘에서는 이런 사례를 직접 보지 못했지만, 연길에서는 실제로 이런 목적으로 커피숍을 운영하는 가족과 인터뷰를 진행하기도 했다(연길 어느 커피숍 사장과의 2015.08.03. 인터뷰). 이들은 비자를 갱신하는 것이 최대의 목적인데, 최근에는 비자갱신과 관련한 정책에서 까다로워지고 있음을 느낀다고 했다. 가령, 과거에는 자본금 1억만 넘으면 한 명의 당사자(선교사)와 가족이 들어올 수 있는데, 지금은 2억으로 바뀌었으며 당사자에게만 비자를 주지 가족에게 비자를 주지는 않는 식으로 말이다.

선족을 매개로 의사소통이 비교적 가능하기 때문에 훈춘국제인재교류센터에서 러시아인 인재와 비교하면 상대적으로 신경을 덜 쓰는 존재인 것 같다. 훈춘국제인재교류센터에는 러시아인이 직원으로 채용되어 있으며, 러시아인 인재를 유치하기 위한 다양한 프로그램을 진행하고 있다. 조선족 혹은 한국인 직원은 2015년 8월까지 채용되어 있지 않았고, 채용계획도 없었다.

인재가 아닌 노동력으로 분류되는 훈춘의 외국인은 역시 북한노동자라고 할 수 있다. 약간의 러시아 노동자도 있지만, 2,000명이 넘는 북한 노동자가 대부분이다.[26] 이들에 대한 관리는 별도로 이루어지는데, 아직까지 여기에 대한 정보는 별로 없다.[27]

이주민, 노동력, 인재도 아닌 외국인 범주도 훈춘에 존재한다. 이들은 국경도시 훈춘의 잠재적 '안보위협자'로서 분류가능하다. 누구나 존재한다고 인정하지만 구체적인 양상을 그리기가 가

---

[26] 커우한첸(寇含谦) 훈춘국제인재교류중심 주임과의 2015.08.04. 인터뷰에 의함.
[27] 다만, 연길에서 연변제2중학교 국제부 교직원과의 인터뷰를 했을 때(연변제2중학교 국제부 교직원과의 2015.08.03. 인터뷰), 이 학교 2015년 신입생 중에서 북한국적의 학생이 1명 있다는 사실을 알았다. 그 학생의 부모가 '여기' 경제합작구에서 북한과 합작한 IT업계에서 일한다고 했다. 따라서 북한의 '인재'도 훈춘에서 일하고 있을 가능성도 높다. 그러나, 이들이 다른 외국인 인재와 동일한 대우를 받는 것인지 차이가 있는 것인지에 대해서는 향후 조금더 탐색을 해 보아야 할 것 같다. 이 교직원은 다른 대우를 받는다고 생각하는 것 같았다. 다른 외국인학생의 부모들은 '전문가증'을 첨부해서 입시에서 5점을 우대받는데, 북한학생들은 전문가증 대신 '파견서'만 가지고 와서 이런 우대를 못 받는다는 것이다. 한편, 북한 학생의 부모가 일하고 있는 '여기'가 연길인지 훈춘인지 혹은 다른 지역인지는 확실하지 않다. 훈춘의 외국인 인재들 중 가족은 연길에서 생활하고 본인만 훈춘에서 생활하는 '주말부부'가 꽤 있기 때문이다. 아무래도 아직까지는 교육 등 생활기반시설에서 연길과 훈춘의 차이가 있다. 그러나 향후 훈춘이 계획대로 인구 100만의 대도시가 되면 어떤 변화가 생길지 모른다. 2015년 8월 현지조사 당시에 길림대학의 훈춘분교 조성작업이 한창 진행 중이었다. 이 분교가 문을 열어 학생들이 다니게 되면 당장 큰 변화가 생길 것이다.

장 어려운 사람들은 '탈북자'들이다. 그리고 이들을 보호하거나 이들을 대상으로 선교를 하고자 하는, 투자자로 변장한 선교사 등이다. 이들의 존재/비존재는 '교량'이자 '장벽'인 훈춘의 또다른 면모를 보여준다고 할 수 있다. 또 다른 존재는, 자신들의 입으로는 'IT업계'에 종사한다고 말하지만, 보이스피싱을 하는 한국인 '범죄자'들이다.[28] 그들은 중국의 가장 '끝'에서 숨어지내고 있다는 느낌으로 살아가고 있을 것이다.

어느 날이든지 훈춘에는 대략 5,000명의 외국인이 존재하고 있다고 할 수 있다. 이들은 1,300명의 상주외국인(이주민 + 인재)[29]과 2,000여 명의 외국인 노동력, 그리고 1,700여 명의 관광객 및 보이지 않는 존재들로 구성되어 있다. 각각의 범주들에 대한 '관리정책'은 각각 다르다. 우선 이주민과 인재들은 「훈춘시 외국인 관리조례」나 '훈춘국제인재교류복무센터' 등의 조직과 제도를 통해 관리되고 있으나, 북한노동자 중심의 노동자는 공안국 등 별도의 조직과 제도를 통해 관리되고 있다.

2. 훈춘의 외국인 정책: '인재'와 '노동자'

훈춘의 외국인 정책 중 가장 특징적인 조직은 「훈춘국제인재교류복무센터(琿春國際人才交流服務中心: 이하, 센터)」이다. 이 조직

---

[28] 강군한(토우유한회사 총경리), 김문곤(포스코현대물류센터 본부장), 이승덕(포스코현대물류센터 부장)과의 2015.08.04. 인터뷰에서 이들의 존재를 알게 되었다.
[29] 이주민과 인재를 합쳐서 이 논문에서는 '외국인 인재'로 표상할 것이다.

은 '외국인 인재'를 전면적으로 관리하기 위해 만들어진 조직으로서 훈춘에서의 외국인 인재 관리에서 공안 등 다른 조직보다 우위에 있는 것으로 그 영향력이 매우 크다고 할 수 있다.[30] 홈페이지에 따르면, 「센터」는 2013년 11월12일 설립되었는데, 훈춘시정부와 시당위원회가 함께 지도하고, 여러 업무부문이 공동으로 참여하는 구조이다. 훈춘시당위원회는 '외래인구복무관리영도소조(外來人口服務管理領導小組)'를 설치하고, 이 소조가 주도하여 당위원회와 정부의 여러 업무부문들을 결합하여 정식으로 출범한 것이 「센터」이다. 또한 유동인구 정책과 달리 외국인 정책은 주로 '경제/발전의 논리'에 기초해있으며, 앞서 살펴 본 '안보/치안의 논리'는 별로 영향력을 미치지 못하는 것으로 보인다. 즉 외국인 정책에 있어서 훈춘은 '변경'이라기보다는 '특구'인 것이다. 이하에서는 「센터」의 주임(主任)이자 공산당 서기(書記)인 커우한첸(寇含謙)과 진행한 인터뷰 및 「센터」의 홈페이지 내용을 토대로 훈춘의 외국인 정책을 분석하도록 한다.[31]

① 외국인 정책집행의 거버넌스: '삼위일체'와 '사구를 통한 관리(社區化管理)'의 의미

훈춘의 외국인 관리의 특징은 「센터」, 파출소, 사구(社區)[32]가 삼

---

30 http://www.hunchungj.gov.cn/ (검색일: 2016. 02. 05).
31 커우한첸과의 인터뷰는 2015년 8월 「센터」에서 진행되었고, 인터뷰어는 박배균, 박철현, 김민환이다.
32 사구는 우리나라의 동이나 리에 해당하는 최말단 행정단위로서 이를 관리하는 것이 가도판사처이다.

위일체가 되어 외국인에 대한 서비스를 제공하는데, 여기서 「센터」가 주도적 역할을 한다는 점이다. 3장에서 분석한 유동인구 관리와 비교해 볼 때, 공안부문의 역할이 상대적으로 감소하고 「센터」의 역할이 주도적인 것이다. 「센터」의 업무는 서비스 제공, 네트워킹, 선전이다. 서비스와 관련해서는 20여개 시정부 업무부문이 외국인에게 좀 더 효율적으로 서비스를 제공할 수 있도록 조정하고 감독하는 역할을 한다. 다시 말해서, 「센터」는 외국인과 시정부의 해당분야 업무부문 사이에서 외국인에게 필요한 서비스가 보다 효율적으로 제공될 수 있게 하는 '조정자'역할을 하는 것이다.

훈춘에서 「센터」가 외국인 정책의 집행주체가 되어 공안부문과 사구를 리드하는 구조는, "국제사구(國際社區)" 개념을 제시하고 외국인 주민들의 비율이 높은 독자적인 사구를 만들어서 사구를 통해서 외국인을 관리하려는 상하이 지역과는 대조를 이룬다. 물론 훈춘에서도 사구화를 통한 관리의 필요성이 제기되고 있지만, 그것은 주로 외국인이 훈춘에서 필요로 하는 다양한 서비스를 사구에서 제공하여 생활하는 데 불편함이 없게 하겠다는 의미 정도이다.[33] 따라서 훈춘의 사구를 통한 관리는, 외국인들

---

33 http://news.cpd.com.cn/n19016/n47141/c22510275/content.html (검색일: 2016. 02. 05). 훈춘의 외국인 정책 비교 대상으로 상하이를 선택한 것은, 훈춘과 상하이는 상주인구규모, 도시위상, 경제력, 외국인 숫자 등에서 커다란 차이가 존재함에도 불구하고, 외국인에 대한 '사구화 관리(社區化管理)'라는 개념이 존재한다는 점에서 공통점이 있기 때문이다. 상하이는 이미 2010년 시정부 차원에서 국제사구 개념이 제기되고 실행된 것에 비해서, 상하이처럼 외국인이 많은 수도 베이징만 해도 한국인이 밀집된 왕징(望京)을 중심으로 2012년 무렵에야 국제사구 개념이 막 국제사구 개념이 논의되고 있는 상황이었다. 왕징 국제사구와 관련해서는 정종호, 2013, 「왕징모델: 베이징 왕징 코리아타운의 형성과 분화」『중국학연구』, 제65집을 참조할 것.

이 사구의 관리를 받지 못함으로써 지방정부와 공안부문의 개입이 어려워지고, 사구관리에서도 사각지대가 발생하여 국가안전과 사회질서에 일정한 위험요소가 될 가능성을 전제하고, 그 때문에 외국인에 대한 사구를 통한 관리의 필요성을 제기하는 상하이 국제사구와는 다르다.[34] 훈춘은 외국인이 특히 사업과 투자 및 주택구매 등의 목적으로 훈춘에 올 경우, 이런 목적과 관련된 여러 수속과 절차를 「센터」가 주도적으로 공안부문 및 사구와 연계하여 효율적으로 처리될 수 있게 하는 역할을 하는 것이고, 외국인에 대한 사구화 관리는 생활상의 편의를 제공하기 위한 것일 뿐, 상하이 국제사구 개념처럼 기층 행정권력이 주민위원회를 통해서 외국인에 대한 적극적인 관리를 행사하는 것은 아니다.

요컨대 「센터」가 주도하는 사구를 통한 관리라는 외국인 정책집행의 거버넌스는 '안보/치안의 논리'가 상대적으로 약화되고, '경제/발전의 논리'가 대두되는 훈춘의 현실을 반영한 것으로 파악할 수 있다.[35] 다시 말해서, 훈춘은 변경이기 때문에 외국인에 대한 '안보/치안의 논리'가 작동할 가능성이 상존하는 것은 사실이지만, 아직까지는 외국인 숫자가 많지 않고 국적의 종류도 러시

---

34 상하이 국제사구의 경우, 외국인을 사구의 주민위원회(居民委員會)가 적극적으로 관리해야 할 대상으로 여기는 경향이 강하다. 외국인 밀집된 지역인 푸동 루자주이(陸家嘴) 런헝빈장화원(仁恒濱江花園)의 경우 상하이 국제사구 시범지역으로 선정되고, 해당지역 기층 행정권력인 가도판사처(街道辦事處)가 개입하여 당지부와 주민위원회 건설하고, 외국인을 주민위원회 위원으로 선출하기까지 했다. 구체적인 내용은 (王曉虎, 2011)을 참조할 것.
35 커우 주임도 밝히고 있듯이, 훈춘은 예전에는 공안부문이 외국인을 관리했지만, 현재는 사구가 관리하고 있는데, 이것은 외국인 정책이 상하이 국제사구처럼 중국인과 외국인 사이에 발생할 수 있는 분쟁의 해결에 초점을 맞추고 있는 것이 아니라는 점을 확인시켜준다.

아, 한국 정도로 단순하며 가능한 더 많은 외국인을 수용하여 '국제도시'로 성장하겠다는 것이 우선적인 목표이기 때문에, '안보/치안의 논리'는 일상적으로 작동한다기 보다는 동북아 국제관계의 긴장이 이 지역에 영향을 미칠 때 한시적으로 작동하고, 일상적으로는 '경제/발전의 논리'가 지배한다고 볼 수 있다는 것이다.

이에 대해 상하이는 외국인 숫자가 훈춘보다 압도적으로 많고 국적도 매우 다양하며 국적별로 집거(集居)하는 경향이 강하기 때문에, 상하이시정부 입장에서는 어떻게든 '관리'가 필요한 상황이다. 따라서 상하이 국제사구의 경우, 기본적으로는 '안보/치안의 논리'에 기초한 관리가 핵심적인 것이라고 볼 수 있다.

또한, 상하이의 경우 외국인에 대한 각종 서비스를 제공하는 기구가 기업형태를 취하고 있지만,「센터」는 훈춘시정부 소속기관이라는 점에서 차이가 난다. 실제로 상하이에서 다양한 외국인들의 출입경 관련 서비스를 제공하는 "상하이시 외사 복무중심(上海市外事服務中心)"은 상하이 시정부 외사판공실 소속단위이지만, 기업법인의 형태를 취하고 있다.[36] 「센터」의 커우 주임은 이러한 차이에 대해서, 상하이의 해당 부문은 '기업'이기 때문에 영리를 추구하지만, 「센터」는 훈춘시 전체의 발전을 우선적으로 고려하고 있으며 필요한 경비도 모두 시정부가 부담하는 '정부기관'이라는 점을 강조한다. 그런데 기업형태가 아니라 정부기관이라고 해서 「센터」가 추구하는 목적이 근본적으로 상하이의 해당 부문과 차

---

36 http://www.sfasc.com.cn/(검색일: 2016. 02. 05).

이가 있는 것은 아니다. 이러한 점은「센터」의 성립 계기가 헤이룽장성(黑龍江省) 수이펀허(綏芬河)나 만저우리(滿洲里)와의 경쟁 때문이었다는 커우 주임의 발언에 의해서도 증명된다. 훈춘, 수이펀허, 만저우리 모두 중국과 러시아의 변경도시라는 이점을 살려서 경제발전을 추구하려는 목적을 가진 것은 동일하다. 이러한 비슷한 이점을 가진 도시들끼리의 경쟁에서 승리하기 위해서 훈춘 시정부에서 선도적으로「센터」를 설립했는데, 다른 두 도시들에는 이러한 기관이 없다는 것이 커우 주임의 주장이다.

훈춘의 경우 이렇게 외국인 정책집행의 주체가 기업형태가 아니고 정부 기관이지만 경제적 발전을 추구한다는 점은 상하이와 동일한데, 중국의 도시정부가 이렇게 기업가처럼 경제적 발전에 우선적인 정책의 중점을 두는 '기업가주의(entrepreneurialism)' 성격을 띠게 된 것은, 앞서 언급했듯이 1994년 분세제(分稅制) 실시로 이전과 달리 중앙정부가 지방정부보다 더 많은 조세수입을 확보하게 되자, 지방정부는 특히 토지와 같은 자원과 각종 인허가권을 동원하여 경제적 발전을 도모하고 이를 통해 조세수입을 증대하려는 강력한 동인을 가지게 된 것이 가장 큰 계기이다.

따라서 커우 주임이 주장하는 상하이와의 차별성과는 달리 정부기관이라고 해도「센터」가 기업가주의 도시정부가 '경제/발전의 논리'에 기초해서 설립했기 때문에,「센터」의 활동영역에 '안보/치안의 논리'가 최소화되는 것은 당연하다고 하겠다.

② '격자화 관리'의 의미 변화: 국제인재와 노동자

훈춘에서 외국인들에 대한 사구화 관리와 관련해서 주목할 사실은 외국인에 대한 '격자화 관리(網格化管理)'가 다른 지역과는 차별적인 맥락에서 강조되고 있다는 사실이다.[37] '격자화 관리'는 2013년 11월15일 발표된「중국공산당 제18차 중앙위원회 제3차 전체회의 전면개혁심화의 약간의 중대문제에 관한 결정(十八屆三中全會關於全面深化改革若干重大問題的決定)」에서 최초로 제기된 사회관리(社會管理) 실천방안들 중 하나이다. 핵심내용은 주로 유동인구 비중이 높은 푸동이나 광동 같은 지역에서 사구관할구역을 '격자'로 나누고 스마트 도시의 정보통신기술을 이용해서 사회관리의 위험요소를 사전에 탐지하여 제거하는 동시에 주민에게 필요한 서비스도 제공하는 것이다. 물론 여기서 강조점은 '위험요소의 탐지와 제거'에 있고, 따라서 '안보/치안의 논리'에 기초해 있는 것이다.

그런데 훈춘에서 외국인에 대한 '격자화 관리'는 외국인이 사구에서 살아가는 데 필수적인 상수도, 전기, 난방, 공과금 등등의 문제들에서 불편을 느끼지 않도록 서비스를 제공하는 의미만 부각되고, '위험요소의 탐지와 제거'라는 본래의 목적은 약화될 뿐 아니라, 외국인은 주로 '인재'로 표상된다. '위험요소의 탐지와 제거'를 목적으로 하는 격자화 관리의 대상은 불법행위자에게로만 한정되고 여기서 외국인은 '특정'되지 않는다.

훈춘의 외국인들이 '인재'로 간주된다는 점은「센터」의 설립과 서

---

37 http://jl.people.com.cn/n/2015/0304/c349771-24062838.html (검색일: 2016. 02. 05).

비스 내용 자체에서도 드러난다. 「센터」는 자신의 홈페이지에 특히 "러시아 등 외국인들"에게 서비스를 제공하기 위해서 설립되었다고 밝히고 있으며, 홈페이지의 언어도 중국어와 러시아어 두 가지로 되어있다. 커우 주임도 인터뷰에서 훈춘은 옌볜조선족자치주에게 속해 있기 때문에, 한국인과 북한인은 언어문제가 없지만, 러시아인은 언어와 문화가 완전히 달라서 도움이 필요하다는 점을 강조하고 있다. 따라서 「센터」가 서비스를 제공하는 외국인은 곧 러시아인이며, '인재'는 곧 러시아인과 등치된다. 하지만 현지에 포스코현대물류센터가 설립되면서 한국의 투자가 증가하고 주재하는 한국인의 숫자도 늘어가고 있다는 사실을 「센터」도 인식하고 있으며, 이에 따라 "올해(2015년)의 서비스 중점 대상은 한국인"이라고 커우 주임은 말했다. 이로써 인재의 범위에 한국인도 포함되었다는 점을 확인할 수 있다.

그런데, 이 외국인 인재의 범주에서 명시적으로 혹은 암묵적으로 배제되는 존재들이 있다. 훈춘에는 북한 노동자들이 한국, 중국 및 기타 기업에 고용되어 생산활동에 종사한다. 중요한 것은 커우 주임은 인터뷰에서 이들 북한 노동자를 「센터」가 서비스를 제공할 대상이 아닌 것으로 보고 있다는 것이다. 「센터」의 홈페이지에 나와 있는 서비스 범위도 생활, 법률, 비자, 교통, 의료, 교육, 주택 등으로, 외화벌이를 위해서 단체로 파견되었을 북한 노동자를 대상으로 상정하고 있지 않다. 북한 노동자는 인재가 아니라 노동자, 근로인원(務工人員), 노무인원(勞務人員)으로 표상되는 것이다. 커우 주임은 더욱 명시적으로 훈춘에 "상주외국인은 1천3백 명이 좀 넘는데, 여기에 합작구 기업 쪽에서 일하는 인력을 합치면 5천 명 정도 된다. 조선에서

와서 일하는 인력이 꽤 많다. 근데 내가 좀 전에 말한 1천3백 명은 기업 쪽 사람을 포함하지 않는다"라고 하면서, 북한 노동자는 「센터」의 관리대상이 아니라는 점을 밝히고 있다. 그렇다면 북한 노동자를 관리하는 주체는 출입경 부문을 포함하는 공안부문과 '인력자원과 사회보장국(人力資源和社會保障局)'이 된다. 이렇게 북한 노동자는 러시아인 및 한국인 등과 비교했을 때, 관리 및 서비스를 제공하는 훈춘 측 주체도 다르고, 표상되는 바도 다르다. 그들은 노동자인 것이다. 북한 노동자와 3장에서 분석한 중화인민공화국민인 유동인구와의 차이는, 유동인구는 '능력'의 유무에 따라서 '고학력 고소득 인재'와 '고위험 잠재적 범죄집단'로 구별되면서 각각 '경제/발전의 논리'와 '안보/치안의 논리'에 기초하여 특구와 변경도시의 공간정체성이 투영되는 데 비해서, 북한 노동자는 '인재의 표상은 거의 존재하지 않지만 그렇다고 '고위험 잠재적 범죄집단'도 존재하지 않는다는 점이다. 즉 북한 노동자는 중화인민공화국 국적 소지자가 아닌 외국인이지만 인재가 아니고, '능력'없는 노동자의 표상을 가지고 있지만 '고위험 잠재적 범죄집단'이 아닌 집단으로 존재하고 있다는 사실이다.

V. 결론

지금까지 북한·중국·러시아 접경의 중국측 도시 훈춘에서 실시되는 유동인구 정책과 외국인 정책의 특징을, '경제수도/국제도시' 상하이와 비교를 통해 살펴 보았다.

훈춘의 경우, 유동인구는 한편으로는 '고학력 고소득 인재'로서 표상되기도 하고, 다른 한편으로는 '고위험 잠재적 범죄집단'으로 표상되기도 한다. 모순되는 두 특성이 동시에 표상되는 것은 '특구'와 '변경'이라는 훈춘의 이중적 성격에서 기인한 것이다. 어쩌면 이것은 훈춘만의 특징이 아니라 대부분의 중국도시 모두에 해당하는 진술처럼 보이지만, 상하이의 경우를 살펴 보면 반드시 그렇지 않다는 점을 알 수 있다. 상하이의 경우, 유동인구를 '고위험 잠재적 범죄집단'으로 표상하는 경향이 많지 않다. 그것은 상하이가 '초대형도시'로서, 가능한 거민호구 소지자 숫자를 제한하는 것이 목표이지만, '경제수도/국제도시'로서 적정수준의 '인재'들을 「잠주증」과 「거주증」이라는 형태로 수용할 필요가 있어서, '안보/치안의 논리'보다는 능력에 따른 위계화를 통해 유동인구를 관리하고 있기 때문이다. 요컨대, 훈춘은 유동인구 정책에서 상대적으로 '안보/치안'의 논리가 '경제/발전'의 논리보다 강조되고 있는 셈이다.

반면, 외국인 정책에서 훈춘은, 상하이와 비교했을 때, 훨씬 '경제/발전'의 논리가 우선적이었다. 「센터」가 주도하는 사구를 통한 관리라는 외국인 정책집행의 거버넌스가 이점을 잘 보여준다. 훈춘은 변경이기 때문에 외국인에 대한 '안보/치안의 논리'가 작동할 가능성이 상존하는 것은 사실이지만, 아직까지는 외국인 숫자가 많지 않고 국적의 종류도 러시아, 한국 정도로 단순하며 가능한 더 많은 외국인을 수용하여 '국제도시'로 성장하겠다는 것이 우선적인 목표이기 때문에, '안보/치안의 논리'는 일상적으로 작동한다기보다는 동북아 국제관계의 긴장이 이 지역에 영향을 미칠 때 한시적으로 작동하고, 일상적으로는 '경제/발전의 논리'가 지배한다고 볼 수 있다. 상하이의 경우, 외국인 숫자가 훈춘보다 압도적으로 많고 국적도 매우 다양하며 국적별로 집거(集居)하는 경향이 강하기 때문에, 상하이시정부 입장에서는 어떻게든 '관리'가 필요한 상황이다. 상하이 국제사구는 기본적으로는 '안보/치안의 논리'에 기초한 관리가 핵심적인 것인 셈이다.

물론, 훈춘에서 앞으로도 이런 경향들이 지속할 지는 확신할 수 없다. 그것은 훈춘의 변화가 진행 중이라는 사실 자체 때문이며, 무엇보다 이 지역이 주변국들의 정치적 변화에 직접적으로 영향을 받기 때문이다. 우리는 대략 6개월 정도의 간격을 두고 훈춘을 3차례 방문했는데, 그 기간 동안의 변화가 너무나 커서 방문할 때마다 당황하는 상황이 반복되었다. 특히 2016년 초의 남북관계의 경색 및 이에 따른 변화는 이 글에서 다루지 못했다. 여기에 따른 훈춘 내 북한노동자의 상황 변화 및 한국인 기업가들의 상황 변화를 검토하여 반영하지 못한 것은 이 글의 한계라고 할 수 있다.

이 지역은 중국이 계속 의지를 갖고 투자를 지속하는 곳이고 국제적으로도 많은 주목을 받는 곳이기 때문에 앞으로 엄청난 변화가 있을 것이다. 그 변화는 그 속에서 살아가는 사람들의 구체적인 삶에 지속적으로 영향을 미칠 것이다. 특히, 중국정부의 계획대로라면 훈춘은 인구 100만의 대도시가 될 텐데, 그러면, 당장 옌볜조선족자치주의 주도인 옌지(延吉)보다 인구가 더 많게 된다. 이때 과연 훈춘은 조선족자치주에 남아 있을 수 있을 것인가? 2015년 10월에 훈춘은 옌지(延吉)와 같은 급의 도시가 되었다. 이것이 함의하는 바는 무엇일까? 이것은 분명 이 지역의 조선족자치주의 위상에도 변화를 갖고 오겠지만,[38] 중국전체의 소수민족 정책과 관련된 실험으로 추측할 수도 있다. 요컨대, 훈춘은 중국중앙정부의 실험과 지방의 대응이 함께 진행되어 무엇인가 핵심적인 변화가 일어나는 실험장으로서 주목할 가치가 있는 곳이다.[39] 물론 이 글에서는 중국중앙정부의 실험에 대해 지린성과 연변자치주, 훈춘시의 삼각구도 속에서 지방정부(성정부, 주정부, 시정부)의 대응을 유기적으로 검토하지 못한 한계가 있다. 그렇지만, 지속적으로 높아지는 훈춘의 위상과 강화되는 권한을 고려했을 때, 훈춘 자체의 시도는 그 자체로 주목할 충분한 의의가 있다고 생각한다. 이 글은 비록 이런 변화에 대한 '중간보고'의 성격을 가질 수 밖에 없지만, 이 지역에 대해서 향후 지속적인 관찰과 연구가 필요하다고 환기하고 있는 셈이다.

---

38 여기에 대해서는 이 책의 제3장을 참조할 것.
39 2015년 10월 31일 『연합뉴스』는 <<中 지린성, 연변 훈춘시에 행정권한 대폭 넘겨... 개방 촉진한다>>라는 기사에서 중국 길림망(吉林網)을 인용하여 지린성 당위원회 개혁심화지도위원회가 '훈춘의 개방발전 가속을 지지할 의견'을 채택하고 대외에 공표한 내용을 소개했다. "성이 가진 훈춘에 대한 경제 및 부분적 사회관리 권한 256가지를 이양"하는 것이 그 내용의 핵심이었다. 이런 것들은 향후 지속적으로 관심을 갖고 지켜보아야 할 지점이다.

참고문헌

강태호·강재홍·이창주·송인걸·손원제·최현준·이성우·박성준. 2014.『북방 루트 리포트』파주: 돌베개.
김민환. 2014. "경계의 섬과 포격전의 기억: 단절과 이동의 변증법과 대만 金門島의 냉전과 탈냉전."『사회와 역사』104, 45-76.
김영진. 2002.『중국의 도시 노동시장과 사회: 상해시를 예로』파주: 한울아카데미.
노재철. 2014. "중국의 불법체류 외국인근로자에 대한 법적 규제에 관한 비교법적 연구."『한국콘텐츠학회논문지』14(9), 236-246.
신범식. 2013. "북·중·러 접경지대를 둘러싼 초국경소지역 개발협력과 동북아시아 지역정치."『국제정치논총』53(3), 427-463.
신범식·박상연. 2016. "북·중·러 접경지대 소지역협력 연구의 질적 변화의 모색: 미시적 사례 중심의 중층적 연구방법 적용 가능성 검토."『서울대 아시아연구소 초국경 프로그램 북·중·러 연구팀 워크숍 자료집』서울. 2월.
우평균. 2010. "러시아 극동개발 프로그램과 한·중·일의 정책: 현황 및 한국의 방향성."『슬라브학보』25(4), 223-255.
원동욱·강승호·이홍규·김창도. 2013.『중국의 동북지역 개발과 신북방 경제협력의 여건』대외경제정책연구원.
이금휘. 2014.『북한과 중국의 경제지정학적 관계와 경협 활성화』서울: 선인.
이재영·이철원·신현준. 2006.『러시아의 동부 지역 개발 전략과 한국의 참여 확대 방안』대외경제정책연구원.
이요한. 2014. "메콩 수자원 개발이익과 비용 주체의 쟁점과 갈등."『동남아시아연구』24(4), 195-238.
정종호. 2013. "왕징모델: 베이징 왕징 코리아타운의 형성과 분화."『중국학연구』65, 433-460.
한종만. 2014. "러시아 극동·바이칼지역 사회경제 발전 프로그램과 한·러 경제협력의 시사점."『러시아연구』24, 407-444.
허명철. 2016. "'창지'전략실시와 연변의 대응."『서울대 아시아연구소 초국경 프로그램 북·중·러 연구팀 워크숍 자료집』서울. 2월.
王曉虎. 2011.『浦東新區外籍人口集聚與國際社區建設.』復旦大學碩士學位論文.
國家人口和計劃生育委員會流動人口司 編. 2014.『中國流動人口發展報告 2013』中國人口出版社.
尹德挺·黃匡時. 2008. "改革開放30年我國流動人口政策變遷與展望."『新疆社會科學』2008年 第5期, 106-110.
琿春市地方志編纂委員會編. 2005.『琿春市志 1988-2005』吉林: 吉林人民出版社.
Bauer, John W.. 2009. "Unlocking Russian Interests on the Korean Peninsula." *Parameters* 39(2), 52-62.

Chen, Xiangming. 2005. *As Borders Bend: Transnational Spaces on the Pacific Rim*. Lanham·Boulder·New York·Toronto·Oxford: Rowman & Littlefield Publishers.

Rozman, Gilbert. (ed.). 2010. *Chinese Strategic Thought toward Asia*. London: Palgrave Macmillan.

中央政府门户网站. 2015. "统计局发布2014年全国农民工监测调查报告." http://www.gov.cn/xinwen/2015-04/29/content_2854930.htm

吉林省公安厅. 2013. "珲春市公安局出台户籍管理服务"示范区"措施." http://gat.jl.gov.cn/jwzx/gddt/201305/t20130507_1454830.html

国务院. 2014. "国务院关于进一步推进户籍制度改革的意见." http://www.gov.cn/zhengce/content/2014-07/30/content_8944.htm

http://www.hunchunji.gov.cn/

汉英德. 2014. "珲春：外国人口全部纳入社区管理." http://news.cpd.com.cn/n19016/n47141/c22510275/content.html

http://www.sfasc.com.cn/

珲春示范区网. 2015. "珲春市推进平安建设 创新社会管理体制." http://jl.people.com.cn/n/2015/0304/c349771-24062838.html

"中지린성, 연변 훈춘시에 행정권한 대폭 넘겨…개방 촉진한다." 2015. 『연합뉴스』 2015년 10월 31일. http://www.yonhapnews.co.kr/bulletin/2015/10/31/0200000000AKR20151031024000097.HTML?input=1195m

저자 소개

김민환 Kim, Min Hwan

소　　속	한신대학교 평화교양대학 교수
학　　력	서울대학교 사회학박사
주요 논저	"일본 전후(역)사학과 『오키나와현사』 편찬의 역설: '국민사'에서 '탈국민사'로"(2017), 『냉전 속 열전, 열전 속 냉전』(2017), 『냉전의 섬 금문도의 재탄생』(2016), 『양안에서 통일과 평화를 생각하다』(2016) 등.
이 메 일	ursaminor72@gmail.com

박철현 Park, Chulhyun

소　　속	국민대학교 중국인문사회연구소 HK연구교수, 서울대 아시아연구소 아시아도시사회센터 공동연구원
학　　력	중국런민대학(中國人民大學) 사회학 박사
주요 논저	『도시로 읽는 현대중국 (1권, 2권)』(2017), 『특구: 국가의 영토성과 동아시아의 예외공간』(2017), 『다롄연구: 초국적 이동과 지배, 교류의 유산을 찾아서』(2016), "사회주의 시기 중국 동북 지역의 국가와 기업: 대련기차차량창의 전형단위제를 중심으로"(2015) 등.
이 메 일	chparke@hanmail.net

6장
중국 조선족 해외이주의 흐름과 특징
이화 연변대학교

I. 들어가는 말

1980년대부터 현재까지 중국 조선족은 전례 없는 해외이주의 시대를 경험해오고 있다. 재한 조선족 80만 명[1], 재일 5-6만 명(권향숙, 2012: 13-14; 진종호. 2019), 재미 6-7만 명(심영옥, 2013), 재러시아 3-5만 명(길신, 2006), 그 외 유럽, 중동, 대양주 심지어 아프리카에 이르기까지 세계 수십 개 국가와 지역에 닿아있는 해외이동의 발자취는 조

---

[1] 한국 법무부의 통계에 의하면 2019년 4월 현재 한국에 합법적으로 체류 중인 조선족은 713,914명이다(출입국·외국인정책본부 「통계월보」, 2019년 4월호). 여기에 한국 정부가 그 구체적인 숫자를 파악하지 못하고 있는 불법체류자 및 이미 한국 국적을 취득한 13만여 명(김용필, 「기술연수제만이 해법이라면」, 『중국동포타운신문』, 2011년 2월 17일)을 합하면 80만 명을 넘는 조선족이 한국에 체류하는 것으로 예상된다.

선족 총인구 183만 여 명² 중 절반 이상의 개인과 거의 모든 가족이 이주를 직간접적으로 실천하고 있음을 말해준다. 아울러 조선족의 이러한 대규모 해외이주는 글로벌화에 동반한 세계적 규모의 인구이동현상과 적절하게 맞물림으로써 이주 동기와 요인, 이주국가에서의 적응과 법적 지위, 정체성과 디아스포라, 출신국가에 미치는 영향 등 시대적 조류에 편승할만한 다양한 연구주제들을 제공하였으며 더불어 충분히 가치가 있는 연구 성과들을 다수 배출해냈다.

그러나 한편으로 아쉬운 점은 기존 연구들의 대부분이 상술한 특정 주제 및 특정 지역으로의 이주에만 초점을 맞추어 진행되어 왔다는 것이며 반대로 조선족 해외이주의 전체적인 흐름과 그 특징에 대해서는 배경자료 정도의 간략한 언급에 그쳐왔다는 것이다. 이는 어떻게 보면 이미 30년 세월을 훌쩍 넘은 조선족의 해외이주 자체에 대한 체계적인 정리와 연구가 아직 이루어지지 못했음을 의미하는 것이며 동시에 조선족사회의 변화에 미처 발걸음을 맞추지 못하는 학문적 연구의 책임론을 의미하기도 한다. 앞에서 언급한 일련의 수치들이 보여주듯이 이제 해외이주는 조선족들의 삶에서 더 이상 특별한 행위가 아닌 일상적 보편행위로 되었으며 따라서 그들의 이주 자체를 하나의 독립적인 연구대상으로 깊이 있게 다루어야 할 필요성과 중요성을 느끼지 않을 수 없다.

다른 한편으로 기존의 대부분 이주연구와 마찬가지로 조선족

---

2 2010년에 실행된 중국정부의 제6차 전국인구조사에 의하면 조선족 총인구는 183만 929명이다 (中国2010年人口统计普查资料 12).

이주연구 역시 이주의 경제적 배출-흡인요인에 주목하는 균형이론과 이주를 둘러 싼 거시적 차원에서의 정치, 경제, 역사적 조건에 초점을 맞추는 종속이론 등 분석틀을 기본적으로 필요로 한다. 그러나 여기서 주의할 점은 상기의 두 이론이 이주를 가능하게 하는 구조적 요인을 부분적으로 설명하는 데는 유익하지만 개개인이 어떻게 자신들에게 부여된 여러 가지 조건을 이용 혹은 역이용하면서 구체적으로 이주를 실천하고 있는가를 해석하기에는 많이 부족하다는 것이다. 따라서 조선족의 해외이주를 더 엄밀하게 분석하기 위해서는 이주 의사결정의 기본단위로서의 가족에 주목하는 세대유지 전략이론 및 거시적 차원과 미시적 차원 요소들이 상호 연관된 가운데 형성되고 유지되는 이주시스템을 중심으로 다루는 이주시스템 이론 등을 통합적으로 활용하는 작업 역시 불가피한 것이다.

　이러한 문제의식으로부터 이 글에서는 1980년대로부터 현재에 이르기까지의 조선족의 해외이주를 하나의 통시적인 과정으로 포착하고 그 전체적인 흐름에 대하여 북한, 러시아, 한국, 일본, 미국, 영국 등 대표적인 목적국으로의 이주를 중심으로 되짚어봄과 동시에 조선족 해외이주의 총체적 특징을 살펴보고자 한다. 더불어 이러한 작업이 향후의 조선족 이주관련 연구에 필요한 기초적 자료 및 유효한 시각을 제공할 수 있기를 기대해 본다.

II. 조선족 해외이주의 국내 배경과 제도적 요인

현대사회의 모든 국경을 넘는 이동이 그러하듯이 조선족의 해외이주 역시 그들이 귀속되어 있는 중국이라는 국민국가의 이주정책 특히 출국정책과 이주하고자 하는 목적국의 해외노동력 수용정책에 크게 좌우지되어 왔다. 1949년 중화인민공화국의 성립부터 현재까지 중국정부의 출국관리정책은 대체적으로 아래와 같은 4개 단계로 나뉜다(吳新明, 2011: 38-39).

첫째 단계는 1949년부터 1985년까지이다. 이 단계에서 중국공민들은 엄격한 출국규제를 받았다. 특히 1949년부터 1978년까지의 30년 사이에는 국가의 허가를 받고 출국한 중국공민이 21만 명에 불과해 매 년 평균 7천 명의 출국자 수로 환산되는 등 이른바 '출국난(難)'의 시기였다고 해도 과언이 아니다. 그 뒤 1979년 개혁개방이 시작되면서 어느 정도 규제가 완화되기는 했지만 일반 공민의 경우 여전히 공안기관으로부터 가정성분과 해외배경을 포함한 여러 가지 사항에 대한 엄격한 정치심사를 받아야만 했다.

둘째 단계인 1986년부터 1991년까지는 국가가 공민에게 여러 가지 조건을 부가하여 출국을 제한하는 시기였다. 1986년 『중화인민공화국 공민출입경관리법』의 반포 및 실시와 더불어 개인 출국자 수가 해마다 증가하는 추세를 보이기는 했지만 한편으로 직장, 가두판사처, 공안파출소 등 여러 관리부문의 동의를 거쳐야만 여권을 발급받을 수 있었기 때문에 출국 전의 서류심사에 과다한 시간과 정력이 소요되었다. 동시에 여권 발급에 있어서 상기 기관들의 권력이 너무

컸던 탓에 관련 심사기관 및 여권 발급기관 공직자들이 직권을 남용하고 뒷돈을 받아먹는 등 부패현상들이 적지 않게 발생했다.

셋째 단계는 1992년부터 2000년까지이며 이는 점차적으로 조건을 넓혀가면서 자국민의 출국을 허용하는 시기였다. 특히 1992년 등소평의 남방순찰담화는 "성(姓)이 자본주의인가, 아니면 사회주의인가"라는 개혁개방의 정치적 성격에 대한 일련의 쟁론을 종식시켰으며 더불어 중국의 국문을 활짝 열어놓는 역할을 했다. 출국경력이 있는 공민에 한해서는 허가 없이 재출국이 가능하게 하였고 해외 친척관계의 존재유무를 출국허가의 전제조건으로부터 배제시키는 등 일련의 조치들을 취했다.

넷째 단계는 2001년부터 현재까지의 시기이다. 세계무역기구(WTO) 가입을 달성한 후 중국정부는 공민의 출입국제도의 간소화에 주력하였으며 "필요에 응하여 여권을 발급하는" 정책을 실행하기 시작했다. 이로 하여 공민은 직장이나 공안파출소의 허가가 필요 없이 신분증과 호적부를 제시하는 것만으로 여권을 발급받을 수 있게 되었으며 동시에 해외요청장이 없이도 출국수속을 밟을 수 있게 되었다.

상술한 중국정부의 출국정책 변화가 조선족 해외이주를 가능하게 만든 사회적, 제도적 요인이라 할 때 조선족이 처한 경제적 환경은 그들의 이주를 떠미는 주요한 동력으로 작용하였다. 조선족 집거지가 위치하고 있는 중국 동북지역은 1980년대 말기부터 본격적으로 시작된 시장경제체제에 의해 도시에서는 국유기업을 선두로 하는 기업들의 도산이 줄을 이었고 옌볜의 경우 1998년도에는 자치주

내 전체 기업의 약 40%를 차지하는 기업체들이 도산의 위기에 빠졌으며 1999년에는 자치주 전체 노동자 수의 27%이상을 점하는 14만 여명이 실업자로 전락했다(蔡春花, 2011: 124). 그런가 하면 농촌에서는 학령기의 자녀를 둔 가족들이 모두 도시로 이주하여 젊은 층 농업종사자를 거의 볼 수 없게 되었으며 오직 노인들만이 촌락을 지키는 처량한 상황을 초래했다. 이 정도로 지역경제가 피폐해진 속에서 한국을 비롯한 해외발전국과 중국 사이의 현저한 임금격차 등 유혹적인 요소들은 조선족들의 이주심리를 자극하기에 아주 충분했다(김현미, 2008: 44).

III. 중국 조선족의 해외이주: 지역별 흐름과 특징

1. 북한, 러시아로의 이동과 이주(1980년대-현재)

앞에서도 언급했듯이 1949년부터 1980년대에 이르기까지 조선족은 중국이라는 사회주의 국가의 일개 소수민족으로서 동북지역의 폐쇄된 지역 내에서 상대적으로 안정된 생활을 유지해왔다.[3]

그러나 1980년대에 들어서면서부터 그들은 또 다시 국경을 넘는

---

3 물론 1950년대 말기부터 1970년대 말기까지의 사이에 중국에서 끊임없이 진행되었던 '대약진', '반우파투쟁','문화대혁명' 등의 정치운동을 피해 일부 조선족들이 북한으로 경제적·정치적 피난을 가기도 했지만 그러한 피난이주는 어디까지나 개별적 행위에 그쳤으며 일정한 규모를 갖춘 것은 아니었다.

이동을 거듭하게 되었는 바 당시의 주요 이주 목적지는 지리적으로 가까운 북한 및 러시아의 연해주 지역이었다.

우선 냉전체제 하에서 북한은 '문화대혁명'의 고조기를 제외하고 줄곧 조선족이 그 경내의 친인척과의 연락·내왕을 중국정부로부터 허용 받았던 소수 국가 중의 하나이다. 하여 개혁개방 이후 경제적으로 여유가 있게 된 조선족들이 친척방문으로 북한을 드나들면서 일용품이나 가전제품을 가져다 팔고 대신 북한의 해산물을 중국에 가져와서 되넘기는 일명 '보따리 장사'가 이 시기에 상당히 유행하였다. 북한 보따리장사는 1987년부터 1989년에 남양, 회령, 무산 등 변경지역에 중국 물품시장이 들어설 정도로 합법화되었으나 1992년 한·중수교로 북한의 단속이 심해지면서 약화되다가 1995년 북한의 자연재해 이후 또다시 빈번해지기 시작했다. 21세기 초 북한에서 대외개방의 기미가 나타나면서 조선족의 북한투자도 한동안 적극적인 태세를 보였다. 투자영역 역시 식료품 등 경공업에만 그치지 않고 제조업, 기계전자 등 여러 분야에 골고루 닿아있었다(임채완, 2008: 260-261).

한편 1980년대 초 중소실무관계가 개선되어 소련 국내에서의 중국 상품 판매가 허용되면서부터 중국인들이 연해주지역에서 장사를 시작하게 되었는데 그 중 상당수의 사람들이 바로 헤이룽장성과 옌볜에서 온 조선족들이었다(李愛俐娥, 2006: 268).

이러한 북한 및 러시아에서의 '보따리장사'는 농한기를 이용한 농민이나 직장에서 장기 휴가를 맡은 회사원, 교사, 공무원 등 다양한 계층의 수많은 조선족들을 말려들게 했는데, 예를 들면, 1987년부터

1989년까지에는 1년에 평균 10만 명 이상의 조선족이 북한에 다녀왔으며(김화선, 2011: 100) 1992년부터 1993년 사이에만 약 5만 명, 2006년에는 5만 명부터 7-8만 명 정도로 추정되는 조선족들이 러시아 연해주지역에 체류해 있었다(李愛俐娥, 2008: 268).

따라서 북한과 러시아는 수 십 년의 안정적인 정착생활을 해왔던 조선족이 다시금 해외이주의 발걸음을 내딛는 첫 목적지로서의 의미를 가지게 되었다. 하지만 '보따리장사'라는 표현으로부터 알 수 있듯이 이는 어디까지나 적게는 며칠 많아야 수 개 월에 한정된 단기적이고 반복적인 이동행위에 불과했으며 1990년대 이후 한국을 비롯한 기타 지역으로의 이주가 활발해짐에 따라 그 열기가 많이 식어갔다. 아울러 현재 북한에 장기적으로 체류하는 사람들은 주로 기업운영 혹은 무역업에 종사하는 전문경영인들이며 러시아의 경우에는 초기의 단기적인 '보따리장사'로부터 현지에 주택을 구입하고 가족까지 데려와서 생활하는 장기체류 혹은 러시아 국적을 취득하고 아예 생활기반을 러시아에 잡는 영구이주를 택한 사람들이 대부분이다.

2. 한국으로의 이주(1980년대-현재)

이 글에서는 조선족의 한국이주를 크게 1992년 이전의 친척 방문 시기, 1992년부터 2004년까지의 이주억제정책에 따른 불법입국, 불법체류시기 및 2005년부터 2006년까지의 불법체류를 완화하기 위한 과도기, 2007년 이후의 대규모 방문취업 시기 등 세 단계로 나누어 분석하고자 한다.

1) 1992년 이전의 친척 방문 시기

1986년부터 시작된 KBS사회교육방송 '이산가족 찾기' 프로그램을 통한 친척 방문과 1988년 서울 올림픽의 개최를 계기로 수십 년의 긴 세월 동안 일개 자본주의 국가-'남조선'으로만 알려졌던 한국의 발전된 모습이 조선족사회에 알려지기 시작했다. 특히 친척 방문으로 한국에 간 사람들이 선물로 가져간 한약이 원가의 몇 배 심지어는 수십 배의 가격으로 팔려 짧은 기간 내에 중국에서는 평생 벌지 못하는 재부를 얻을 수 있다는 사실은 조선족사회에 '한국드림', '한국바람'을 일으키는 주요 원인으로 되였다.

다만 조선족들 중에 한반도의 남부 출신은 한정되어 있는 데다 설령 남부 출신이라 하더라도 반세기가 넘는 교류의 공백으로 인해 연락이 끊기거나 행방불명이 된 친척들 또한 적지 않았다. 따라서 실제로 친척 방문 명목으로 한국에 갈 수 있는 조선족의 수는 그다지 많지 못했다.

그 후 중국산 한약의 대량 수입에 대한 한국 내 동업자들의 반발로 인해 한국정부가 중국산 한약의 유입을 금지하는 정책을 실행했으며 그에 따라 기대했던 만큼의 돈을 벌지 못한 많은 친척 방문자들이 비자유효기간 내에 귀국하지 않고 그대로 한국에 눌러앉아 중소기업에 취업하는 현상들이 늘어나기 시작했다.

2) 1992년-2006년의 이주

1992년의 한·중수교는 조선족의 대규모 해외이주를 가능하게 했다. 주지하다시피 한국은 1980년대 후기로부터 현저한 경제성장을 이룩하여 일약 선진국 행렬에 들어섰으나 한편으로는 내국인 노동자의 3D업종 취업 기피 등에 의하여 극심한 인력난을 겪고 있었다. 바로 이 시기에 실현된 한·중수교는 문화, 경제 등 영역에서의 양국의 교류를 가능하게 했을 뿐만 아니라 그 전까지만 해도 친척관계가 없다는 이유로 입국이 불가능했던 수많은 조선족들로 하여금 관광, 상무, 방문 등 다양한 유형의 단기비자로 한국에 들어 와서 불법취업을 할 수 있는 전제조건을 만들어 줬다.

1993년 11월 한국정부는 '외국인 산업연수제도' 즉 외국인 노동자를 정규적인 '노동자'로 취급하지 않고 '연수생'으로 받아들이는 정책을 도입했다. 이와 같은 신분 설정은 '연수생'을 여러 가지 보험제도의 혜택에서 제외시켰을 뿐만 아니라 정규직 노동자보다 훨씬 낮은 보수를 지급하는 등 차별 대우를 유발했다. 조선족 연수생들은 일반적으로 한국기업과의 직접적인 교섭이 불가능했기 때문에 중개업자나 불법브로커에게 수 만 위안의 비용을 건네주고 한국에 나오게 된다. 따라서 많은 이주자들이 입국한 후 해당 중소기업을 떠나 더 높은 월급을 제공하는 일자리에 불법취업하게 되었으며 '연수생 제도'는 결과적으로 더욱 많은 불법 체류자들을 양산하는 결과를 낳게 되었다.

이와 같이 수많은 조선족이 친척방문, 관광, 문화교류, 상무, 연수 등 좁은 합법적 경로와 밀입국 등 불법경로를 통해 한국에 들어

온 뒤 불법 체류자로 전환하는 가운데 여성의 성별자원을 이용한 국제결혼이 성행하기 시작했다. 예를 들면 1992년에 429건밖에 없었던 중국 여성과 한국 남성의 결혼이 1993년에는 1,851건, 1994년에는 8,450건, 1995년에는 9,271건으로 급증했으며 2004년에는 약 6만 명의 조선족 여성이 결혼이민자의 신분으로 한국에서 생활하고 있었다 (朴光星, 2006; 朴光星, 2006: 145). 국제결혼 여성들의 한국 입국은 그녀들 수의 2배, 3배에 달하는 조선족의 연쇄이주를 가능하게 했다. 왜냐하면 결혼을 통하여 한국인의 배우자가 된 여성들이 자신의 가족을 친척방문 명의로 한국에 초청할 수 있었기 때문에 조선족의 한국 입국은 또 하나의 확실한 경로를 확보한 셈이 되었던 것이다.

그 후 2002년 한일 월드컵의 개최를 맞이하여 한국정부는 '자진신고출국유예조치'를 실행하였으며 2005년과 2006년에는 자진신고로 출국하는 중국, 러시아 동포에 한하여 한국으로의 재입국 및 합법취업을 보장하는 정책을 내세웠다. 그 결과 2005년 3월, 4월, 5월 3개 월 사이에만 약 6만 명의 조선족 불법 체류자가 자진출국을 했으며 6개월 뒤인 2005년 9월부터 재입국을 했다(길림신문, 05/10/22).

3) 2007-현재의 이주

2007년 3월 4일 한국정부는 '외국인 노동자의 고용 등에 관한 법률'의 개정을 맞아 중국 조선족 및 구소련의 고려인에 대해 '방문취업제'를 실행하기 시작했다. 이로써 한국에 연고가 없는 사람이라도 한국어 시험을 통과한 조선족에 한하여 추첨제를 통해 체류 자격을 취득할 수 있으며 최장 5년까지의 체류기간에 자유로이 오갈 수 있도록 보장받게 되었다. 또 그와 동시에 불법 체류 1년 미만의 체류자에 대해서 자진신고를 하면 방문취업비자를 발급하는 조치를 취했다.

이와 같이 방문취업제의 실행은 불법체류자 문제를 어느 정도 완화시켰을 뿐만 아니라 주로 브로커에게 고액의 중개비용을 지불하면서 불법 경로를 통하여 이루어져왔던 조선족들의 한국행을 단돈 몇 천 위안에 실현할 수 있게 했다. 또한 과거 10여 년 간 불법 신분으로 인해 받았던 차별, 고통과 불안감으로부터 그들을 해방시켜 주었다. 무엇보다도 방문취업제로 인해 중국과 한국 사이를 자유롭게 드나들 수 있게 된 것은 조선족의 한국이주에 획기적인 전환점이 되었다.

그 후 2012년 4월 이후 한국정부는 한국 내 이공계 전문대 및 한국과 외국의 4년제 대학 졸업자 그리고 한국 내 공인 국가기술자격증 소지자에 한해서 F4비자를 발급함으로써 3년 주기의 복수비자 및 자녀의 초청을 가능하게 하는 등 조선족의 입국 및 체류에 관한 일련의 완화정책을 시행했다.

이와 같이 1990년대 이후 조선족의 한국이주는 중·한 양국의 정치·경제·외교 관계 특히 한국 정부의 해외노동력 유입 및 해외동포 관련 정책의 제약을 받아오면서 개인단위의 이주가 주를 이루었고 이러한 가족 분산의 아픔을 동반하면서도 재한조선족 80만 시대를 맞이하기에 이르렀으며 이제 한국은 조선족 해외이주의 가장 중요한 목적지로 자리 잡았다.

한국이주의 장기화 및 이주인구의 증가와 더불어 현재 한국 내에는 조선족연합회, 재한동포연합총회, 조선족유학생 네트워크, 한

마음협회 등 다수의 커뮤니티가 형성되었으며 초기의 노동력 이주자 위주의 단일 커뮤니티로부터 사회경제적 지위에 따른 다양한 커뮤니티로 분화하는 모습을 보여주고 있다. 그런가 하면 국적취득에 대한 태도 또한 재한 조선족사회의 계층분화를 어느 정도 감지할 수 있는 중요한 요소로 자리 잡고 있다. 즉 한국 국적의 취득을 소망하는 중소영업자와 기회가 되면 한·중 양국에서 모두 활동하기를 바라는 엘리트층 그리고 자유롭게 한국을 오가며 경제활동을 하기를 바라면서도 최종적인 귀처로 여전히 중국을 염두에 두고 있는 영세업자 및 3D업종 노동자들이 바로 그러한 계층분화 및 다양성의 대표자들인 것이다(이정은, 2012: 416-417).

3. 일본으로의 이주(1980년대-현재)

중국조선족의 일본으로의 이주는 크게 1980년대- 1990년대 초반, 1990년대 중반- 2000년대 중반 그리고 2000년대 후반-현재의 3개 단계로 나뉜다.

1) 1980년대- 1990년대 초반의 이주

아래에서 구체적으로 논의하겠지만 조선족의 일본이주는 처음부터 유학이 주된 형태였으며 이 점에서 노동력 이동이 위주인 기타 지역으로의 이주와 선명한 차이를 보여준다. 그러한 조선족의 일본유학은 1972년의 중·일수교가 이루어지고도 약 10년 뒤인 1980년대 초중반에야 비로소 그 시작을 알렸을 것이라 추정된다. 왜냐하면 1972년부터 1978년에 이르는 7년간 중국정부가 세계 각국에 파견한 국비유학생 수가 전부 합해서 1,977명(苗丹国, 2010: 4)에 불과했다는 통계수치에서 알 수 있듯이 자비유학은 상상할 수도 없었던 중국의 정치적 환경 속에서 극소수의 엘리트들만이 엄격한 심사를 거쳐 유학생으로 선발될 수 있었다. 그리고 이러한 상황은 1983년 일본정부가 내세운 '유학생 10만 명 계획'의 실행 후인 1990년대 초반까지도 계속되었으며 따라서 일부 대학이나 연구기관의 조선족연구자들이 국비유학생이나 교환연구자 자격으로, 혹은 개인적인 관계를 이용하여 일본 내 신원담보자를 찾는 등 방식으로 자비유학을 가기도 했지만[4] 그 수는 어디까지나 한정적이었다.[5]

2) 1990년대 중반- 2000년대 중반의 이주

1990년도에 일본에 체류 중이던 옌볜대학 교수, 연구자들이 현재의 '옌볜대학 일본학우회'의 전신인 '동방학우회'를 설립했다. 그에 이어 1995년에는 재일조선족 친목단체인 '천지협회'가 설립되었으며 이들 단체의 설립에 의해 일본 내에서의 조선족 네트워크가 형성되기 시작했다. 1996년 일본정부가 유학, 취학의 필수사항으로 정했던 신원보증제도를 폐지함에 따라 상기의 단체 및 개인별 네트워크를 토대로 한 중국조선족의 본격적인 일본이주가 시작되었다. 주로 일본의

---

4 이를테면 옌볜대학의 경우 1980년대 중반부터 화학, 일본어 학부 등 개별 학과의 일부 교수들이 국비유학 혹은 교환연구자로 일본의 대학과 연구기관 등에 파견되었으며 옌볜대학을 방문한 일본 학자들을 통한 자비유학이 이루어지기도 했다.

5 권향숙에 의하면 이 시기 일본 내 조선족의 수는 두 자리 숫자를 넘지는 않았던 것으로 추정된다(권향숙, 2013: 60)

대학이나 일본어학교를 비롯한 교육, 연구기관에 근무하거나 유학 중이었던 이들은 일본어 학교, 대학교의 유학생 별과(別科), 대학원의 학생모집부서로부터 유학 관련서류를 직접 제공받고 서류 작성과 제출 및 필요한 수속을 도맡는 방식으로 자신들 주변의 친척, 친구, 이웃들을 유학생 신분으로 일본에 데려왔다. 그리고 더 나아가서는 중국의 대학이나 전문중개업체 혹은 가족, 친척과 손을 잡고 일정 금액의 사례비를 대가로 유학생을 소개받는 사람들도 적지 않았다.

이렇듯 1990년대 후반에 이르러서야 본격화하기 시작한 조선족의 일본유학이 그 뒤에도 계속하여 박차를 가할 수 있었던 것은 이미 10여년에 달하는 한국이주노동으로 축적된 자본력과 2000년대 초반까지 이어져왔던 조선족 학교에서의 일본어교육에 의한 높은 일본어 능력 그리고 유학을 방패로 한 고소득 아르바이트 수입의 가능성 등 여러 가지 요소가 작용했기 때문이다.

비록 일본정부가 신원담보제도를 폐지했다고는 하지만 일본유학을 위해서는 여전히 중개비용과 학비, 입국초기의 거주비용, 생활비를 포함하여 평균 10만 위안 정도라는 거액의 자금을 준비해야 했다. 더 말할 것도 없이 대규모 해외이주가 이루어지기 전의 조선족 사회에서 이와 같은 거금을 해결할 수 있는 가정은 아주 드물었으며 따라서 1990년대 초 복건, 상해 등 연해지역 주민들의 높은 일본유학열기에 비해 조선족의 일본유학이 저조했던 이유 중 하나가 바로 이러한 경제적 빈곤에 의한 것이라 볼 수 있다. 그러나 2000년대에 들어서서 이미 10년 이상의 해외이주노동을 경험한 많은 조선족 가정들에서는 부모가 번 돈으로 자녀의 일본유학이 가능해졌으며 그렇지 못한 가정들 역시 주위의 이주 경험자로부터 자금을 빌릴 수 있는 경제적 환경이 만들어졌다.

그리고 또 하나 조선족의 일본이주에 유리하게 작용했던 요소가 바로 그들의 높은 일본어능력이었다. 중국의 대부분 중고등학교들이 영어를 외국어 교과목으로 지정하고 영어 교육을 실행해 온 것과 반대로 조선족학교들에서는 적어도 1990년대까지 일본어 교육이 절대적 우세를 차지했다. 따라서 조선족의 높은 일본어 능력 및 일본문화에 대한 어느 정도의 이해는 그들의 일본이주에 긍정적인 힘을 부여했다고 볼 수 있다.

그 밖에 일본과 중국의 임금격차도 일본행을 떠미는 중요한 요인의 하나였다고 할 수 있다. 조선족의 일본이주가 대부분 유학을 목적으로 하는 것이라고는 하지만 정작 그 내면을 들여다보면 절대적인 것도 아니다. 비록 일본정부의 엄격한 규제로 인해 유학비자로 도일했지만 설령 학업을 동반한 아르바이트를 하더라도 한국보다 더 높은 수입을 얻을 수 있다는 기대감을 안고 있었던 조선족들이 실제로 학교를 이탈하고 불법체류의 길을 선택한 사례도 적지 않다. 이 부류의 이주자들은 보통 한국인이 경영하는 음식점 혹은 가방공장 같은 데서 숨어서 일을 하면서 부당한 대우와 차별을 받기도 했다. 그런가 하면 정상적으로 학업을 이어나가면서도 아르바이트를 병행함으로써 경제적인 부를 축적한 사례들도 많다.

한편 유학생 신분의 조선족이 많아짐에 따라 가족동반비자로 일본입국을 실현하는 사람들의 수도 자연히 늘어났으며 2000년대 중반에 이르러서는 마침내 재일조선족이 5만 명을 넘기는 상황에까지 이르렀다.

3) 2000년대 후반-현재의 이주

2000년대에 들어서면서부터 일본기업 혹은 재일조선족, 재일중국인 IT기업들이 속속 중국 국내의 조선족 IT종사자들을 받아들였으며 따라서 많은 수의 조선족들이 취직비자로 일본이주를 달성했다. 더불어 1990년대 후반부터 유학, 취학으로 일본으로 간 사람들 중 학업을 마친 뒤 귀국하는 사람들도 많았지만 반대로 일본에서 취직하여 '유학' 비자를 '기술' 혹은 '인문지식·국제업무', '투자경영' 등으로 변경하고 자녀를 교육시키며 귀화하거나 영주권을 취득하는 등 방식으로 일본사회에 정착하는 이들 또한 적지 않다.

그에 비해 볼 때 유학목적으로 일본행을 선택하는 조선족의 수는 줄어드는 추세이다. 여기에는 1990년대 중후반에 들어서면서 중국 내 조선족 학교들에서 종래의 일본어 대신 영어를 외국어 교과목으로 대체한 결과 조선족들의 일본어 능력이 크게 저하됨과 동시에 전 사회적으로 영어에 대한 중시도가 높아졌으며 따라서 영어권 나라에 유학하는 붐이 시작된 데 일차적인 이유가 있다고 볼 수 있다.

현재 재일조선족 커뮤니티로서는 주요하게 옌볜대학 학우회, 세계한인무역협회 지바분회, 조선족 연구학회, 조선족 여성회, 조선족 축구협회 등이 활약하고 있으며 그 외 7만여 명 회원이 등록되어 있는 조선족 사이트 '쉼터'가 있다. 다만 이러한 단체들은 일본 내에서 조선족의 어떤 권리나 이익을 대표하거나 주장하기보다는 친목단체로서의 성격을 더 강하게 지니며 또 어떤 사람들은 조선족끼리의 집합행동보다는 주류사회의 구성원인 일본인과의 교류를 중시하고 단체 활동을 회피하는 경향도 보이기도 한다(권향숙, 2012: 16-17).

이상에서 살펴본 바와 같이 조선족의 일본이주는 한국을 비롯한 기타 지역으로의 전 연령층의 노동력이주에 비해 유학이라는 목적과 체류 자격을 전제로 초기 이주 연령층이 상대적으로 젊은 특징을 선명하게 지니고 있다. 그리고 브로커를 통한 불법적인 경로보다는 주로 민족 네트워크를 활용한 이주의 경로를 이용해 왔으며 이주 후의 생활에 있어서도 다른 지역에 비해 불법 체류자의 수가 현저히 적고 학업을 마친 뒤에는 그대로 일본에서 취직하고 가옥을 구입하며 자녀에게 일본교육을 받게 하는 등 일본사회에 정착하여 살아가는 모습으로 기타 지역으로의 이주와 차이를 보여준다. 또한 일본 내 특별한 성원권을 추구하기보다는 중국 국적을 유지하면서 외국인으로서 살아가는 것 역시 특징적이라 할 수 있겠다.

4. 미국, 영국을 포함한 기타 지역으로의 이주

1) 미국으로의 이주(1990년대-현재)

조선족의 미국 진출은 1990년대 초반부터 시작되었다. 옌지시 민족복장공장이 사이판에 있는 한국 복장회사에 인력을 파견하면서부터 특히 한국이주 사기피해가 심했던 90년대의 조선족사회에서는 한국을 비롯한 다른 지역에 비해 이주비용이 상대적으로 싼데다[6] 브로커가 아닌 국영기업과 정부가 주도했기 때문에 믿을 만 하다는 인식하에 주로 젊은 여성들이 사이판 행을 선택했다. 그리고 그들 중 적지 않은 사람들이 3년 혹은 그 이상의 계약기한을 채운 후 다시 브로커에게 거액의 비용을 지불하고 멕시코 등 제3국을 통하여 미국본토에 이주했다. 또한 동시기 중국 국내에서 직접 브로커에 30만 위안 내지 그 이상의 비용을 지불하면서라도 불법적인 통로를 통해 아메리칸드림을 이룬 조선족들 역시 적지 않았다.

비슷한 시기인 1990년대 초기부터 북경대학, 청화대학 등 일류대학을 졸업하고 중국정부의 국비장학금 혹은 미국 대학들이 제공하는 장학금을 받아 대학원에 진학하고 졸업한 뒤 미국 내 대학이나 연구기관, 병원, 유명기업 등 안정된 직장에 근무하는 전문직 엘리트들도 하나 둘 나타나기 시작했다. 그런가 하면 2000년대에 들어서부터는 일반대학 졸업자 중 미국 유학을 선택하는 젊은이들이 늘어나기 시작했으며 이는 이미 20년을 넘는 부모세대의 해외이주노동이 자녀의 미국유학비용까지 감당할 정도의 경제력을 축적했음을 의미하기도 한다.

이와 같이 1990년대 초 산업연수로 시작됐던 조선족들의 미국행은 2000년을 기점으로 매년 폭발적으로 늘어났으며 2013년 현재 미국에 사는 중국조선족은 약 6~7만 여명으로 추정된다(길림신문

---

[6] 예를 들어 당시 한국으로의 이주가 브로커에게 약 8만 위안 정도의 비용을 내줘야 하는 데 비해서 사이판의 경우에는 그 절반도 안 되는 약 2만 5천 위안 내지 3만 위안 정도의 출국비용이 필요했다(길림신문 2013년 2월 4일).

13/01/22). 하지만 다른 한편으로 2001년의 불법체류자 구제조항인 '2451'조항의 회복 및 여러 가지 경로를 통한 합법적 신분의 취득기회가 주어졌음에도 불구하고 여전히 불법체류자로 있으면서 10여 년이 넘도록 가족과 헤어져 사는 조선족들 또한 적지 않게 남아있는 현실이다.

미국에서 조선족들은 대부분 운수업, 네일 가게, 식당, 미용실, 사우나, 택시회사 등에서 일하는 것으로 알려져 있다. 그들은 중국인 업소에서 일하기도 하지만 전체의 80%가량이 한국인 업소에서 일하는 것으로 추산된다(길림신문 06/03/02). 어느 정도 돈을 모은 뒤에는 식당이나 네일 가게, 무역회사를 차리는 등 자영업을 하는 사람들도 있으며 근래에는 중국에서 축적한 재산을 밑천으로 투자이민 혹은 자녀를 위한 교육이민을 행하는 조선족들도 있다.

이와 같이 재미 조선족들은 초기의 불법이민으로부터 점차적으로 합법적인 경로를 통한 유학, 취직, 투자, 교육이주 등 다양한 방식으로 그 수를 늘려가고 있으며 아직은 적은 숫자이기는 하지만 전문직 종사자가 점점 늘어나는 추세를 보이고 있다. 그리고 재미 조선족 동포회를 비롯해 뉴욕 조선족 동포회, 가주 조선족 연합회, 펜실바니아 조선족 동포회, 워싱턴 조선족 총 연합회, 사이판 조선족협회, 재미옌볜대학학우회 등의 단체가 결성되었고 활발한 활동을 이어나가고 있다(길림신문 06/03/02).

또 유감스럽게도 구체적인 연구와 통계자료가 없지만 사이판으로의 이주와 거의 같은 시기에 조선족 남성 노동력들은 옌볜국제경제기술합작공사의 주도하에 리비아, 사우디 등 중동의 한국 건설회사에 파견되어 이주노동을 하기도 했다.

2) 영국으로의 이주(1997년-현재)

조선족의 영국이주는 조선족사회에서는 아직 연구가 이루어지지 못하고 있고 관련된 신문기사도 전혀 없는 실정이며 김현미(김현미, 2008: 39-77)와 이진영(이진영, 2012: 53-74)의 연구가 있을 뿐이다. 따라서 이 글에서는 이 두 연구자의 논문을 토대로 조선족의 영국이주에 대하여 간략하게나마 서술하려 한다.

조선족의 영국 이주는 1997년 이후에 시작되었으며 2,000명을 웃돌 때도 있었지만 2004년부터 감소하여 2012년에는 1,000명 정도로 추산되었다(이진영, 2012: 64). 이진영에 의하면 조선족의 영국이주는 크게 세 시기로 나누어 구분되는데 1997년 이전이 한국인 고용주를 통해서 합법적 노동비자를 지니고 입국한 첫째 시기이고 1997년부터 2004년까지가 브로커를 통한 불법입국을 달성한 두 번 째 시기이며 2004년 이후가 영국이주가 감소되는 세 번째 시기이다.

영국이주 조선족들은 주로 한인 커뮤니티에서 다양한 서비스 노동에 종사하며 남성들은 주로 건축 및 집수리, 식당 주방, 청소 일을 하고 여성들은 식당 주방, 홀 서비스, 가정부, 미용 마사지 등 일을 한다(김현미, 2008: 40). 초기 정착과정에 있어서는 먼저 영국으로 온 조선족들의 연결망을 이용하는 경우가 대부분이며 2000년도에 재영조선족협회를 설립하였고 옌볜조선족자치주의 설립일인 9월 3일을 경축하는 행사 등 친목활동을 이어가고 있다(이진영, 2012: 67).

이상에서 볼 수 있듯이 영국이주 조선족들도 미국이주 조선족이나 일본이주 조선족 중의 불법 체류자들과 마찬가지로 코리아타운 근처에 거주하고 한국인 커뮤니티에서 일자리를 찾아서 이주노동을 해나가고 있으며 최근에는 고학력을 가진 젊은 층의 유학생들도 증가하고 있는 실정이다.

IV. 맺음말

이 글에서는 1980년대로부터 시작된 중국 조선족 해외이주의 흐름을 통시적으로 되짚어 보고 각 이주지역에서의 단계별 특징에 대하여 분석해 보았다. 총인구의 거의 모든 성원들을 직간접적으로 말려들게 한 조선족의 해외이주는 글로벌화에 따른 세계적인 인구이동과 냉전종식으로 인한 적대국가 관계의 개선, 중국의 개혁개방과 이주국가의 출입국정책 그리고 민족정체성과 문화적 자원, 개인 및 가족의 전략 등을 포함한 제반 요소에 골고루 영향 받으면서 현재까지 30년 이상 지속되고 있다.

마지막으로 이 글에서 고찰한 내용으로부터 중국 조선족 해외이주의 전체적인 흐름과 그 특징을 아래와 같이 제시해 본다.

첫째, 이주 동기 및 목적지역의 단일화로부터 다양화로의 전환이다. 오늘날 조선족 해외이주의 발자국은 세계 수십 개의 국가와 지역에 퍼져있으며 반대로 동일지역을 목표로 하더라도 계층분화에 따른 이주동기의 다양성을 보여 주고 있다. 이는 단순히 경제적 이익을 추구하는 배출-흡인이론에 입각하여 초기의 이주를 어느 정도 설명할 수 있었던 기존 연구의 틀을 더 넓혀 종속이론, 세대유지전략, 이주시스템이론 등 다양한 이주이론을 통합적으로 활용해야 할 필요성과 유효성을 제시한다고 볼 수 있다.

둘째, 브로커를 통한 불법이주 및 불법체류로부터 합법이주 및 합법체류로의 전환이다. 조선족의 초기 이주는 한국을 비롯한 거의 모든 지역으로의 이주가 브로커에게 거액의 비용을 지불하는 방식으로 이루어 졌다. 또한 설사 처음에는 합법적인 경로를 통해 입국하더라도 결과적으로는 보다 장기적인 취업을 위하여 불법체류자로 전락하는 사례가 많았다. 아울러 여러 가지 불이익과 차별을 인내하면서 고통과 불안에 떠는 나날들을 보내야 했다. 그러나 한국의 재외동포정책을 포함하여 각 이주지역의 이주노동력 관련 제도와 정책들이 개선되었고, 더욱 중요한 것은 조선족 자신들이 뼈저린 교훈을 섭취하여 불법체류의 신분에서 벗어나려는 노력을 해 왔기에[7] 불법체류자의 수는 날로 줄어드는 추세이다.

셋째, 이주국가에서의 개인분산 활동으로부터 다양한 커뮤니티 형성과 활발한 활동으로의 전환이다. 해외이주의 장기화 및 이주인구의 증가와 더불어 거의 모든 이주지역에서 조선족이라는 종족적 공통성을 분모로 다양한 커뮤니티가 형성되었다. 이러한 단체들은 작은 의미에서는 단합과 친목을 도모하고 큰 의미에서는 해당 지역에서의 권리수호와 이익쟁취 등을 목적으로 하는 여러 가지 행사와

---

7 예를 들어 2007년 '방문취업제'의 실행 이후 러시아, 일본, 중동의 여러 지역에 이주했던 많은 조선족 불법 체류자들이 한국으로 방향을 바꾸어 이주를 행했다.

활동들을 활발히 이어나가고 있다.

넷째, 단 방향적 이주 및 이산가족으로부터 초국가적 이주 및 초국가적 가족으로의 전환이다. 이주의 장기화와 해당 국가들의 이주정책 변화 등 이주자를 둘러 싼 주관적, 객관적 여건의 변화는 목표했던 만큼의 부를 축적할 때까지 귀국을 꿈도 못 꾸던 조선족이주자들에게 보다 빈번하게 '갔다 왔다'(to-ing and fro-ing)(ブレンダ·ㅋ, 2007: 149) 할 수 있는 초국가적 이주 및 초국가적 가족의 실천 가능성을 부여했다. 이는 동시에 조선족의 해외이주연구를 '초국가주의'(transnationalism)라는 큰 틀에 접목시키는 학문적 시도를 가능케 했다고 볼 수 있다.

다섯째, 한국이 여전히 가장 중요한 목적지로서의 지위를 확고히 유지하고 있으며 한국을 제외한 타 지역으로의 이주과정에서 한인 커뮤니티에 대한 조선족의 의존도는 상당히 높다. 오늘날 조선족은 비록 세계 수 십 개의 국가와 지역으로 이주를 하고 있지만 그 중요한 특징의 하나가 바로 한국이 절대적인 이주 목적지로서의 자리지킴을 계속하고 있다는 점이다. 그리고 한국 이외의 지역에서도 이주 초기의 정착과정에서 대부분 한인 타운이나 한인 커뮤니티에 의존하며 반대로 차이나타운이나 중국인 커뮤니티에 대한 의존도는 그다지 높지 못한 점 역시 주목할 만하다.

여섯째, 30년이 넘는 이주경험이 해외 및 국내이주의 방향성 및 계층분화에 주는 영향력과 효력이 날로 뚜렷해지고 있다. 조선족이 본격적인 해외이주를 시작했던 1990년대에는 경제적으로 불안정하고 어려운 농민이나 파산기업의 노동자는 물론 상대적으로 안정된 직장을 가지고 있었던 교원, 공무원들마저도 과감하게 직장을 그만두고 해외이주노동의 물결 속에 뛰어들었었다. 그러나 해외이주 경험이 거듭됨에 따라 점차적으로 연령 및 계층에 따른 분화가 생기게 되었다. 예를 들어 부모세대가 주로 한국에서 이주노동을 통해 축적한 자금으로 자녀세대는 일본이나 유럽 혹은 미국 캐나다, 호주, 뉴질랜드 등 지역에 유학을 하고 졸업 후 그 나라에 정착한다든지 아니면 귀국하여 보다 안정적인 생활을 하는 현상들이 늘어났다. 더 중요한 것은 훨씬 더 많은 수의 사람들이 이제는 중국 국내에서 대학을 다니고 안정된 직장을 가지며 국내에서 발전하는 데 더 큰 의미와 가치를 두는 풍조가 짙어가고 있다는 점이다. 따라서 저학력소지자 및 부모세대의 한국이주노동이 계속되는 가운데 대도시로의 고학력소지자 및 젊은 층의 국내이주가 증가되면서 옌볜을 비롯한 조선족 전통집거지역의 인구유출을 촉진시키고 있으며 이주를 둘러싼 계층분화가 선명해지고 있다.

참고문헌

김홍매. "초국가시대 해외조선족 네트워크에 관한 연구."『평화학연구』15(1), 29-48.

김화선. 2011.『조선족마을의 변천연구』연길: 옌볜대학출판사.

김현미. "중국 조선족의 영국 이주 경험: 한인 타운 거주지의 사례를 중심으로."『한국문화인류학』 41(2), 38-77.

김현미. "방문취업 재중 동포의 일 경험과 생활세계."『한국문화인류학』42(2), 35-75.

권향숙. "조선족의 일본 이주와 에스닉 커뮤니티: 초국가화와 주변의 심화사이의 실천."『역사문화연구』44, 3-34.

권향숙. "조선족의 일본 이주에 관한 시론: 외국인 수용을 둘러 싼 국가와 기업."『일본비평』8, 52-79.

이진영. "글로벌이주와 초국가 공동체의 형성:영국 거주 조선족 사회의 형성과 변화."『한국동북아논총』62, 53-74.

이혜경·정기선·유명기·김민정. 2006. "이주의 여성화와 초국가적 가족—조선족사례를 중심으로."『한국사회학』40(5), 258-298.

이정은. "'외국인'과 '동포'사이의 성원권-재한조선족 사회의 지위분화에 따른 성원권 획득 전략."『경제와 사회』96, 402-429.

박우. "한국 체류 조선족 '단체'의 변화와 인정투쟁에 관한 연구."『경제와 사회』91, 402-429.

苗丹国 程希. "1949-2009中国留学政策的发展,现状与趋势."『徐州师范大学学报』第36卷 第2期, 1-7.

吴新明. 2011. "我国公民出入境管理四阶段."『人民公安』23期.

蔡春花. "訪問就業制による朝鮮族の出国労働の変化."『人間社会学研究集録』7 大阪府立大学大学院.

朴光星. "中国朝鮮族：社会変化とジェンダー."『朝鮮族のグローバルな移動と国際ネットワーク』.

朴光星 "朝鮮族のグローバルな移動と国際ネットワーク."『アジア経済文化研究所』ブレンダ・ヨ. "女性化された移動と接続する場所."『移動から場所を問う―現代移民研究の課題』.

李愛俐娥. "ロシア沿海州地域における中国朝鮮族の現状."『朝鮮族のグローバルな移動と 国際ネットワーク』.

저자 소개

이화 LI, HUA

소　　속	연변대학교 사회학과 부교수
학　　력	도호쿠대학(東北大学) 사회학 박사
주요 논저	『중국 동북지역 조선족의 일생의례와 풍속』(공저, 2018), "조선족의 친족관계와 친족이념: 가족의 일상생활·이동·의례를 통한 고찰"(2015) 등.
이 메 일	lihua3210@qq.com

7장
우수리스크 한인 디아스포라들의 초국경적 만남[1]

고가영 한국외국어대학교

I. 머리말

오늘날 우리는 이주가 '메가트렌드'가 된 시대에 살고 있다. UN의 2019년 보고서에 따르면, 2019년 현재 국제이주자는 약 2억7천2백만 명이다.[2] 그리고 국제 이주민의 수는 2010년과 비교할 때 2019

---

[1] 이글은 『역사문화연구』 제59집(2016)에 게재된 논문을 본서의 편집 취지에 맞도록 수정·보완한 것입니다.
[2] "The number of international migrants reaches 272 million, continuing an upward trend in all world regions, says UN." 17 September 2019, New York. https//www.un.org/development/desa/en/news/population/international-migrant-stock-2019.html (검색일: 2019. 10. 01). 국제이주기구(IOM)의 윌리엄 스윙 사무총장은 이주를 '21세기의 메가트렌드'라 표현했다. IOM 자료에 의하면, 국내 이주자까지 포함한다면 전 세계에서 10억 명 정도가 이주자이다. 지구상에 거주하는 일곱 명 중 한 명이 이주민인 것이다. http://iom.or.kr/index.php/%ea%b5%ad%ec%a0%9c%ec%9d%b4%ec%a3%bc%eb%9e%80/ (검색일: 2019. 09. 20).

년 현재에는 5천 백만 명이 증가했다.[3] 이처럼 이주의 규모가 확대되면서 일부 학자들은 이주를 특수한 현상이라기보다 인간의 자연스러운 속성 중 하나로 보기도 한다. 이들은 '호모 미그란스(homo migrans, 이주하는 사람)'라는 흥미로운 용어로 이를 표현하기도 한다.[4] 이러한 세계적인 이주의 흐름 속에서 한인들 역시 이주 물결의 한 줄기를 이루고 있다. 재외한인은 총 7,430,688명(2017년 외교부 자료)에 이르고 있다.[5] 현재 한국은 이스라엘, 아일랜드, 이탈리아에 이어 네 번째로 자국민을 해외로 많이 송출한 나라이다(김현미, 2014: 18).

최근에는 인도인과 멕시코인이 가장 큰 규모의 디아스포라이지만[6], 역사적으로 가장 대표적인 디아스포라는 유대인과 화교였다. 유대인은 중세 유럽 사회에서 다양한 장소들을 오가며 중개 무역을 담당했다. 상업과 금융업은 여러 지역에 흩어져 종족적 네트워크를

---

3 "The number of international migrants reaches 272 million, continuing an upward trend in all world regions, says UN." 17 September 2019, New York. https://www.un.org/development/desa/en/news/population/international-migrant-stock-2019.html (검색일: 2019. 10. 01).
4 '호모 미그란스'는 1951년 창립된 유럽이주위원회(ICEM: Intergovernmental Committee for European Migration) 20주년을 축하하기 위해 토토라(Giovanni Tortora)가 1971년에 출간한 카툰 모음집의 제목이다. 이후 독일 학자 클라우스 바데(Klaus J. Bade)가 자신의 저서 Homo Migrans Wanderungen: aus und nach Deutchland (1994)에서 이주하는 사람이라는 의미로 '호모 미그란스'를 사용했다. (황혜성, 2011).
5 http://www.mofa.go.kr/www/wpge/m_21507/contents.do(검색일: 2019. 08. 20).
6 세계 각지로 흩어진 인도인은 1600만 명에 달한다. 이어 멕시코 1200만 명, 러시아 1100만 명, 중국 1000만 명, 방글라데시 700만 명, 파키스탄과 우크라이나 600만 명 등에 달했다.http://www.newsis.com/ar_detail/view.html?ar_id=NISX20160113_0013833495&cID=10101&pID=10100(검색일: 2016. 03. 12).

유지하고 있었던 유대인들에게 매우 유리한 직업이었다. 유대인들은 오랫동안 초국경적인 네트워크를 기반으로 초국경적인 사회적 공간들을 만들어왔다.

또한 유대인과 더불어 대표적인 디아스포라로 인식되고 있는 화교 디아스포라들은 정착지 사회의 사회 구조와 고용 구조에 크게 영향을 받지 않으며, 그들이 구축한 네트워크를 기반으로 한 초국경적인 공간들에서 활동해 왔다. 화교들은 대체로 가족단위로 기업 활동을 하고 있기 때문에, 가족기업·유교적 문화관념·초문화적 이동능력 등이 이들의 활동의 특징으로 여겨진다(이용일, 2009: 334). 유대인과 화교는 비록 전 세계적으로 분포되어 있지만, 유대인 디아스포라의 주 활동 무대는 동유럽을 포함한 유럽 지역과 미국·캐나다 등의 서구지역이고, 화교들의 주 무대는 동남아 지역이다.[7]

그런데 동북아시아 지역에서의 중요한 행위자 중 하나는 한인 디아스포라라 할 수 있다.[8] 이에 대해 저명한 일본의 역사학자인 와다 하루키는 "한민족은 동아시아 지역에서 접합적 요소이다. 중국의 한인 교포들과 재일교포들은 자신들이 속한 나라에서 중요한 요소가 되고 있다. 러시아의 한인 교포들은 주로 카자흐스탄과 우즈베키스탄에 살고 있으나, 이들 중 일부는 고향인 러시아의 극동지역으로 돌아오기를 원한다. 따라서 만일 남·북한이 서로 접근하여 통일

---

7 화교의 80%는 동남아에 거주하고 있다. (배정호 외, 2005: 67)
8 실제로, 재외 한인의 거주지의 약 90%가 중국, 일본, CIS, 북미지역으로서, 이 나라들은 동북아시아에 위치하고 있거나, 동북아시아에 영향을 미치는 주요 국가이다. (강일규 외, 2007: 3-4)

되고, 혁신된 남·북한을 만들어 이웃나라에 새로운 메시지를 보낸다면, 그러한 남·북한은 동아시아 공동의 집의 축심이 될 것"이라고 표현하고 있다. 그는 동아시아 공동의 집을 제안하면서 "동아시아 지역이 평화적으로 국경 없는 새로운 세계를 만들어가기 위해서는 관계된 모든 나라에서 디아스포라의 위치에 있는 한민족의 활동이 중요하다"고 분석하고 있다(와다 하루키 저, 2003: 30).

와다 하루키가 평가한 것처럼 동북아시아에서 중요한 초국경적 행위자로서 활동할 잠재적 능력을 가지고 있는 한인 디아스포라들은 현재 동북아시아 지역 내의 어떤 장소에서, 어떻게 초국경적 만남들을 갖고 있는가? 하는 질문에서 이글은 출발했다.

이러한 질문의 답을 찾기 위해 연구 대상 지역으로 북·중·러 접경지역인 연해주의 우수리스크를 설정했다. 세 나라의 접경지역인 중국의 동북지역, 북한의 두만강 유역, 러시아 연해주 지역은 역사적으로 러시아·중국·북한에서 국가의 주변지역이었다. 지금까지 국민국가 중심의 지역연구에서는 주변부는 항상 중심으로부터 발달한 문명을 전달받는 수동적인 공간으로 여겨졌다. 그러나 초국경적 이동과 흐름을 바라보는 네트워크의 관점에서는 주변은 후진적 공간만이 아니라 창조성과 혁신이 창출되는 공간으로 재인식될 수 있다. 이러한 관점에서 볼 때 러시아 극동에 위치한 연해주의 우수리스크는 역동적인 공간으로서, 국민국가의 문명 권역에 한정된 지역연구의 편협성을 넘어선 교류와 이동의 초국경적 공간으로서 주목할 만한 지역이라 할 수 있다.

우수리스크는 1860년 베이징 조약 체결의 결과로 청나라 영토에서 러시아 영토로 이양된 연해주의 대표적인 도시로서, 연해주 주도인 블라디보스토크에서 북쪽으로 112Km 떨어진 곳에 위치하고 있다. 우수리스크는 1886년 극동러시아의 농업중심지로 건립된 도시이다.[9] 2019년 현재 공식적인 도시 인구는 173,165명이다.[10] 러시아 연방에서 실시한 가장 최근의 공식적인 인구조사인 '2010년 인구조사'에 의하면, 고려인은 연해주에서 러시아인, 우크라이나인에 이어 세 번째로 규모가 큰 민족집단이다.[11] 우수리스크에 거주하고 있는 고려인들의 95%는 중앙아시아에서 재이주한 이들이며, 약 5%는 사할린 고려인들이다. 옛 발해의 영토로도 알려진 이 지역은 한국 근현대사에서 매우 중요한 지역으로서, 일제 치하 독립운동의 무대가 된 지역이기도 하다. 현재는 농업 대상 지역으로 한국의 관심이 고조되고 있다. 아울러 북한 노동자들의 외화벌이 대상 지역이기도 하다. 또한 중국 동북지역의 조선족 보따리 상인들이 몰려드는 지역이기도 하다. 이처럼 러시아의 연해주 지역은 고려인·한국인·북한인·조선족 등 다양한 한인 디아스포라들이 모여드는 매우 역동적인 지역이다.

---

9 현재 농업이 지역 경제의 60%를 차지하고 있다. 이 도시는 처음에는 니콜스코예(Никольское)라는 작은 마을이었으나, 1898년에는 니콜스크-우수리스키(Никольск-Уссурийский), 1935년에는 보로쉴로프(Ворошилов)로 명칭이 변경되었다가 1957년부터 우수리스크(Уссурийск)로 불려졌다. "Город Уссурийск." *Города России*. http//города-россия.рф/sity_id.php₩?id=115 (검색일: 2019. 06. 12).

10 "Город Уссурийск." Города России. http//города-россия.рф/sity_id.php₩?id=115 (검색일: 2019. 06. 12).

11 각주 "По итогам последней Всероссийской переписи населения в Приморье 17 национальностей с численностью более одной тысячи человек". *UssurBator*.

<http://web.pbc.co.kr/CMS/
newspaper/view_body.
php?cid=267730&path=200810>

그런데 스미스(M. Smith)와 구아르니조(L. Guarnizo)는 국민국가의 경계를 넘나드는 이동과 흐름을 초국경적인 자본, 글로벌 미디어, 초국가적인 정치기구의 활동 등의 위로부터의 트랜스내셔널리즘(transnationalism from above)과 탈중심화된 비공식 경제의 지역적 저항, 에스닉 민족주의, 그리고 풀뿌리 운동 등의 아래로부터의 트랜스내셔널리즘(transnationalism from below)으로 구분했다. 아래로부터의 트랜스내셔널리즘은 이민과 그로인한 문화의 혼종성 등을 의미한다(Guarnizo et al., 2009: 3-4). 이 글에서는 이와 같은 기준을 받아들여, 아래로부터의 초국경적인 이동의 주체로서의 한인디아스포라의 활동을 중심으로 살펴보고자 한다.

연해주 한인 디아스포라에 대한 연구들은 한인들의 초기 이주와 독립운동사, 강제이주, 민족정체성에 대한 연구들로 시작되었는데, 이 분야의 연구들은 이미 풍부하게 축적되어 있다. 이후 점차 연구 주제들이 확대되어 고려인 귀환이주(강 니꼴라이, 2007; 심헌용, 2007; 전신욱, 2007; Lee, 2011; Bae, 2004), 한인들의 농업부문 투자(구천서 외, 1997; 김현동, 2007; 박진환, 1998; 이상덕, 2000), 북한 노동자 실태(이애리아 외, 2015; 이영형, 2007; 2016) 등 이 지역에서의 한인 디아스포라들의 각각 개별적인 현황들이 부분적으로 연구되어 있다. 현재 개별적인 디아스포라 현황 연구를 넘어선 것으로는 극동 지역 한인사회에 대한 실태조사 보고서가 있다(손영훈 외, 2013).

이 글은 기존의 개별적 연구들과는 달리 연해주의 우수리스크라는 공간에서 다양한 한인 디아스포라 그룹들의 초국경적 만남에 중점을 두었다. 이 연구는 초국경적 이동과 흐름의 주체로서의 한인 디아스포라의 접점을 살펴보기 위한 것이므로, 이를 위해 기존의 개별적인 디아스포라 연구와 실태조사 보고서를 참조하되, 더 나아가 서로 다른 범주의 한인 디아스포라들의 삶이 얽히는 만남의 현장들에 주목했다.

우수리스크에서의 한인 디아스포라들의 초국경적인 만남의 현장은 경제활동 영역과 사회활동 영역으로 크게 나누어 볼 수 있는데, 경제활동 영역 중 가장 대표적인 곳이 시장과 건설현장이며, 사회활동 영역은 고려인 문화센터, 교회 등이다. 또한 이 두 범주가 중첩적으로 겹쳐져 있는 공간인 한국 NGO가 활동하고 있는 농장도 대상지역으로 포함했다.

아울러 초국경적 만남이 개인의 삶에 미친 영향을 미시적으로 살펴보기 위해 선행연구를 분석하는 문헌연구와 더불어 구술 인터뷰를 활용한 미시사적 접근 방법을 병행했다. 이는 미시사의 대가인 카를르 긴즈부르그가 자신의 저서『치즈와 구더기』에서 주장한 "의사 전달이 불가능한 광기에 빠져드는 것을 제외한다면, 사람은 자신이 살던 시대의 문화와 계급에서 벗어나지 않는다"[12]는 견해처럼 한 개인이 자신이 속한 사회와 유리될 수 없다는 전제 하에 구술 인터뷰 방법을 사용했다. 러시아의 한인 디아스포라 연구에 있어서 구술 인터뷰 방법은 중요한 방법론 중 하나로 기틀을 잡아가고 있다.[13] 이 연구를 위한 구술 인터뷰는 총 4차례에 걸쳐 진행되었다. 1~3차는 우수리스크에서, 4~5차는 한국에서 진행되었다. 1차는 2014년 10월

---

12 까를로 진즈부르그(김정하·유제분 역),『치즈와 구더기』(문학과 지성사, 2001), 45쪽.
13 러시아의 한인 디아스포라 연구에 있어서 구술인터뷰 방법을 활용한 기존의 글은 다음과 같다: 고가영. 2008. "우랄지역 원로 고려인들의 생애사 연구."『역사문화연구』30; 박지배. 2008. "원로 고려인 이블라지미르의 생애와 톰스크의 한인사회."『역사문화연구』29; 배은경. 2008. "시베리아 과학자 김 파벨 가족의 구술 생애사 연구."『역사문화연구』30; 선봉규·전형권. 2012 "러시아 연해주 고려인의 디아스포라적 삶에 관한 연구: 구술사 연구방법론의 관점에서."『한국동북아논총』65; 이병조. 2011. "생존자의 회상을 통해서 본 스탈린 탄압의 비극: 최초의 한인 해군장교, 최 파벨 페트로비치(최선학) 가족을 중심으로."『재외한인연구』24; 이복규. 2011. "중앙아시아 고려인의 강제이주담에 대하여."『한민족문화연구』38; 임영상. 2010. "러시아 우즈베키스탄 북한, 그리고 다시 우즈베키스탄 -페르가나 고려인 김 레오니드의 살아온 이야기-."『역사문화연구』35; 임영상. 2010. "타슈켄트주〈북쪽등대〉콜호즈의 김 게오르기, 문화일꾼에서 한국어 교사로"『역사문화연구』37 (2010); 임영상. 2012.『구술생애사와 문화콘텐츠를 통해 본 고려인』. 신서원; 진형권·이소영. 2012. "사할린 한인의 디아스포라 경험과 이주루트 연구."『OUGHTOPIA』27(1); 황영삼. 2008. "고려인 학자 박 보리스 드미트리예비치 교수의 구술생애사 -중앙아시아 및 시베리아 생활 시기를 중심으로."『역사문화연구』30; 쫜 본-су. 2013. "Иммиграция и этносоциальная адаптация корейцев в Бурятии -На основе устной истории жизни некоторых корейцев-."『한국시베리아연구』17(2) 등.

24~10월 27일 사이에 11명을 만났으며[14], 2차는 2015년 2월 4일 ~ 2월 6일 사이에 5명을 만났다.[15] 3차는 2015년 10월 3일 ~ 10월 9일 사이에 17명을 만났다.[16] 4차는 2016년 1월 3일에 1명을, 5차는 2016년 4월 25일에 2명을 만났다.[17]

이러한 구술인터뷰를 통해 냉전체제 종식이후 국민국가의 경계를 넘나드는 초국경적 이동과 흐름이 활발하게 일어나고 있는 북·중·

---

[14] 1차 구술인터뷰 대상자 - 1. 김 안드레이 (2014.10.24. 사업가, 자택), 2. 박 이리나 (2014.10.24. 주부, 자택), 3. 김 아나톨리 (2014.10.25. 노동자, 안드레이 김의 집), 4. 권 알렉세이 (2014.10.24. 상인, 시장), 5. 중국시장 60세 조선족 아주머니 (2014.10.25. 상인, 시장) 5. 진 옥사나 아주머니 (2014.10.25. 중국시장, 가죽옷 가게 주인, 조선족), 6. 고려인 갈리나 아주머니 (2014.10.25. 중국시장, 가죽 옷 가게 점원), 7. 박 클라라 (2014.10.25. 중국시장우정, 옷가게 주인) 8. 초이 류드밀라 (2014.10.25. 중국시장우정', 옷가게 점원) 9. 최관우 (초이 니키타, 2014.10.25. 농민, 고려마을) 10. 초이 카트리나 (2014.10.25. 농민, 고려마을), 11. 나타샤 (2014.10.26. 미용사, 중국 수분하행 버스)

[15] 2차 구술인터뷰 대상자 - 1. 김 발레리야 (2015.02.04. 연해주 고려인 민족문화자치회 부회장, 고려신문 편집장, 고려문화센터), 2. 소망교회 목사 (2015.02.05. 소망교회), 3. 소망교회 목사 어머니 (2015.02.05. 소망교회), 4. 소망교회 교인 (2015.02.05. 안드레이 이모, 소망교회) 5. 김 산하 (2015.02.05. 한국어 교사, 로지나 서당)

[16] 3차 구술인터뷰 대상자 - 1. 박 이리나 (2015.10.03. 8. 여행가이드, 레스토랑 찰리채플린), 2. 김 알렉산드라 (2015.10.03. 고등학생, 레스토랑 찰리채플린), 3. 김 바나바 (2015.10.04. 대학생, 생명 교회), 4. 강 마리나 (2015.10.04. 로지나서당 한국어 교사, 카페 '배부른 갑판장 Сытый боцман'), 5. 안 올렉 (2015.10.05. 택시기사, 택시), 6. 주인영 이사장 (2015.10.05. 솔빈센터), 7. 김 블라지미르 (2015.10.05. 택시기사, 택시), 8. 강 스베틀라나 (2015.10.05. 회사원, 레스토랑 '찰리 채플린'), 9. 김 아나톨리 (2015.10.05. 건설현장관리인, 레스토랑 '찰리 채플린'), 10. 조성연 (2015.10.06. 목사, 생명교회), 11. 초이 류드밀라 (2015.10.07. 상인, 중국시장 '우정(Дружба)'), 12. 박 클라라 (2015.10.07. 상점주인, 중국시장 '우정(Дружба)'), 13. 스베타 (2015.10.07. 조선족 옷가게 주인, 중국시장 '우정(Дружба)'), 14. 김 바울 (2015.10.08. 회사원, 우수리스크 호텔), 15. 황 올렉 (2015.10.08. 조선족 가게주인, 피자가게), 16. 초이 이리나 (2015.10.08. 고려인 가게 주인, 피자가게), 17. 김 안드레이 (2015.10.8. 농민, 레스토랑 '찰리 채플린') - 이 중 5명은 1차 인터뷰에서 만난 사람을 다시 만남.

[17] 4차 구술인터뷰 대상자 - 박 클라라(2016.01.03. 서울 인사동), 5차 구술인터뷰 대상자 - 김승력(2016. 04. 25 '너머' 한양대 분소) 대표, 리 안드레이(2016. 04. 25, 우수리스크 청년회 회장, '너머' 한양대 분소)

러 지역의 한 부분인 극동 러시아, 그 중에서도 우수리스크에서 초국경적 이주 흐름의 적극적인 행위자인 한인 디아스포라들의 서로 얽혀 있는 삶에 초점을 맞추어 보았다. 이는 북·중·러 지역의 아래로부터의 초국경적 이동과 흐름의 구체적인 사례연구가 될 것이다.

II. 초국경적 이주를 유발한 요인들

1. 중앙아시아 고려인의 귀환이주 대상지역

연해주의 우수리스크는 중앙아시아 고려인들이 귀환이주를 감행하는 지역 중 하나이다.[18] 중앙아시아를 떠나 러시아로 이주하는 고려인들의 절반 정도가 연해주를 선택하고 있으며, 우수리스크에는 연해주 한인의 절반 정도가 거주하고 있다(최진욱 외, 2004: 108, 111). 연해주 면적은 16만 5,900㎢이고, 인구는 약 199만 명이다. 우수리스크는 연해주의 주도(州都)인 블라디보스토크 다음으로 큰 도시이다. 소연방 해체와 더불어 1992년 중앙아시아 각 국가들이 독립하면서, 민족주의 정책들이 강화된 것이 중앙아시아 고려인들을 밀어내는 요인, 즉 우수리스크로 끌어당기는 요인으로 작용했다. 군항도시였던 블라디보스토크가 상대적으로 이주조건이 까다로웠기 때문에

---

[18] 연해주의 면적은 16만 5900㎢, 인구는 약 199만 명(2008.1)이다. 주도(州都)는 블라디보스토크(인구 58만, 2008.1 기준)이다. 이 지역은 우리에게는 역사적으로 간도로 불리던 지역이다.

중앙아시아의 고려인들은 블라디보스토크에서 멀지 않은 우수리스크 시내와 우수리스크 근교를 주요한 귀환이주 대상지역으로 삼았다.

우수리스크를 포함한 연해주는 중앙아시아 고려인들의 원거주지였다. 연해주 고려인의 이주사는 크게 네시기로 구분될 수 있다: 첫째 월경이주 시기 (1883-1937), 둘째 귀환이주 금지 시기 (1937-1956), 셋째 초기 귀환이주 시기 (1956-1991), 넷째 후기 귀환이주 시기(1992 - 현재)이다.

첫째 월경 이주 시기는 연해주 일대가 청에서 러시아영토로 복속된 시점을 전후로 시작되었다. 한인들이 러시아로 최초로 이주한 공식적인 연도는 1864년으로 알려져 있으나, 몇몇 자료들에는 그 이전 시기부터 한인들이 지금의 러시아 땅으로 이주한 기록들이 있다. 비록 연해주를 포함한 만주 일대가 청나라의 발상지로 '봉금령'에 의해 법적으로 사람들의 거주가 허용되지 않는 지역이었지만, 사람이 살지 않았던 것은 아니었다(이봄철, 2007: 52). 연해주 일대가 러시아 영토로 편입되기 이전에 한인이 연해주 지역에 거주하고 있었던 사실이 최초로 세상에 알려진 것은 1850년대로 거슬러 올라간다. 1850년대 중국의 만주 연안을 여행했던 여행자들이 현재의 블라디보스토크 주변 지역에 살고 있는 한인들을 목격한 기록을 남겼다 (Ravenstein, 1861: 231; 강주진, 1979: 117 재인용). 또한 1857년에도 우수리 강 근처에서 수수, 보리, 메밀, 옥수수 등을 파종하는 고려인에 대한 기록이 있다.[19] 이는 러시아가 진출하기 이전에도, 이미 한인들은 이 지역으로 진출하여 생산 활동을 하고 있었다는 것을 증명하는 사례들이라 볼 수 있다.

한인들은 러시아가 1860년 베이징 조약을 통해 연해주를 취득한 후에도 계속 두만강을 건넜다. 조선의 관헌들이 두만강 변경을 폐쇄하고 조선인의 월경을 막으려 했으나 빈곤을 벗어나려는 이주민들을 막을 수는 없었다. 한인 이주에 관한 러시아 측의 첫 번째 공식 기록은 러시아 극동 문서 보관소(Российский Государственный Исторический Архив Дальнего Востока)에 보관된 보고서에서 발견된다.[20]

1905년까지의 한인 이주자들이 주로 경제적인 이유로 국경을 넘었다면, 1905년 이후 특히, 1910년 일제의 조선 강제 병합 이후에는 한인들의 러시아 이주는 점차 정치적인 성격을 띠게 되었다. 소비에

---

19 이들은 15데샤티나(약 1,6ha)의 토지를 경작했다고 한다. (이봄철, 2007: 52)
20 이 보고서는 당시 동시베리아 제3중대, 4대대 레자노프(Резанов) 중위가 1863년 11월 30일자에 작성한 것으로서, 연해주 군무지사 카자케비치(П.В. Казакевич)에게 보낸 것이다. 레자노프는 한인들이 자신을 찾아와 지신허(Тизинхе) 강가에 정착촌 형성하는 것을 허가해 줄 것을 청원했다고 보고하고 있다. А.А. Торопов. 2013. "Документы Российского Государственного Исторического Арихва Дальнего Востока как источник по изучению иммиграции Корейского населения на Российский дальний восток и их участия в антияпонском национально-освободительном движение." 『한국사학사학회 · 러시아 극동역사문서보관소 공동주최 국제학술회의 자료집』 p.2. 이 기록은 한국 쪽의 무산의 최운보와 경흥의 양응범 두 사람이 이끄는 함경도 농민 13가구가 1863년 월경을 엄금했던 국법을 어기고 목숨을 걸고 두만강을 건넌 기록과 일치한다. 그런데, 한인들의 현존하는 최초의 기록은 초기 한인사회 지도자 가운데 한사람인 최봉준이 〈해조신문〉을 창간하면서 쓴 발간사에 이주년도를 일천팔백육십삼년으로 정확하게 기록하고 있으나 이를 '갑자년' 즉 1864년으로 잘못 계산하여 기술하였다. 이로 인해 당시 한인들이 최초의 이주를 '갑자년'으로 잘못 인식하게 되었다. (반병률, 2003: 214)

트 혁명 정부가 출범한 1917년 당시 러시아 내의 전체 한인 수는 총 10만 여명에 달했다. 이 중에서 연해주에서는 당시 연해주 전체 인구의 30%에 달하는 81,825명의 한인이 거주했다.[21] 볼세비키 혁명 정부가 내전에서 승리한 이후[22] 소비에트 체제가 안정을 찾아가면서, 극동의 한인사회도 점차 발전했다. 1924년에는 니콜스크-우수리스키 사범학교에 한인들을 위한 학과(корейское отделение)가 설립되었으며, 21명이 수학했다(Хабаровск, 1925: 11-12; Ванин, 2004: 187). 1931년에는 블라디보스토크에 고려사범대학이 설립되었다. 강제이주 직전인 1937년 8월에는 교육문화기관으로 초등학교 300여개, 초급 중학교 60여개, 중등학교 및 전문학교 20여개, 기타 문화기관이 150여개가 있었다(반병률, 1997: 158).

고려인들의 두 번째 이주 시기의 시작은 1937년 스탈린의 강제이주 정책이 실시된 때이다. 소비에트 중앙정부의 전면적인 강제이주 정책 실시로 인해 약 17만 명 이상의 한인들이 일본 스파이라는 죄명으로 중앙아시아로 이주되었고, 이후 극동지역에는 한인들이 거주하지 않았다. 이때부터 1956년 거주지 제한이 철폐될 때까지 고려인들은 유형민으로 중앙아시아에서 거주했다. 이 때 극동으로 돌아가는 것은 내무부 령에 의해 금지되었다.[23]

---

21 연해주 거주 한인 81,825명 중 국적취득자는 32,841명이었다.
22 혁명 직후 발발한 내전에서 역사학자들은 47개의 한인 빨치산 부대가 혁명군의 편에 서서 싸운 것으로 보고 있다. (보리스박 외, 2004: 159-160)
23 물론 소수의 예외적인 사례들이 있기도 했다. 예를 들면 1945년 이후 소연방으로 귀속된 사할린 고려인들의 사상교육을 위해 언어적 동질성이 있는 중앙아시아 고려인 공산당원들이 극동으로 파견되기도 했다.

세 번째 이주는 스탈린 사후 1956년 4월 28일에 강제 이주된 민족들의 특별 거주지 제한을 폐지하는 소연방 최고회의 법령이 제정된 이후시기에 발생한 것이다. 거주지 제한이 철폐된 이후 일부 고려인들은 중앙아시아에서 러시아 전역으로 신이주를 단행했다. 여기에는 연해주로의 귀환이주도 포함되었다. 당시 중앙아시아 고려인들의 이주 원인은 주로 러시아 주요도시들로 진학을 하거나 우크라이나, 러시아 남부지역, 연해주 지역 등으로 계절농업의 일종인 고본질을 하러 간 것이었다.[24] 연해주로 고본질을 하러 왔던 고려인들 중에는 귀환이주를 감행하여 지속적으로 거주하는 이들이 발생했다.

네 번째 이주는 소연방 해체이후 중앙아시아에서 민족주의 발현, 내전의 발발 등으로 인해 발생한 것으로서, 고려인들은 자신들의 역사적 고향이자, 과거 고본질 대상 지역들 중 하나였던 연해주 지역으로 귀환이주를 감행했다. 중앙아시아 국가들에서 민족주의 부활에 따른 자민족어 중심정책으로 인한 언어문제와 이에 따른 실직현상, 독립국가 형성 직후 발생한 경제난 등이 이주의 직접적인 원인이 되었다. 특히 타지키스탄의 경우, 1992년 내전 발발로 인해 발생한 고려인 난민들이 연해주로의 이주를 감행하기도 했다. 연해주 국립통계위원회의 자료에 따르면 1959년 연해주에는 6,597명, 1970년 8,003명, 1989년 8,125명, 2002년 17,899명의 고려인이 거주

---

24 고본질의 기원을 연해주 시절부터 있었던 계절노동으로 보는 견해도 있다. 고본질을 행한 주체는 원호(러시아 국적 취득자)가 아닌 봄철에 두만강을 넘어 러시아 연해주에서 농사를 짓다가 가을이면 북한으로 돌아가는 여호(러시아 국적 미취득자)로 보았다. (임영상, 2010)

했다(Трякова, 2014: 164).[25] 외교부 자료에 의하면 2013년 연해주 고려인 수는 28,824명에 달한다. 비공식 수치로는 4만 명에 달한다. 연해주에서 고려인이 가장 많이 살고 있는 곳은 우수리스크 일대이다. 우수리스크에는 연해주 고려인의 절반인 약 2만 명 정도가 거주하고 있다(김호준, 2013: 441).

2. 냉전체제가 만든 장벽과 차이, 탈냉전으로 인한 조선족 이동의 가속화

2차 대전 이후 냉전체제의 수립으로 자본주의 진영과 사회주의 진영 간의 이동과 흐름은 단절되었다. 이는 베를린 장벽 구축으로 상징화되었다. 동북아시아에서는 그보다 조금 앞 선 시기에 발발한 한국전쟁의 여파로 양 진영간의 대립이 첨예화되었다. 이러한 국제관계의 영향으로 남한 사람들은 북한사람들과의 관계가 단절되었고, 약 50만 명의 재러 한인(고려인)과 한국인, 200만 명가량의 재중한인(조선족)들과 한국인들의 접촉도 단절되었다.

그런데 이러한 단절의 장벽은 자본주의 진영과 사회주의 진영 사이에만 있었던 것은 아니었다. 사회주의 진영 내에서도 소련과 중국 사이에 흐루쇼프 시기 발발한 중·소 이데올로기 분쟁의 여파로 두터운 장벽이 쌓이기 시작했다. 중·소 분쟁은 흐루쇼프를 실각시키고 집권한 브레즈네프 통치시기에 더욱 첨예화되었다. 중·소 분쟁

---

[25] 부가이와 심헌용은 2001년 초 연해주 지역의 고려인 수는 약 4만 명에 달한다고 보았다.

의 절정은 1969년 3월 양국 간의 국경 분쟁 지역 중 하나인 다만스크 섬(Даманский остров, 진보도)에서 무력충돌이 일어난 것이었다. 극동에 위치한 다만스크 섬에서 1969년 3월 2일에서 16일 사이 이 무력충돌로 인해 소련군은 58명이 사망했으며, 94명이 부상을 입었다.[26] 당시 다만스크 전투에서 중국인의 인해전술로 수많은 중국인 희생자가 발생했다.[27] 이 사건 이후 양국의 국경은 폐쇄되어 국경을 통한 지역민의 왕래는 완전히 단절되었다. 이 때 양국 간에는 핵전쟁의 위협마저 감돌았다. 당시 KGB장이었던 안드로포프는 "소연방이 동쪽에서 화약고 위에 놓여 있다"고 말할 정도로 중국의 위협에 대한 불안을 표명했었다. 이 사건의 여파로 1960년대 말 양국 국경에는 소련군 65만 8천 명과 중국군 81만 4천 명이 주둔했다(Аргументы и факты, 2014년 5월 10일). 이로 인해 양국 간의 교류는 단절되었으며, 소련과 북한과의 교류도 이 기간에는 원활하지 않았다.

이처럼 냉전체제 하의 자본주의 진영과 사회주의 진영 사이의 단절과 더불어, 사회주의 진영 내의 중·소 간의 단절 등, 동북아시아 지역에서는 중첩적인 장벽이 드리워졌다. 이러한 장벽은 1980년대 중반 중·소 간의 관계가 회복되고, 소련 내에서 개혁·개방 정책의 실시, 88올림픽, 1989년 동유럽 혁명을 거쳐, 1991년 12월 소연방의 해

---

26 "Даманский конфликт" http://www.opoccuu.com/damanskiy.htm
27 정확한 중국 측 사상자는 알려지지 않았으나, 이 전투에 참가했던 한 러시아 병사는 몰려드는 중국인들을 향해 기관총을 발사하다가 총이 과열되어 불이 나기도 했다고 증언하고 있다. 2014년 10월 25일, 김 안드레이(Ким Андрей Борисович) 인터뷰 (우수리스크 자택)

체로 인해 냉전체제가 종식되면서 걷히게 되었다. 극동의 접경 지역은 그동안의 장벽이 낳은 차이가 유발한 이동의 흐름이 봇물이 터지듯이 활발해졌다.[28]

첫 번째 흐름을 주도한 것은 소위 보따리 무역상으로 지칭되는 국경 무역을 담당한 상인들이었다. 소연방 말기 소련 전체에서 생필품 부족 현상이 심화되었는데, 중앙 정부로부터 멀리 떨어진 극동지역은 더욱 극심한 물자의 부족을 겪고 있었다. 이로 인해 접경 지역인 중국의 동북 지역 조선족들이 먼저 생필품들을 가지고 국경을 넘기 시작한 것이다. 이들 보따리 장수들을 중심으로 우수리스크에 중국인 시장이 형성되었다. 이 시장은 현재 극동 러시아 지역 전체에서 가장 큰 규모의 시장이다.

대규모 중국인 시장이 우수리스크에 형성될 수 있었던 것은 우수리스크에 귀환이주자들인 고려인들이 거주하고 있었기에 가능했다. 고려인과 조선족은 간단한 의사소통이 가능했기에 조선족들은 극동러시아로의 이주의 선봉을 담당할 수 있었다. 조선족들과 더불어 중국인들이 우수리스크의 시장으로 오기 시작했고, 오늘날은 중앙아시아 고려인들을 따라서 우수리스크로 건너온 중앙아시아의 우즈벡, 키르기즈인들이 우수리스크 시장에서 일하고 있다. 우수리

---

28 러시아 극동지역은 러시아 전체 영토의 36%(615만 ㎢)을 차지하지만, 이 지역 내 인구는 전체 인구(1억4천2백만 명)의 4.6%(644만 명, 2010년 기준)에 불과하며, 1990년 806.4만 명이었던 이 지역 인구는 해마다 감소하고 있어서 노동력 부족이 심각한 문제로 대두되고 있다. 이와는 대조적으로 러시아의 국경 너머 불과 얼마 떨어지지 않는 지역에 위치한 동북 3성의 인구는 1,억952만844명이며(2011년 중국 제6회 인구 조사 자료에 의하면, 헤이룽장성(38,312,224); 지린성(27,462,297); 요녕성(43,746,323)), 잉여 노동력이 심각한 사회적 문제가 되고 있다.

스크 시장은 점점 더 글로벌한 공간이 되고 있다.

3. 북한 노동자들의 외화벌이의 공간

우수리스크를 포함한 연해주 지역은 이처럼 고려인과 조선족들이 유입되는 지역일 뿐 아니라 북한 노동자들도 유입되는 곳이다. 러시아 당국은 극동 지역에 중국 노동자들이 지나치게 진출하는 것을 견제하는 차원에서 외화벌이를 원하는 북한 노동력 유입을 필요로 하고 있다(이영형, 2007: 53). 북한 노동자들의 극동 지역 이주는 크게 네 시기로 구분할 수 있다. 첫째는 1945-1950년대 초반까지로서, 계절적 노동이주의 성격을 띠고 있다. 둘째는 1967-1991년까지 경제적 목적이 아닌 중·소 분쟁 과정에서 북한을 자신에게로 묶어두기 위한 소련 정부의 정치적인 고려가 작동한 벌목 노동이주시기이다. 셋째는 1992-2000년까지 시기로서, 중·소 분쟁 종식, 소연방해체 등의 정치적 격변들을 겪은 후, 경제적 목적과 정치적 이익이 결합된 통제된 노동이주의 시기이다. 넷째는 2012년 이후부터 지금까지로서, 관리통제 노동이주 시기이다. 마지막 시기는 북한정부의 관리통제가 강화된 시기라고 할 수 있다(이영형, 2016: 114).

특히 1990년대 중·후반 극심한 경제난을 겪은 북한은 외자유치를 위해 해외로 노동자를 파견하고 있는데, 이는 국가주도의 관리하에 이루어지고 있으며, 계획분 상납의무, 북한 정부소속 관리자들에 의한 노동자 감시체계가 작동하고 있다(이애리아 외, 2015: 1). 우수리스크시에 있는 북한 노동자의 다수는 건설 및 방직공장에서 근무한 것으로 알려져 있다. 2005년 말까지는 우수리스크 한 방직 공장에 약 40여명에 달하는 북한 여성 노동자들이 근무했다(이영형, 2007: 63). 2007년 이후 연해주 지역에 파견된 북한 노동자들은 대부분 건설노동자이며, 러시아로부터 북한이 쿼터를 받아 노동자를 파견하는 방식으로 이루어지고 있다(이애리아 외, 2015: 2). 러시아에 파견된 전체 북한노동자는 2013년 9월 기준으로 21,447명으로 파악되었다. 이중 1/4이 넘는 5,600명 정도가 연해주에서 일했다.

그러나 2014년부터 러시아 경기가 침체되면서, 이러한 경제적 위기는 극동지역에도 영향을 미치게 되었다. 경기침체의 계기는 러시아가 크림 반도 복속을 위해 비록 합법적인 선거의 형태를 갖추기는 했으나 자국 군대를 크림으로 파견한 것으로 인한 것이다(강봉구, 2014: 156-167). 이로 인해 국제적인 경제제재가 시작되면서 러시아 경기는 침체되기 시작했다. 연해주에서의 건설 등 개발 환경이 위축되면서 외국인 노동자 수입 규모도 대폭 축소되었고, 이는 북한 노동자들의 진출에도 영향을 미쳤다(이영형, 2016: 120). 이처럼 거시적인 경제 상황에 따른 파견 노동자의 수의 변화가 있음에도 불구하고, 여전히 우수리스크를 포함한 연해주는 북한 노동자들의 외화벌이를 위한 진출 공간이다.

4. 북·중·러 접경 지역 한국인의 개발과 투자의 공간

귀환하는 고려인, 국경무역을 담당하는 조선족, 외화벌이를 위한 북한 노동자뿐만 아니라, 한국인들도 북·중·러 접경지역으로 진출하고 있다. 북한은 경제난을 극복하고, 인프라를 개선하는 것이 필요하고, 중국은 동북 3성 지역의 개발과 함께 태평양지역으로 향하는 항구를 확보할 필요가 있다. 러시아는 극동 지역에서 운송 물류 부문의 발전과 함께 제조업 발전을 추진하고 있다. 이처럼 각국의 이해관계가 일치하는 북·중·러 접경지역은 한국에게도 유라시아 전역으로 진출하는 거점 지역으로서의 의미를 갖는다.

또한 이곳은 농업 부문에서도 큰 의미를 갖는 중요한 지역이다. 연해주는 벼를 비롯한 밀, 보리, 귀리, 콩, 옥수수 등 다수의 곡물과 감자, 채소류 등의 작물재배가 가능하다. 식량 자급률이 낮은 한국은 안정된 식량자원 확보를 위하여 해외식량 공급기지를 모색하고 있다. 연해주는 지리적 근접성, 대규모 농지를 확보할 수 있다는 것이 장점으로 작용한다. 한국의 농업 관련 기업과 단체들은 1990년대 초부터 연해주로 진출하기 시작했다. 농업 부문 이외에도 1991년 고려합섬을 필두로 몇몇 기업들이 연해주에 진출했는데, 많은 기업들이 활동을 중단했다.[29] 연해주에서 영농을 위해 현대 아그로 상생, 에코호스, 코리아통상, ㈜서울사료, 인탑스, (사)동북아평화연대(㈜ 바리의 꿈) 등 10여 개가 진출했었으나, 2020년 현재에는 7개의 한국 기업들이 농사를 짓고 있다(柳龍煥 외, 2013: 56).[30]

이처럼 연해주, 우수리스크는 동북아시아 각국의 이해관계와 더불어 다양한 한인 디아스포라들이 다양한 이유들로 모여드는 매우

---

[29] 연해주에서 철수한 기업은 ㈜고합상사, ㈜대아산업, ㈜대경, ㈜대한주택건설사업회 등이다. (柳龍煥 외, 2013: 56)
[30] 김형우, "러시아 연해주 농업은 한·러 양국 협력의 최대 성과를" (연합뉴스. 2020년 6월 7일).

흥미로운 지역이다.

III. 한인 디아스포라들의 초국경적 만남의 양상들

자신들의 필요에 의해 우수리스크로 유입되어 이곳에 거주하고 있는 다양한 범주의 한인 디아스포라들은 별개의 삶을 영위하는 것이 아니라, 다양한 장소에서 서로 얽힌 삶을 살아가고 있다. 이들의 만남의 장소들은 크게 경제활동 공간과 사회활동 공간으로 구분할 수 있다. 경제활동 공간은 중국시장과 건설노동 현장이며, 사회활동 공간은 <고려인 문화센터>와 종교단체들, 한국어 교육을 시행하는 <로지나 서당>과 <동북아평화기금>의 '우정마을', '고려마을'의 농장 등이다. 농장은 운영의 주체를 기준으로 볼 때 사회활동 공간일 수도 있고, 경제활동 공간일 수도 있는 중첩적인 공간이기도 하다. 농장주에 해당하는 <동북아평화기금>[31]의 경우 그 목적이 농장운영을 통해 이윤을 추구하는 것이 아니라 귀환이주자들인 고려인들의 정착과 자립이라는 점에서 사회활동의 영역으로 분류될 수 있으며, 농장에서 일하는 고려인들을 주체로 볼 때에는 경제활동의 영역이 되기도 한다.

---

31 <동북아평화기금>은 <동북아평화연대>의 러시아 현지 법인명이다.

1. 경제활동 공간에서의 만남

1) 중국시장을 통한 만남: 고려인·조선족

중앙아시아에서 귀환한 고려인들이 거주하는 우수리스크로 조선족들이 나타나기 시작한 것은 1989년이었으며, 1992년 무렵부터 많은 조선족들이 진출했다. 중국과 소련 간의 장벽이 걷히자, 극동 지역의 생필품 부족으로 촉발된 국경 무역이 활기를 띠게 된 것이다. 조선족들은 고려인들과 간단한 의사소통이 가능하였기 때문에 쉽게 시장을 형성할 수 있었다. 이들과 거의 동시에 한족 보따리 상인들이 들어옴으로써, 우수리스크에는 극동지역 최대 규모의 중국시장이 형성되었다. 이 중국시장은 이후 중앙아시아에서 귀환한 가난한 고려인들의 초기 정착에 커다란 영향을 미쳤다. 이 시장에서는 주로 중국산 의류와 신발류를 취급하며, 일부는 채소와 과일을 판매하기도 한다. 이 시장은 주간에는 소매시장, 야간에는 도매시장이 열린다. 1990년대 후반 이 중국시장에서 장사하는 상인 가운데 70-80%가 조선족이었으나, 크림 사태로 인한 러시아의 경제위기로 인해 많은 조선족들이 다른 지역으로 떠났으며, 그중 다수는 한국으로 향했다.[32]

무엇보다 2006년 11월 15일에 총리인 미하일 프라드코프(Михаил Фрадков)가 서명하여, 2007년 1월 1일부터 시행된 외국인 소매 금지법

---

32 2016년 10월 말 법무부 통계에 따르면 국내 체류 외국인 202만 5천485명 중 30.9%인 62만 6천 876명이 중국국적동포(조선족)이며, 이외에도 10만 명으로 추정되는 조선족들이 한국 국적을 취득하여 한국에 거주하고 있다. (오정은 외, 2016: 3)

[33]은 중국인 시장의 상황을 변모시켰다. 이 법은 외국인이 소매상점의 주인이 될 수 없다는 것으로서, 자국민의 고용을 창출하기 위한 법이었다. 이 법으로 인해 중국인(한족들과 조선족들)은 더 이상 중국 시장 내에 있는 점포의 법적인 주인이 될 수 없었다. 이 법은 조선족들로 하여금 러시아 국적을 소지한 고려인들을 법적 주인이자 종업원으로 고용하지 않을 수 없게 만들었다. 중국인 시장에서 모피를 판매하는 가게에서도 조선족인 진 옥사나는 실질적인 주인이지만, 명목상으로는 종업원이었고, 우즈베키스탄에서 귀환이주한 갈리나는 실제로는 종업원이었으나, 법적으로는 가게의 주인이었다.[34]

또한 현재 중국시장에서 점원으로 일하고 있는 우즈베키스탄으로부터 이주해온 초이 류드밀라를 필자가 2015년 가을에 방문했을 때, 6개의 상점을 운영하고 있는 조선족 주인 마리나는 한 달 동안 비자를 받으러 중국으로 가고 없었다.[35] 중국 국적의 조선족들은 1년에 한 번씩 비자를 받기 위해 중국으로 가야하고, 비자를 받는 데 소요되는 시간은 일주일 정도이다. 비자 비용은 1년에 약 4,500달러가 소요된다고 한다.[36] 조선족 마리나의 6개의 상점 중 5개의 상점에는 중앙아시아에서 이주한 지 얼마 안 되는 젊은 우즈벡인들이 한

---

33 이 법은 푸틴 대통령의 의지로 만들어진 행정법이다. https://www.newsru.com/arch/finance/15nov2006/migrant.html (검색일: 2015. 09. 14).
34 2014년 10월 25일, 진 옥사나 인터뷰 (우수리스크 중국시장); 2014년 10월 25일, 갈리나 인터뷰 (우수리스크 중국시장). 인터뷰에 임한 조선족들은 대체로 자신들의 실명을 밝히기를 꺼려했다. 단지 러시아식 이름만을 밝혔다.
35 2015년 10월 07일, 초이 류드밀라(Цой Людмила) 인터뷰 (우수리스크 중국시장 '우정(Дружба)')
36 2014년 10월 25일, 진 옥사나 인터뷰 (우수리스크 중국시장)

명씩 배치되어 있었다.³⁷ 그들은 물건을 하나 판매할 때마다 6번째 상점을 맡고 있는 고려인 류드밀라에게 물건 값을 바로바로 건네주었다. 이를 통해 조선족 주인이 다른 직원들에 비해 고려인을 더 신뢰한다는 것을 알 수 있었다. 이처럼 자신의 부재시 대리인으로 고려인에게 상점 관리 전체를 맡기는 것을 통해 중국시장 내에서 조선족과 고려인의 상호 신뢰관계를 볼 수 있었다.

그런데 시장 안에 오랜 시간을 머물면서 알 수 있게 된 점들은 고려인 상인들이 조선족 상인들을 돈 밖에 모르는 비문화적인 사람들이라고 비판한다는 점이다. 우크라이나 내전을 피해 2014년에 우수리스크로 온 박 클라라는 맞은 편 옷 가게의 조선족 여주인인 스베타가 어린 아들을 떼어놓고 돈을 벌기위해 우수리스크로 온 이후 많은 돈을 벌어서 집을 몇 채나 샀으면서도, 얼마 전 한국에 일하러 간 아들이 결혼식에 와 달라며, 차비까지 보내 주겠다고 해도 가게 문을 닫는 동안 돈을 벌 수 없는 것이 아까워서 가지 않는다며 비판했다.³⁸

그런가하면 당사자인 조선족 상점주인인 스베타는 처음 러시아로 입국했을 때, 당시는 육로가 열리지 않아 비행기를 타고 하바로프스크로 와서 도착하자마자 여권을 경찰에 빼앗겼지만, 단돈 100달러가 없어서 여권을 돌려받지도 못한 채 모진 고생을 한 후, 이제서

---

37 이들은 대체로 우즈베키스탄에서 온 우즈벡인들로서, 미등록 노동자들이었다. 고려인에 비해 인건비가 저렴해서 가게 주인들이 고용을 선호하는 추세라고 한다. 2015년 10월 07일, 초이 류드밀라(Цой Людмила) 인터뷰 (우수리스크 중국시장 '우정(Дружба)')
38 2015년 10월 07일, 박 클라라(Пак Клара Николаевна) 인터뷰 (우수리스크 중국시장 '우정(Дружба)')

야 가게와 집을 마련할 수 있었다고 그동안의 어려움을 토로했다. 고향 땅에 가만히 앉아있으면 단 한 푼도 벌 수 없어서 어린 아이를 떼어놓고 낯선 길을 나섰다고 비장하게 이야기했다.[39] 이처럼 생필품을 판매하는 우수리스크 중국 시장에서는 더 나은 삶을 위해 국경을 넘어 중국으로부터 온 조선족들과 크림사태를 피해 크림으로부터 넘어온 고려인들, 그리고 중앙아시아로부터 귀환이주를 감행한 고려인들이 아래로부터의 트랜스내셔널한 이주민으로서 여러 모양으로 함께 얽혀 하루하루를 치열하게 살고 있었다.

중국시장의 초이 류드밀라 박 클라라

---

39 2015년 10월 07일, 스베타 인터뷰 (우수리스크 중국시장 '우정(Дружба)')

한편 중국인 시장의 고객들 중에는 북한여성들도 있었다. 옷가게 주인인 박 클라라는 이 시장에는 북한 여성들이 구매자로 자주 온다고 이야기했다. 그들은 구매력이 상당하지만, 상인들과 사적인 대화를 나누지는 않는다고 한다.[40] 연구자로서 남한에서 건너가 크림 난민으로 우수리스크로 온 고려인 디아스포라인 박 클라라의 옷가게에서 온종일 체류하면서, 조선족 주인 부부의 애환을 목격하고, 또한 고객으로 4-5인씩 무리지어 다니는 북한 아주머니들을 바라보며 다양한 한인디아스포라의 만남의 장소인 우수리스크 중국인 시장의 초국경적인 의미를 구체적으로 실감할 수 있었다.

2) 건설현장을 통한 만남: 고려인·북한노동자

중국인 시장과 더불어 한인디아스포라들의 경제적 만남의 또 다른 장소는 건설현장이었다. 연해주의 북한 노동자는 외국인 노동자 가운데 조선족을 포함한 중국 노동자 다음으로 높은 비중을 차지하고 있으며, 그 숫자가 증대되고 있다. 북한과 연해주 지방정부는 1993년 11월에 〈건설협력의정서〉를, 1995년 3월에는 〈농업·건설협력의정서〉를 체결했다. 이 계약에 따라 북한의 농업, 건설 노동자들이 1996년에는 약 2만 명 정도가 연해주 일대에서 일했다. 북한 노동자들은 대부분 1년 정도의 노동계약을 통해 노동을 했으며, 받은 임금의 일정액을 상부에 상납을 하고 난 차액을 자신의 수입으로 만

---

40 2015년 10월 07일, 박 클라라(Пак Клара Николаевна) 인터뷰 (우수리스크 중국시장 '우정(Дружба)')

들어 귀국할 때 약 2백 불 정도를 남겨서 가져갈 수 있다고 한다. 연해주 북한 노동자 수는 약 1만 명 정도로 추산되며 수시로 교체되고 있다(문명식, 2004: 119-120). 극동 신문 자료에 의하면, 러시아에서 일하고 있는 북한 노동자의 수는 2011년에는 3만 2천명, 2012년에는 4만 5천 명, 2014년에는 5만 3천명이다(이애리아 외, 2015: 29).

건설현장에서 북한 노동자들과 함께 일하고 있는 타지키스탄 내전을 피해 우수리스크로 이주해 온 귀환이주자인 김 아나톨리는 언제나 무언가를 구걸하려고 하는 가난한 북한 노동자들을 대하는 것이 편하지 않다고 이야기 했다. 남한 사람들보다 북한 사람들과 대화할 때 고려말이 더 잘 통한다며 신기해하면서도 그들을 동족이라고 여기는 마음보다 타자로 여기는 마음이 더 큰 것으로 보였다.[41] 이는 동북지역에 거주하고 있는 조선족들과 북한 사람들을 대하는 고려인들의 인식의 차이를 보이는 지점이라고 할 수 있다. 조선족들은 북한과 근거리에서 오랫동안 거주하며, 자신들이 경제적으로 어려웠을 때, 북한 사람들에게 도움을 받았던 경험들을 기억하며, 어려운 상황에 처한 북한 사람들을 도와주어야 한다는 정서를 가지고 있었다. 그런데 주로 건설현장에서 중간 관리자로 일하고 있는 고려인과 북한사람들 사이에는 선명한 위계관계가 형성되어 있는 것으로 보인다.

---

41 2015년 10월 5일, 김 아나톨리(Ким Анатолий Борисович) 인터뷰 (우수리스크 레스토랑 찰리 채플린)

2. 사회활동 공간에서의 만남

1) 문화 공간 (고려인 문화 센터) : 한국인·고려인·북한인의 만남

　이러한 경제적인 만남 이외에도 다양한 한인 디아스포라들의 중요한 만남의 장소는 〈고려인문화센터〉이다. 고려인 이주 140주년을 기념하여, 우수리스크에 고려인 문화센터가 2009년 10월 31일에 개관했다.[42] 우수리스크 시내에 위치한 이 문화센터는 대지 3천 평에 건평 1천 300평 규모로 건립되었다.[43] 개관식 세미나에서 이광규 전 재외동포 재단 이사장이 발표한 바에 의하면, 전 세계 172개국에 약 700만 명의 재외동포가 거주하고 있는데, 이 중 한인회관을 세운 곳은 82개 지역이고 문화센터를 가지고 있는 곳은 15개 지역인데, 독자적인 건물로 지어진 문화센터는 미국 로스엔젤레스와 우수리스크 두 군데이다.[44]

　약 17,000명 정도의 한인들이 거주하고 있는 것으로 추정되는 우수리스크에 이와 같은 독자적인 건물의 〈고려인문화센터〉가 건설된 것은 우수리스크가 내포하고 있는 지역적 가치가 매우 크다는 것을 보여준다고 할 수 있다. 문화센터에는 '고려인 역사박물관'도

---

42 http://uss.dvfu.ru/news/news796.html 고려인 이주 140주년은 2004년이지만, 문화센터 건립이 완공된 것은 2009년이었다.
43 〈고려인 문화센터〉 건립 준비는 2003년 12월부터 시작되었으며, 2005년 대한민국 정기 국회에서 기념관 건립 예산 24억 원이 통과되었다.
44 기념관 개관식에 한국에서는 〈동북아평화연대〉 강영석 이사장과 이부영 기념관 건립추진위원장, 경기도 민예총 회원 등 60여명이 참석했다. "고려인 문화센터 개관."(재외동포신문. 2010년 1월 19일).

만들어졌다. '고려인 역사박물관'은 우수리스크 사범대학에서 한국어를 강의하던 당시 〈동북아평화연대〉의 김승력 지부장이 현지에서 자료를 모았으며, 이를 독립운동사를 전공한 수원대의 박환교수가 감수하고, '채움'이라는 기획회사에서 콘텐츠를 만들어서 개관했다.[45]

현재 〈고려인문화센터〉에서는 역사박물관 외에도 한국어, 전통춤, 사물놀이 강의 등의 수업이 운영되고 있다. 이 중 민속무용을 담당하는 교사는 북한에서 파견되었다. 2015년 당시 북한인 무용 교사는 지속적으로 근무하는 것은 아니고, 본국으로 소환과 파견을 반복하고 있었다. 이 교사의 부재 시에는 학생들이 녹화된 영상을 통해 부채춤을 비롯한 전통무용 학습을 이어간다. 이처럼 〈고려인문화센터〉는 한국의 자본과 북한의 교수 인력, 수강생의 대부분을 이루고 있는 고려인들, 그리고 센터를 운영하는 주최인 〈고려인 민족문화자치회〉 등 다양한 한인 디아스포라의 중요한 만남의 장소로서 기능하고 있다.[46]

또한 〈고려인문화센터〉에서는 2013년부터 『고려신문』이 발간되고 있다. 이 신문의 전신은 〈고려인재생기금〉에서 발간하던 『원동신문』이다. 『원동 신문』은 편집장인 방 올렉에 의해 발간되었다. 그가 2002년에 사망한 후 신문발간은 중단되었고, 민족신문의 발간을 이어가고자 한 김승력 〈동북아평화연대〉 연해주 지부장의 의지로

---

45 2016년 4월 25일, 김승력 인터뷰 ('너머' 한양대 분소)
46 2011년 11월 28일에는 우수리스크 민족문화자치회가 연해주 민족문화자치회로 변경되었다.

『고려신문』이 2013년에 창간되었다.[47] 현재 『고려신문』은 주간신문으로 발행되고 있다. 특히 2015년부터는 한국과의 연계를 통해 총 20면의 지면 중 한 면에 한글 기사를 수록하고 있다.[48] 한글 기사는 러시아어로 작성된 기사를 매주 〈동국대학교 대외교류연구원〉의 연구자들이 한글로 번역해 보낸 것을 수록하고 있다. 〈고려인문화센터〉 건립에 참가했던 사람들은 문화센터가 여러 종류의 한인 디아스포라의 구심점이 되기를 원했다. 이곳이 단지 소수의 고려인들의 이용의 장으로 한정되지 않기를 바라고 있으며, 현재 카페와 식당, 결혼식과 돌잔치를 위한 홀대여 등으로 이용되고 있는 문화센터의 이윤 사업이 확대되는 것에 우려를 표하기도 한다.

2) 종교 공간 : 고려인·한국인

한인 디아스포라의 만남의 장으로 활용되는 장소 중 하나는 종교단체이다. 우수리스크에서 활동하는 종교단체 중 대표적인 것은 한국 선교사들에 의해 건립된 개신교회이다. 2015년에 우수리스크에서 활동 중인 개신교회로는 〈생명교회〉, 〈사랑의 빛 교회〉, 〈미하일로프카 은혜교회〉, 〈구원의 반석교회〉, 〈성서교회〉, 〈언약교회〉, 〈사랑장로교회〉, 〈소망교회〉, 〈평화교회〉가 있었다. 이중 〈소망교회〉와 〈평화교회〉는 고려인 목회자가 교회를 담당하고 있었

---

47 실제로 『고려신문』은 2013년에 창간되었으나, 현재 공식적으로 기념하는 창간일은 2014년 1월이다.
48 2015년 2월 4일, 김 발레리야(Ким Валерия Иннокентьевна) 인터뷰 (우수리스크 고려인 문화센터)

다. 우수리스크 한인 교회에는 고려인들과 러시아인들이 출석한다. 그런데 교인들 중에 조선족은 거의 없다. 이에 대해 중국인 시장에서 만난 조선족들은 〈고려인 문화센터〉나 교회 행사에 참석하지 않는 이유로 시장에서 장사하다 보면 피곤하고 시간이 없어서 갈 수 없다고 이구동성으로 이야기 한다.

이들 개신교회 중 고려인 목회자가 담당하고 있는 〈소망교회〉와 한국인 선교사가 담당하고 있는 〈생명교회〉를 방문하여 목회자와 교인들과 인터뷰를 진행했다. 〈소망교회〉는 1992년 황성익 선교사에 의해 창립되었으나, 1995년 박필녀 선교사에 의해 재창립되었다. 그러나 2014년 박필녀 목사가 추방당한 이후 젊은 고려인 목사에 의해 운영되고 있으며, 교인들은 거의 대부분이 고려인들이다. 박필녀 선교사가 담당하는 동안 〈소망교회〉는 우수리스크의 연로한 교인들의 무료 백내장 시술을 지원했다.

〈생명교회〉는 1993년 전용옥 선교사에 의해 창립된 교회로서, 1996년 김창식 선교사가 그 뒤를 이어 부임하였으나 2000년에 알콜 중독자[49]에 의해 우수리스크 도로에서 칼에 찔려 사망한 후 미망인인 박은희 선교사에 의해 교회 활동이 지속되었다. 그런데 2010년 박은희 선교사 역시 암으로 사망한 이후 2015년 당시에는 새롭게 부임한 조성연 목사에 의해 운영되고 있었다.[50] 교인의 70%는 러시

---

49 범인은 28세의 전과 2범인 안드레이 아나톨리에비치 루카네프였다. http://www.iwithjesus.com/news/articleView.html?idxno=4348
50 조성연 목사는 전임자인 박은희 목사의 형부이다. 2015년 10월 6일, 조성연 인터뷰 (2015년 우수리스크 생명교회)

아이들이며, 나머지는 고려인들이고 김창식 목사의 두 아들을 포함하여 2-3명의 한국 유학생들이 참석하고 있었다. 이 교회는 고아원 후원 사업과 의대에 다니는 고려인 청년의 장학금을 지급하고 있었다.[51] 이처럼 종교단체인 교회에서는 주로 고려인과 한국인들의 만남이 이루어지고 있다.

3) NGO 현장 : 고려인·한국인

<고려인문화센터>와 종교단체와 더불어 다양한 한인 디아스포라들의 만남은 이 지역으로 진출한 한국의 NGO 단체들에 의해 이루어지고 있다. 한국의 NGO 단체들은 주로 연해주로 귀환한 고려인들의 정착을 돕는 일을 하고 있다. 고려인의 연해주 재이주는 1993년에 4월 1일에 공표된 최고회의 법령 N 4721-1, "러시아 한인에 대한 명예회복에 관한 법안 О реабилитации российских корейцев"이 큰 영향을 미쳤다. 이 법령은 고려인에 대한 강제이주가 불법적인 조치임을 인정한 것으로서, 고려인의 명예회복과 강제이주 이전의 원 거주지로 귀환할 권리가 있음을 확인시켜 주었다.[52] 연해주 정부는 1998년 1월 19일 연해주 지사령 No. 64-P를 공표하여 귀환 이주한 고려인이 정착할 수 있도록 주택건설 지원, 국적 부여, 토지 분배, 특별 융자 등의 혜택을 주는 것을 결정했다. 이

---

51 2015년 10월 4일, 김 바나바 인터뷰 (우수리스크 생명교회)
52 "О реабилитации российских корейцев", ВЕРХОВНЫЙ СОВЕТ РОССИЙСКОЙ ФЕДЕРАЦИИ ПОСТАНОВЛЕНИЕ от 1 апреля 1993 года N 4721-1. http:// docs.cntd.ru/document/9007646

법의 취지를 살려 연해주 정부는 1998년 1월 고려인 이주민을 위한 정착지로 과거의 병영 등 군사시설 5개[53]와 농지 1,901 ha(약575만평)을 〈연해주 고려인재생협회〉(회장 김 텔미르)에게 무상임대 했다. 또 이주민 6만-7만 명을 수용할 수 있는 30-40개의 정착촌 조성계획을 세우고 고려인들을 입주시키기 시작했다. 〈연해주 고려인재생협회〉는 당시 연해주에서 활동하던 〈민족문화자치회〉, 〈노인단〉 등의 고려인 단체들의 연합체로서, 중앙아시아로부터 귀환이주한 사람들의 정착을 돕기 위해 만들어진 것이었다.[54]

그러나 과거 군용막사를 주거시설로 이용하려던 시도는 모두 실패했다. 정착촌이 일반 주민들의 생활공간과 멀리 떨어져 있는데다 폐가나 다름없는 막사의 난방, 전기, 상하수도 등의 시설에 소요되는 막대한 비용을 조달할 수 없었기 때문이다. 정착촌 거주인구는 점차 줄어 2002년에는 87세대 181명밖에 남지 않았다. 2003년 정착촌이 와해되면서 임대했던 농지와 시설을 모두 연해주 정부에 반납해야 했다(김호준, 2013: 443).

지역 행정 당국이 마련한 정착촌의 열악한 상황을 알게 된 〈대한주택건설협회〉 박길훈 이사장은 우수리스크 근교인 미하일로프카에 위치한 구소련의 비행장 터에 고려인 정착촌 건설을 위한 〈연해주 한인동포재활기금〉을 〈대한주택건설협회〉 산하에 설립했다. 〈연해주 한인동포재활기금〉은 1998년에 이곳에 고려인 우정마을

---

53 몇몇 자료들에서는 군사시설 (군막사) 6개소로 언급되기도 한다.
54 2016년 4월 25일, 김승력 인터뷰 ('너머' 한양대 분소)

1,000호 건축 계획을 수립하고 착공했다. 그러나 계획보다 크게 부족한 33채가 건설되었는데, 이는 〈대한주택건설협회〉의 대표회사인 〈길운〉이 건설을 담당했다. 그중 27채는 〈길운〉이 분양하고 지방정부에서 6가구를 러시아인들에게 분양했다. 〈길운〉이 분양한 27채 중 21가구는 카자흐스탄에서 이주해온 고려인들에게, 6가구는 우즈베키스탄에서 온 고려인들에게 분양되었다. 〈길운〉은 마을 전체를 공동으로 관리하려는 계획을 세웠으나, 세금을 포함한 여러 관리비용을 감당하지 못했다. 〈길운〉은 지방정부에 소유권을 넘겼고, 지방 정부는 주택들을 개인들에게 분양하여 개인소유로 할 것을 명했기 때문에, 2000년부터 분양이 시작되었다.[55]

2004년 〈대한주택건설협회〉는 이 사업에서 손을 떼고 철수했으며, 〈동북아평화기금〉이 '고려인 마을 만들기 프로그램'으로 마을 운영을 승계했다. 2004년에 〈동북아평화기금〉 사택과 〈솔빈문화센터〉가 완공되었고, 비닐하우스 30여동을 분양했으며, 유기농 채소 농사로 영농사업을 시작했다. 2005년 5월에는 청국장 생산을 시작했는데 이는 KBS 방송국의 '6시 내 고향' 프로그램을 통해서도 한국에 알려졌다. 2005년 12월에는 주식회사 〈바리의 꿈〉을 설립했으며, 2006년 6월에는 '연해주 고려인 정착지원 희망캠페인'본부를 발족했다. 이 캠페인에는 아름다운 가게, 사회연대은행, 자연농업연구소, 머니투데이, 노블하우스 등이 참여했다.

2007년 8월에는 '우정마을' 건립당시 건설노동자들의 숙소였던

---

55 2016년 10월 5일, 주인영 인터뷰 (우수리스크 근교 미하일로프카 '솔빈센터')

곳을 개보수하여 '고향마을' 조성을 시작했다. '고향마을'에는 2015년 당시 17가구가 입주해 있었으며, 청국장, 메주, 떡 공동 가공장을 운영하고 있다. 2011년에는 차가 청국된장 신제품을 출시했으며 경기도청의 지원으로 연간 100톤 규모의 장류 가공 공장을 경기도에 준공했다. 2013년에는 두부, 콩나물, 생산시설 등을 운영하며 바리 생활협동조합을 시작하여 우수리스크의 회원 70명과 블라디보스토크에 약 500명에게 유기농 먹거리를 배달하고 있다. 또한 이곳에서 생산한 유기농 콩 40톤을 한국으로 수출했으며, 유기농 두유를 생산했다. 2015년부터는 '고향마을'에서 표고버섯을 재배하여 판매하기 시작했다. 표고버섯은 중국인 시장의 판매원인 조선족, 한족, 고려인들에게 큰 호응을 얻고 있다.[56] 2015년 10월에 '우정마을'에는 4-5가구가 떠나고, 25-26가구의 고려인들이 남아있으며, 공공장소로 〈솔빈문화센터〉와 사택이 있다. 사택은 〈동북아평화기금〉 주인영 이사장 가족이 사용하고 있다.

〈로지나 서당〉은 〈고려인 문화센터〉와 더불어 우수리스크에서 한국어를 배울 수 있는 곳이다. 〈고려인 문화센터〉의 수강생은 성인들도 있으나, 〈로지나 서당〉은 어린 학생들을 대상으로 운영하고 있다. 한국어 강좌는 2004년부터 〈솔빈센터〉 내에서 강의를 시작했으나, 2007-8년에는 수업이 중단되었다. 2012년부터 〈로지나 서당〉을 열어 주말 학교로 수업을 재개했다. 2015년에는 평일에 수업

---

56 표고버섯은 2014년 10월에 1킬로에 150루블(약 5천원)에 판매되었다. 중국인들의 표고버섯은 120루블이었으나 '고향마을'에서 생산된 표고버섯의 품질이 월등하게 좋았다.

을 하고 있었다. 수업은 오전반과 오후반으로 나누어져 있는 학교 수업과 겹치지 않도록 학교 수업이 오전반인 학생들은 <로지나 서당>에서는 오후에, 학교 수업이 오후반인 학생들은 오전에 수업을 받는다. 2015년 10월을 기준으로, 5개 반에서 23명이 공부를 하고 있었다. 학생들 중 14명은 고려인이며, 9명은 에스닉 러시아인인 루스키(русский)이다. 2015년 당시 수업료는 1달에 400루블이었다. 수업은 문법수업과 회화수업으로 구분된다. 문법 수업은 우수리스크 사범대학 한국어과를 졸업한 교사 마리나에 의해, 회화수업은 극동대학교 법학부를 휴학 중인 김산하 교사에 의해 진행되었다.[57] 이처럼 <로지나 서당> 역시 고려인과 한국인들이 만나는 만남의 장소이며, 이 만남은 러시아인으로도 확대되고 있다.

IV. 접경지역에서의 초국경적 가족(transnational family)의 삶

미국과 멕시코 접경지역의 사례를 연구한 마르티네스(Martinez)는 접경지역 연구에 매우 유용한 틀을 제공해주고 있다. 마르티네스는 경계를 4가지 유형으로 구분했다. 첫째, 소외된 접경지역(alienated borderlands)는 긴장관계가 상존하는 곳으로서 경계는 기

---

[57] 2015년 10월 4일, 강 마리나 인터뷰 (카페 '배부른 갑판장 Сытый боцман'), 2015년 2월 5일, 김산하 인터뷰(로지나 서당)

능적으로 폐쇄되었으며 월경적 상호작용이 거의 존재하지 않는 곳이다. 둘째, 공존하는 접경지역(co-existent borderlands)는 시기에 따라 불확실한 안전성이 나타나는 지역으로서 상호협력 개발을 위한 경우에 한해서 접경지역이 제한적으로 개방된다. 셋째는 상호의존적인 접경지역(interdependent borderlands)으로서, 대체로 안정성이 보장되는 지역이다. 경제 사회적 보완성이 증대됨에 따라 월경적 상호작용이 제고되고 이는 접경지역의 확대로 이어진다. 이 경우 접경지역 주민들은 대체로 친숙하고 협력적인 관계를 형성한다. 넷째로 통합된 접경지역(integrated borderlands)는 영구적으로 안정성이 확보되어진 곳으로서, 양국 간의 정치적 경계가 기능적으로 통합되었으며, 국경을 통과하는 인적, 물적 교류가 무제한적으로 이루어진다(김상빈 외, 2004: 120-122).

이러한 분류는 접경지역 현상을 유형화하는 이론이지만, 북·중·러 접경지역의 경우, 특히 중국과 러시아의 접경지역의 경우는 이 네 가지 유형 중 하나에 해당하는 것이 아니라, 시간적 흐름에 따라 이 유형들을 동일한 장소에서 단계적으로 보여준다는 점에서 흥미롭다. 두 나라의 접경지역은 1960년대 말 중·소분쟁으로 완전히 소외된 접경지역 유형에서 1980년대 중반 공존하는 접경지역으로 변화되었다가, 현재는 상호의존적인 접경지역 유형의 특징을 보여주고 있다. 향후 통합된 접경지역으로 발전하기 위해서는 위로부터 그리고 아래로부터의 많은 노력이 필요하다고 할 수 있다.

소외된 접경지역에서 출발하여, 공존하는 접경지역 시기를 거쳐 상호의존적인 접경지역이 된 북·중·러 접경지역의 대표적인 도시 우수리스크에서는 초국경적인 이동과 흐름 속에서 개인의 삶들도 국민국가의 틀을 벗어난 초국경적 만남의 새로운 모습을 형성하고 있다. 초국경적인 가족을 이루고 있는 개인의 삶은 새로운 접경지역의 구체적인 현황과 동북아시아 지역의 행위자로서의 삶의 모습들을 파악할 수 있게 해준다. 그 대표적인 예들은 다음과 같다.

1. 황 올렉과 초이 이리나 : 새로운 디아스포라의 출현

황 올렉은 1976년에 중국의 왕청에서 태어났다.[58] 그는 1993년과 1994년 중국시장에서 일한 적이 있으며, 산동성에 위치한 한국 합작 기업인 가발 공장과 낚시대 공장에서 일하기도 했다. 친구들은 대부분 한국으로 일하러 갔지만, 한국에 일하러 가는 것은 비용이 많이 들고 입국절차가 어려워 넷째 형이 일하고 있는 우수리스크 중국인 시장으로 장사를 하러 왔다. 그는 1998년부터 중국인 시장에서 청바지 판매를 시작하여 4년을 일하다가, 독립 매장을 구매하여 운영하고 있다. 현재는 우수리스크와 연길에 주택을 매입했다.[59]

올렉의 아내인 초이 이리나는 키르기스스탄에서 태어나 할머니, 할아버지, 삼촌, 어머니와 함께 1993년에 우수리스크로 이주했다. 이리나의 가족들은 키르기스스탄 독립 이후 민족어를 비롯한 민족주의를 강조하는 키르기스스탄을 떠나 원래의 고향인 우수리스크로

---

[58] 조선족인 황 올렉은 본명이 아닌 러시아식 이름으로 표기할 것을 요청했다. 2015년 10월 8일, 황 올렉 인터뷰 (우수리스크 피자가게)
[59] 2015년 10월 8일, 황 올렉 인터뷰 (우수리스크 피자가게)

귀환 이주를 선택했다. 이리나는 우수리스크에서 사범대학에 진학했으며, 대학 1학년 때 남편을 만나 졸업 후 취업을 포기하고 남편과 함께 시장에서 일했다.[60]

올렉은 고려인과 조선족의 차이는 고려인들은 일을 많이 해서 돈을 벌고 모으는 법을 모르고, 단지 일하기 싫어하고 쓰는 것만 좋아한다고 평가했다. 조선족들은 가부장적인 성향이 강해서, 거리를 다닐 때 아내와 손을 잡고 다니지 않는데, 자신은 이제 이곳 사람이 다되어서 아내와 손도 잡고 다닌다고 이야기했다. 그리고 그는 고려인인 아내를 만나 우수리스크에서 살면서 사냥과 낚시를 하면서 삶의 여유를 즐기는 법을 배울 수 있었다고 설명했다.

이처럼 서로의 문화에 영향을 미친 것 외에도 주목할 점은 러시아어와 중국어 이중 언어를 구사하고, 한국어도 자유로운 다양한 문화적인 혼종을 경험한 새로운 세대의 탄생이라 할 수 있다. 이들 부부는 우수리스크에서 태어나서 자란 유일한 아들을 2007년에 중국 조선족 자치주의 연변으로 유학을 보냈다. 이 때 아들의 나이는 6세였다. 방학마다 우수리스크로 오는 아들이 집 안에서 절전하지 않는 것, 장보러 가서 물건을 한 번에 많이 구매하는 것 등 절약하지 않는 것에 대해 부모에게 잔소리를 한다는 점에서 중국문화를 내면화하고 있다고 그들의 부모는 평가했다.

키르기스스탄에서 귀환이주를 감행한 고려인 어머니와 조선족 아버지, 북한 태생의 할머니, 그리고 우수리스크에서 태어나 유치원

---

60 2015년 10월 8일, 초이 이리나 (Цой Ирина Владимировна) (우수리스크 피자가게)

을 마치고 연변에서 학교를 다니는 새로운 세대인 아들. 이들은 한 가족 안에 북·중·러 초국경적 이동과 흐름을 내포하고 있을 뿐 아니라 새로운 세대의 한인 디아스포라의 등장을 보여주고 있다.[61]

2. 김 안드레이와 박 이리나: 올드커머(oldcomer)와 뉴커머(newcomer) 그리고 조선족 사이의 위계화

우수리스크에 모여든 다양한 한인 디아스포라 사이에는 서로 간의 위계관계가 드러나기도 한다. 이러한 위계화는 동질적인 그룹으로 범주화되는 중앙아시아에서 귀환한 고려인들 내부에서 나타나기도 한다. 이는 중앙아시아에서 연해주로 이주해온 고려인들을 하나의 동질적인 집단으로만 파악하기 어렵다는 점을 보여준다. 구체적인 사례는 아들 둘과 딸 하나를 둔 30대 부부인 김 안드레이와 박 이리나에게서 볼 수 있다. 이들 부부의 삶은 접경지역 초국경적 이동과 흐름을 집약적으로 보여주고 있다.

1978년 투르크메니스탄에서 태어난 안드레이는 타지키스탄 변경지역 콜호즈로 근무지를 옮긴 아버지를 따라 세 살 때 타지키스탄으로 이주했다. 그런데 타지키스탄에서는 1990년 2월에 내전이 발발했다. 타지키스탄 내전은 아르메니아인에 대한 민족주의자들이 일으킨 민족간 분쟁으로 발생한 것으로서, 이로 인해 두산베가 혼란에 빠졌다. 이 분쟁으로 인해 26명의 사망자가 발생했고 수천 명이 피해를

---

61 2015년 10월 8일, 황 올렉, 초이 이리나 인터뷰 (우수리스크 피자가게)

입었으며, 군대를 동원해 사태는 진압되었다. 타지키스탄 내전은 초기에는 공산당 세력에 대항하는 반대세력의 봉기형태였으나 차츰 지역 간 대립으로 확산되었다. 1992년 5월부터 11월까지 지속된 내전으로 인해 공식적인 사망자 2만 명과 행방불명자 3만 명을 포함한 5만 명의 인명 손실을 가져왔다. 이 시기 약 20만 명이 타지키스탄을 떠났다. 그중 1992-1994년 타지키스탄을 떠난 고려인 난민들은 대략 1만 명에 이르렀다(이 애리아, 1999:211-213).

이들 중에는 할머니와 부모님, 두 형과 함께 내전을 피해 우수리스크로 이주한 김 안드레이도 포함되어 있었다. 내전 발발 당시 안드레이는 12세였다. 우수리스크로 이주한 초기 안드레이의 아버지인 김 보리스는 보따리 장사로 옷을 판매해서 돈을 벌었으나, 일생을 공산주의자로 살아온 도덕률에 위반되어 괴로워 하다가 장사를 접었다. 안드레이는 박 이리나와 19세에 결혼했다. 안드레이는 결혼생활의 기초를 닦기 위해 3개월간 김해의 이불공장에서 이주 노동자로 일했다. 그 돈으로 대학을 졸업할 수 있었고, 첫 아이를 낳은 후 아내 이리나와 함께 3개월 동안 의정부 청바지 공장에서 부부가 함께 또 다시 이주노동자로서 일했다. 그렇게 모은 돈을 기반으로 안드레이는 일본으로부터 오토바이를 수입하여 우수리스크에서 판매하는 수입상으로 성공가도를 달렸다. 안드레이는 안정된 사업으로 저택을 구입하고, 사냥을 즐기는 여유 있는 삶을 누릴 수 있게 되었다.[62]

그러나 2014년 크림 사태와 그로 인한 루블화 가치 폭락으로 인

---

[62] 2014년 10월 24일, 김 안드레이 (Ким Андрей Борисович) 인터뷰 (자택)

해 결국 사업을 접었고 2015년에는 아버지와 형들과 함께 농업을 시작했다. 중국에서 옥수수 종자를 가져와 수확에 성공했지만, 이들이 수확한 옥수수 품종은 러시아인들이 즐겨 먹는 것이 아니었기에 판매에 실패했다. 감자와 토마토를 재배했으나, 2015년 여름 내내 쏟아진 폭우로 농사마저 성공하지 못했다.[63]

안드레이의 아내 이리나는 우수리스크에서 태어난 올드커머이다. 이리나의 조부모님은 1956년에 우즈베키스탄에서 우수리스크로 이주했다. 이리나의 부모님은 우수리스크에서 태어났다. 이리나는 성장과정에서 주변에 한인들이 매우 적었다고 회고했다. 약 10~15가구 정도가 있었다고 기억했다. 이리나는 1990년대 중앙아시아에서 고려인들이 대거 이주해 오기 전에는 루스키들이 노골적인 인종차별을 했으나, 1990년대 이후 고려인들이 대거 이주한 이후로는 인종 차별이 없어진 점이 매우 장점이라고 평가했다. 이리나와 그녀의 딸 김 알렉산드라는 오히려 고려인들이 많아짐에 따라 루스키를 비롯한 현지의 타민족들이 고려인들의 전통 생활문화에 영향을 받아 이전에는 하지 않던 돌잔치를 하기도 하고 고려인 음식들을 좋아하는 등 현지의 문화에 영향을 미쳤다고 이야기했다. 그리고 우수리스크에도 한국의 K-POP이 인기를 끌면서 고려인들의 위상이 더 높아졌다고 평가했다.[64]

---

63 2015년 10월 8일, 김 안드레이 (Ким Андрей Борисович) 인터뷰 (우수리스크 레스토랑 찰리 채플린).
64 2015년 10월 3일, 박 이리나 (Пак Ирина Вячеславовна) 인터뷰 (우수리스크 레스토랑 찰리 채플린); 2015년 10월 3일, 김 알렉산드라 (Ким Александра Андреевна) 인터뷰 (우수리스크 레스토랑 찰리 채플린).

그러나 1990년대 이후 우수리스크로 이주한, 중앙아시아에서 오랫동안 거주한 뉴커머들은 이슬람 문화가 그들의 정서에 녹아들어 있기 때문에 좀 더 가부장적이고 남성중심적인 문화가 강하다고 우수리스크 이주 3세대인 이리나는 평가했다. 이리나는 자신과 같은 올드커머들은 러시아화가 더 많이 진행되어 남녀관계에 대해 좀 더 평등한 사고를 갖고 있다고 판단했다.[65] 이에 반해 1990년대 이후 중앙아시아에서 우수리스크로 온 이들 뉴커머들은 이러한 의견에 동의하지 않으며, 우리는 모두 다 같은 소비에트 인민이었으며, 전혀 구분되지 않는다고 이구동성으로 주장한다.[66]

업무상 중국인들, 조선족들과도 많은 접촉이 있는 이리나는 조선족들도 중국 문화의 영향을 매우 많이 받았다고 판단한다. 조선족들 역시 중국인들처럼 위생관념이나 매너가 부족한데, 예를 들면 밥 먹을 때 바닥에 쓰레기를 마구 버리고 침을 뱉는다고 비난했다. 이리나의 견해처럼 다양한 한인 디아스포라들은 그들이 정주해온 지역의 주류문화로부터 많은 영향을 받아 서로간의 차이를 만들어 낸 것으로 여겨진다.

한국에서 이주노동자로 일한 이후 전업주부로서의 풍족한 삶을 누리던 세 아이의 엄마인 이리나는 경제위기로 안드레이가 사업을

---

[65] 이리나는 올해 고등학교를 졸업하는 딸을 결혼시키고 싶은 순위를 1. 한국인, 2. 조선족, 3. 중국인, 4. 루스키, 5. 북한인, 6. 중앙아시아로부터 귀환이주한 고려인이라고 이야기했다. 2015년 10월 3일, 박 이리나 (Пак Ирина Вячеславовна) 인터뷰 (우수리스크 레스토랑 찰리 채플린).

[66] 2015년 10월 4일, 강 마리나 인터뷰 (카페 배부른 갑판장 Сытый боцман); 2015년 10월 8일, 김 안드레이 (Ким Андрей Борисович) 인터뷰 (우수리스크 레스토랑 찰리 채플린).

접게 되자 다시 생활전선에 뛰어들었다. 이리나는 보따리 무역을 목적으로 하는 러시아 상인관광객들을 인솔하여 하루에 두 번씩 중국 국경을 넘어 중국 국경도시인 수분하를 다녀온다. 국경 보따리 무역의 최전선에서 이리나는 한 달에 하루 정도 쉬면서 매일 두 번씩 중국 국경을 넘는 초국경 이동과 흐름의 행위자(actor)로서의 고단한 삶을 살고 있다. 이처럼 아래로부터의 트랜스내셔널한 이동과 흐름의 주체로서 끊임없는 이동을 하고 있는 이들의 삶은 국제정세로 인한 정치적인 현실로부터 개인의 삶이 자유로울 수 없는 접경지역의 초국경적인 삶의 단면을 여실히 보여준다.

V. 맺음말

이상으로 북·중·러 접경지역의 중요한 도시인 우수리스크에서 초국경적인 이동의 주체로서의 한인 디아스포라의 초국경적인 만남을 살펴보았다. 러시아 연해주의 우수리스크는 우크라이나, 우즈베키스탄, 카자흐스탄, 키르기즈, 타지키스탄, 북한, 남한, 중국 등으로부터 다양한 국적의 한인 디아스포라들이 모여드는 역동적인 도시이다. 즉 우수리스크는 중앙아시아에서 귀환 이주를 감행한 고려인과 사할린 동포들, 그리고 중국의 조선족, 북한의 노동자들, 남한의 기업과 NGO 및 종교단체에 속한 한국인 등 다양한 한인 디아스포라들이 서로 만나는 장소이다.

이 글에서는 우수리스크 내에서, 이러한 다양한 범주의 한인 디아스포라들이 서로 얽힌 삶을 살아가고 있는 초국경적인 만남의 장소들을 구체적으로 살펴보았다.

그런데 이러한 초국경적인 만남의 현장에서 진행한 구술인터뷰를 통해 알 수 있었던 것은 북한사람과 고려인 사이에, 고려인과 남한사람들 사이에서 그리고 고려인과 조선족 사이에서 위계화가 나타나고 있다는 것이다. 물론 북한사람, 고려인, 남한사람들 사이의 위계화는 많은 경우에 경제적인 요인으로 유발되었다. 그러나 흥미로운 점은 이러한 위계화가 오로지 경제적인 요인에서만 비롯된 것은 아니라는 것이다. 주로 옷가게 주인으로서, 경제적으로 월등한 지위에 있는 조선족들을 점원의 위치에 있는 고려인들이 문화적으로 열등하게 여기는 시선들로 바라본다는 점이 흥미로웠다. 이는 한인 디아스포라 간의 위계화의 원인이 경제적인 요인과 더불어 문화적인 요인 역시 중요하다는 것을 보여주는 것이라고 할 수 있다. 한인 디아스포라들은 동일한 에스닉 그룹이지만, 자신들이 속한 국가의 문화적 영향을 많이 받아 왔다는 것을 알 수 있었다.

한인 디아스포라들이 동북아시아 지역에서 보다 중요한 행위자로서 활동하기 위해서는 러시아, 중앙아시아, 중국, 북한 그리고 남한의 역사와 문화에 대한 깊은 이해가 전제되어야 한다. 이를 통해 서로에 대한 이해와 신뢰를 더욱 견고하게 함으로써 서로간의 위계화를 극복할 필요가 있다.

이처럼 국적에 따른 문화적 차이, 그리고 자본에 따른 위계화라는 부정적인 측면도 있지만, 초국경적 만남을 통해, 특히 초국경적인 가족형성을 통해 국민국가의 경계에 매이지 않는 새로운 공간이 만들어지고 있으며, 새로운 세대가 등장하고 있는 점도 확인할 수 있었다.

한편 접경지역의 도시에서 국민국가의 경계를 넘어 초국경적 이동과 흐름의 행위자로서 살아가는 개인들의 트랜스내셔널한 삶의 구체적인 현장들은 매우 역동적이지만, 많은 어려움을 겪고 있기도 하다. 우수리스크의 고려인들은 국적 취득의 어려움을 겪고 있으며, [67]우수리스크에서 적극적인 NGO 활동을 펼치던 남한의 사회 활동가와 종교 활동가(박필녀, 김승력, 김현동 등)은 약 10년 동안 러시아로의 입국 허가를 받지 못하기도 했다. 또한 우수리스크로 진출했던 한국의 의류기업들과 농업 기업들의 다수가 철수한 상황이다.[68]

더구나 북한 핵실험과 더불어 남한에 사드 배치를 쟁점으로 동북아시아를 둘러싼 국제정세가 신냉전의 시작이라고 여겨질 만큼 경직되었다. 이처럼 동북아시아에서 초국경적 이동과 흐름이 언제나 원활하기만 한 것은 아니다. 크림 반도 합병으로 인한 서구의 경제재재에 따른 러시아의 경기 침체는 중국시장의 많은 조선족들을 한국으로 발걸음을 돌리게 하였다. 이러한 난관 속에서도 보다 나은 삶

---

[67] 우수리스크에서 중국의 국경도시 수분하로 넘어가는 버스에 동행했던 우수리스크의 미용사 나타샤는 2011년 남편을 따라 우즈베키스탄에서 우수리스크로 왔다. 그녀의 경우는 남편이 루스키이기 때문에 쉽게 국적을 취득할 수 있어서 2년 만에 국적을 취득할 수 있었다. 2014년 10월 26일, 나타샤 인터뷰 (수분하행 버스)
또한 2002년 3월 27일에서 5월 7일까지 285명을 대상으로 인터뷰를 통해 고려인 민족 정체성과 한국 정부의 정책에 대한 평가를 한 설문조사에서 연해주 고려인들은 우선 해결해야 할 과제로 취업과 더불어 국적 취득문제를 언급했다 ('취업문제'(28.4%), '러시아 국적 취득'(24.2%), '자녀교육 문제'(21.2%), '주택문제 해결'(12.6%), '건강 문제'(3.9%), 기타 8.8%) (임채완, 2002: 68)

[68] 김현동을 비롯한 이들의 입국 허가 금지는 10년만에 해제되어, 김현동은 2020년 3월 연해주로 재입국하여 우수리스크에서 활발한 활동을 벌이고 있다.

의 기회를 찾고자 시도하는 다양한 국적의 한인 디아스포라들은 새로운 경로들을 모색하고 있다. 국제정치적, 경제적 역경에도 불구하고 한인 디아스포라는 여전히 동북아시아 공동의 공간의 중요한 행위자(actor)이며, 그 중요성은 점차 확대될 것으로 기대된다.

참고문헌

1. 1차 자료

〈인터뷰 자료〉

강 마리나(Кан Марина Александровна, 로지나 서당 교사) 인터뷰. 2015년 10월 4일: 카페 '배부른 갑판장 (Сытый боцман)'.

김 바나바 (대학생)인터뷰. 2015년 10월 4일: 생명교회.

김 발레리야(Ким Валерия Иннокентьевна, 민족문화자치회 부회장, 고려신문편집장) 인터뷰. 2015년 2월 4일: 우수리스크 고려인문화센터.

김 산하(로지나 서당 교사) 인터뷰. 2015년 2월 5일: 로지나 서당.

김승력(고려인 지원센터 '너머'대표) 인터뷰. 2016년 4월 25일: 고려인 지원센터 '너머' 한양대 분소.

김 아나톨리(Ким Анатолий Борисович, 건설노동자) 인터뷰. 2015년 10월 5일: 우수리스크 레스토랑 '찰리 채플린'.

김 안드레이(Ким Андрей Борисович, 사업가) 인터뷰. 2014년 10월 24-25일: 우수리스크 자택, 2015년 10월 25일: 우수리스크 레스토랑 '찰리 채플린'.

나타샤(우수리스크 미용사) 인터뷰. 2014년 10월 26일: 수분하행 버스.

리 안드레이(Ли Андрей, 우수리스크 고려인 청년회 '세대 Поколение' 전 회장) 인터뷰. 2016년 4월 25일: 고려인 지원센터 '너머'한양대 분소.

박 이리나 (Пак Ирина Вячеславовна, 관광가이드) 인터뷰. 2014년 10월 24일: 자택, 2015년 10월 3일, 8일: 우수리스크 레스토랑 '찰리 채플린'.

박 클라라(Пак Клара Николаевна, 옷가게 주인) 인터뷰. 2014년 10월 24일, 2015년 10월 07일: 우수리스크 중국시장 '우정(Дружба)', 2016년 1월 03일: 서울 인사동.

스베타(옷가게 주인) 인터뷰. 2015년 10월 7일: 우수리스크 중국시장 '우정(Дружба)'.

조성연(목사) 인터뷰. 2015년 10월 6일: 우수리스크 생명교회.

주인영(동북아평화연대 이사장) 인터뷰. 2016년 10월 5일: 우수리스크 근교 미하일로프카 '솔빈센터'.

진 옥사나(옷가게 주인) 인터뷰. 2014년 10월 25일: 우수리스크 중국시장.

초이 류드밀라(Цой, Людмила) 인터뷰. 2015년 10월 7일: 우수리스크 중국시장 '우정(Дружба)'.

황 올렉(옷가게 주인) 인터뷰. 2015년 10월 8일: 우수리스크 피자가게.

〈기타〉

대한민국 외교부 재외동포 현황. http://www.mofa.go.kr/www/wpge/m_21509/contents.do

"러 연해주에 고려인 문화센터 개관.", 『재외동포 신문』, 2009년 11월 9일.

"이주란." *IOM*. http://iom.or.kr/?page_id=2356

"The number of international migrants reaches 272 million, continuing an upward trend in all world regions, says UN." 17 September 2019, New York. https://www.un.org/development/desa/en/news/population/international-migrant-stock-2019.html (검색일: 2019. 10. 01).

Ванин, Ю.В. (Ответ. ред.). 2004. *Корейцы в СССР, Материалы советской печати 1918-1937 гг*. Москва: Институт востоковедения РАН.

"Город Уссурийск." *Города России*. http://города-россия.рф/sity_id.php?id=115 (검색일: 2019. 06. 12).

"Даманский конфликт." http://www.opoccuu.com/damanskiy.htm (검색일: 2018. 09. 20).

"О реабилитации российских корейцев", ВЕРХОВНЫЙ СОВЕТ РОССИЙСКОЙ ФЕДЕРАЦИИ ПОСТАНОВЛЕНИЕ от 1 апреля 1993 года N 4721-1. http://docs.cntd.ru/document/9007646 (검색일: 2016. 12. 10).

"СССР планировал ядерный удар по Китаю?" *Аргументы и факты*. 2010년 5월 14일.

Яковлев, А.Н. (под общ. ред.). 2005. *Сталниские дипортации. 1928-1953*. Москва: МФД.

2. 2차 자료

강 니꼴라이. 2007. "중앙아시아 고려인의 연해주 재이주 현황과 당면문제." 『전남대학교 세계한상문화연구단 국제학술회의 발표집』 12, 164-180.

강봉구. 2014. "러시아의 크림 병합: 신냉전인가 포스트소비에트 시기의 종언인가?" 『동유럽발칸연구』 38(2), 155-189.

강일규·전재식·길은배·배기형. 2007. "해외 한민족 청소년 인적자원 활용 중장기 대책방안 연구." 한국청소년정책연구원.

강주진. 1979. 『한국과 소련』. 서울: 중앙출판인쇄주식회사.

김상빈·이원호. 2004. "접경지역 연구의 이론적 모델과 연구동향." 『한국경제지리학회지』 7(2), 117-136.

김현미. 2014. 『우리는 모두 집을 떠난다 - 한국에서 이주자로 살아가기』. 파주: 돌베개.

김호준. 2013. 『유라시아의 고려인 디아스포라의 아픈 역사 150년』. 서울: 주류성.

남혜경·임채완·최한우·심헌용·강명구·이원용. 2005. "고려인 인구 이동과 경제환경." 『전남대학교 사회과학연구원』. 세계한상·문화연구단 총서 4.

문명식. 2003/2004. "연해주의 문화 인류학과 한·러 관계." 『평화연구』 12(1), 97-146.

반병률. 1997. "在露韓人 强制移住 以前의 韓人社會의 動向(1923~1937)." 『한국독립운동사연구』 11, 147-168.

배정호·최진욱·박영호·이진영·Sergio DellaPergola. 2005. "동북아 한민족 공동체 형성을 위한 인프라 구축방안." 경제 인문사회연구회 협동연구총서.

보리스 박·니콜라이 부가이 저. 김광환·이백용 역. 2004. 『러시아에서의 140년간 : 재러 한인 이주사』. 서울: 시대정신.

선봉규·전형권. 2012. "러시아 연해주 고려인의 디아스포라적 삶에 관한 연구: 구술사 연구방법론의 관점에서." 『한국동북아논총』 65, 271-293.

손영훈·방일권·황영삼. 2013. "극동 러시아 한인사회 실태조사", 주 블라디보스토크 총영사관 용역보고서.

신범식. 2013. "북·중·러 접경지대를 둘러싼 초국경소지역 개발협력과 동북아시아 지역정치." 『국제정치논총』 53(3), 427-463.

신범식·박상연. 2016. "북·중·러 접경지대 소지역협력 연구의 질적 변화의 모색: 미시적 사례 중심의 중층적 연구방법 적용 가능성 검토." 『서울대 아시아연구소 초국경 프로그램 북·중·러 연구팀 워크숍 발표집』. 서울. 2월.

오정은·김경미·송석원·문민·김혜명. 2016. "국내체류 중국동포 현황조사." 『2016 재외동포재단 조사 용역보고서』. 재외동포재단.

와다 하루키 저 이원덕 역. 2003. 『동북아시아 공동의 집』. 서울: 일조각.

柳龍煥·趙守衍·朴根龍. 2013. "극동 러시아 연해주의 밭작물 생산 현황과 한국의 농업 진출 전망." 『북방농업연구』 36, 46-61.

이광규. 1998. 『러시아 沿海州의 韓人社會』. 서울: 집문당.

이봄철. 2007. "고려인 농업형태인 고본질의 변화와 시설농업의 전망." 『전남대학교 세계 한상문화 연구단 국제학술회의 자료집』.

이애리아. 1999. "중앙아시아 한인연구: 타지키스탄의 민족분쟁과 고려인." 『연구총서』 5권. 전남대학교 사회과학연구소.

이애리아·이창호. 2015. "연해주 지역 북한 노동자의 실태와 인권." 통일연구원 보고서.

이용일. 2009. "트랜스내셔널 전환과 새로운 역사적 이민 연구." 『서양사론』 103, 315-342.

이원호. 2005. "개성공단 개발과 월경적 지역경제 발전방안의 모색 -홍콩-광동 지역경제 통합과정 경험의 적용-." 『地理學論叢』 45, 297-314.

임영상. 2010. "러시아 우즈베키스탄 북한, 그리고 다시 우즈베키스탄 -페르가나 고려인 김 레오니드의 살아온 이야기-." 『역사문화연구』 35, 525-554.

이영형. 2016. "러시아 극동지역 내 북한 노동자 활동 현황: 아무르 주를 중심으로." 『러시아연구』 26(1), 113-143.

임영상·황영삼 외. 2005. 『고려인 사회의 변화와 한민족』. 서울: 한국외국어대학교 출판부.

임채완. 2002. "러시아 연해주 고려인의 민족정체성 조사연구." 『정책과학연구』 12, 105-133.

최진욱·박영호·배정호. 2004. "동북아 한민족 사회의 역사적 형성과정 및 실태." 통일연구원 협동연구 총서.

황혜성. 2011. "왜 호모미그란스(Homo Migrans)인가? : 이주사의 최근 연구동향과 그 의미." 『역사학보』 212, 11-33.

Carlo Ginzburg 저. 김정하·유제분 역. 2001. 『치즈와 구더기』. 서울: 문학과 지성사.

Smith, Michael Peter and Luis Eduardo Guarnizo. (ed.). 2009. *Transnationalism From Below*. New Brunswick, London: Transaction Publishers.

Pohl, J. Otto. 2000. "Stalin's genocide against the "Repressed Peoples"." *Journal of Genocide Research* 2(2), 267-293.

Бугай, Н. Ф. 2007. *Корейцы стран СНГ общественно-географический синтез (начало XX века)*. Москва: Гриф и К.

Ванин, Ю. В., Пак Б. Д., Пак Б. Б. 2009. *Первые известия о Корее в России (1675-1884)*. Москва: Гриф и Ко.

Торопов, А. А.. 2013. "Документы Российского Государственного Исторического Арихва Дальнего Востока как источник по изучению иммиграции Корейского населения на Российский дальний восток и их участия в антияпонском национально-освободительном движение." 『한국사학사학회 러시아 극동역사문서보관소 공동주최 국제학술회의 자료집』. 블라디보스토크 극동역사문서보관소. 8 илюя 2013, 1-10.

Трякова, Т. 2014. "Корейцы на Российском Дальнем Востоке. Прошлое и настоящее."『고려인 이주 150주년 기념 국제학술대회 발표집: 고려인과 함께 가는 유라시아 평화의 길』. 서울: 고려인 이주 150주년 기념사업 추진위원회.

저자 소개

고가영 Ko, Ka Young

소　　속	한국외국어대학교 역사문화연구소 HK연구교수, 서울대학교 아시아연구소 중앙아시아센터 객원연구원
학　　력	모스크바국립대 역사학 박사
주요 논저	"접촉지대로서의 러시아 현대사 박물관 전시에 나타난 푸틴 정부의 새로운 국가와 국민 만들기"(2019) "주류문화와의 조우로 인한 중앙아시아 고려인의 장례문화 변화 양상 : 전통의 고수와 동화 사이의 혼종성"(2018) 『유라시아의 심장 다시 뛰다: 중앙아시아 지역의 형성과 역동성』(2017) 등.
이 메 일	kkynow@hanmail.net

8장
초국경 공간, 연해주의 북한 노동자[1]

이애리아 일본와세대학교
이창호 한양대학교
방일권 한국외국어대학교

I. 서론

연해주 지역에는 많은 코리언[2]이 거주한다. 모국이 아닌 곳에 다양한 배경을 가진 한민족(韓民族)이 모여 있다는 사실보다는 서로 다른 국적과 문화 경험으로 각자가 독특한 생활양식을 유지하며 커뮤

---

[1] 이 글은 통일연구원 위탁과제 보고서 《연해주 지역 북한 노동자의 실태와 인권》(2015) 및 《러시아 사할린 지역의 북한 노동자》(2016), 《러시아 모스크바 및 상트페테르부르크 지역의 북한 노동자》(2018)를 기초로 작성되었다. 2016년 당시에 1차 원고가 제출되었으나 출간되기까지 시간이 경과하면서 국제 정세의 영향 등으로 많은 변화가 있었기에 2019년 7월에 현지조사를 실시하고 그 결과를 일부 반영하였음을 밝힌다.

[2] '코리언'은 '해외 코리언(Overseas Korean 혹은 Korean Abroad)'을 줄여 쓴 말이다. 물론 '해외 동포', '재외한인'이라는 용어가 있으나 이주 연구자들 입장에서 '동포'라는 표현은 위화감을 줄 수 있고, '한인'이라는 말은 일본에서 전쟁 전에 일본에 건너온 올드커머(old comer)와 구분지어 전후에 온 뉴 커머(new comer)를 가리키는 경우가 많은 관계로, '코리언'으로 표현하며, 이는 제2차 세계대전 전에 해외로 이주한 이들 만이 아니라 현재의 유학생, 나아가서는 북한이탈주민을 아우르는 개념으로, 해외에 거주하는 한반도 출신자들을 포괄적으로 지칭한다(도시오, 2012: 7)

니티 또한 다양하게 구성되어 있다는 점에서 연해주 코리언은 세계적으로 유례를 찾기 어려운 현상이다. 초국경 공간으로 볼 수 있는 러시아 극동 연해주 지역 한민족과 관련한 우리의 연구적 관심은 러시아 이민사, 한민족의 항일운동을 중심으로 하는 과거 연구와 연해주 지역 한인의 실태조사류, 그리고 농업개발 등을 위한 실용적 연구로 대표되는 현재에 관한 연구로 대분되어 있다(임채완, 2003: 243).

주로 현실적인 문제제기에서 이루어진 극동 연해주 지역 연구의 최근 흐름에 합류해 국내외의 주목을 받는 주제로 해외 파견 북한 노동자문제를 빼놓을 수 없다. 특히 인권문제를 중심으로 진행되는 북한 노동자 연구는 그들의 현실에 대한 관심이 이념이나 체제 논쟁에서 완전히 자유롭지 않은 경우가 많다. 해외 송출 북한 노동자 문제는 '유엔 북한인권조사위원회 보고서와 그 이후의 북한 인권', 미국 국무부 인신매매감시대책국의 '2014년 인신매매보고서', 김석진과 윤여상의 연구에서 본격적으로 다루어졌다(SHIN et al., 2014; 신창훈 외, 2015; Department of State USA, 2014; 김석진, 2015; 윤여상, 2015). 2016년에는 네덜란드의 라이덴 대학이 펴낸 유럽 -특히 폴란드에서- 의 북한 노동자 강제노역 실태에 관한 연구조사는 해외 파견 북한 노동자들의 처지와 그들에게 가해지는 인권 침해 실태를 정면으로 다루어 주목을 받았다(Boonen et al., 2016). 국내에서는 이영형 등이 러시아 변경 지역에서 북한 노동자의 노동 실태와 생활, 인권 상황 등을 지속해 다루고 있다(이영형, 2007: 51-75; 이영형, 2016: 113-143; 박찬홍, 2016; 이지은, 2016).

이상의 연구들은 파견된 북한 노동자들이 인권의 사각지대에서 극한 노동에 시달리고 있음을 우선적으로 강조한다. 열악한 환경과 노동 조건에다 임금의 대부분을 강제로 상납해야 함에 따라 적절한 임금을 받지 못한다는 사실이 부각된다. 국외 송출 북한 노동자에 대한 학술적인 접근과 북한 정권에 의한 인권 침해 폭로가 뒤섞이는 경향을 보이는 기존 연구들에서는 일부 지역의 상황을 러시아 전체로 일반화함에 따라 지역적 다양성과 차이들을 부각하지 못하는 한계도 보여주었다. 특히 북한 노동자에 대한 인권과 인신매매에 관련된 보고서들은 인권에 대한 보편주의적인 법적 규정에 의거해 작성되기 때문에, 북한 노동자들의 구체적인 인식 및 경험과는 동떨어진 형식적이고 법적인 언어로 표현된다. 따라서 해외송출 북한 노동자들의 실제 일상의 맥락에서 이해하고 분석해 보는 것이 필요하다. 이런 점에서 이애리아·이창호·방일권의 연해주 및 사할린 지역, 모스크바 및 상트페테르부르크 지역에 대한 보고서(이애리아 외, 2015; 이애리아 외, 2017; 이애리아 외, 2018)는 기존 연구에서 탈피해 해외 파견 북한 노동자에 대한 새로운 시각을 제시하였다는 데 의의가 있다. 이 연구들에서는 북한 노동자의 이주를 보다 폭넓은 '국제이주'라는 측면에서, 인권 역시 보편적인 인권의 개념이 아니라 다름에 대한 이해를 바탕으로(Turner, 1997: 285-287) 해외 파견 북한 노동자를 다각적으로 이해하려고 노력했다.

러시아 측의 연구 역시 노동자 유입국의 입장으로서 주목할 필요가 있다. 베직(И.В. Безик), 자브롭스카야(Л.В. Забровская), 바슈크(А.С. Ващук), 트로야코바(Т.Г. Троякова) 등의 연구는 대체로 극동 지역의 북한 노동자 문제에 집중하여 러시아와 북한 간 협력의 역사나 향후 협력 방안의 모색에 초점을 맞추었다(Забровская, 1998; 2011; Ващук, 2001; 2012; Безик, 2003; 2011;, Троякова, 2017).

<그림 1-1> 두만강개발계획(TRADP)과 광역두만강개발계획(GTI)의 사업 범위

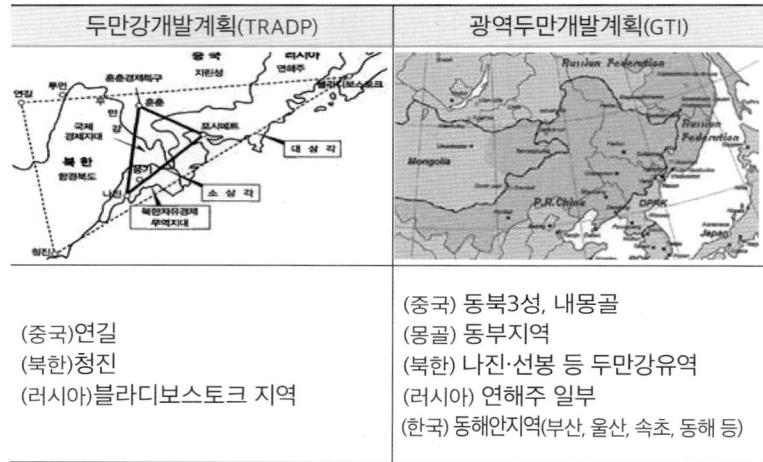

* 출처: 기획재정부, 2018

연해주 지역은 자연, 사회적 재화가 풍부하며 한민족을 포함한 다민족의 문화가 공존하는 지역으로 일종의 접경지대(심헌용, 2000: 113-117) 혹은 초국경 공간이라고 할 수 있다. 개혁과 개방에 적극적인 성향을 가진 접경지역에서 이 지역 및 주변 지역들이 갖는 장점, 예를 들어 중국 동북 3성이 지닌 광활한 영토와 극동 연해주의 영토와 자원 그리고 북한의 질 좋은 노동력과 함께 한국과 일본의 자본과 경영기술이 부가된다면, 상당한 정도의 협력과 개발 그리고 장래 동북아의 지역통합이라는 결과로 이어질 가능성이 크다.

현재 한국은 1995년 「두만강 개발계획」(TRADP: Tumen River Area Development Programme)으로 출범하여 2005년 9월 그 규모가 확대된 「광역두만강개발계획」(GTI: Greater Tumen Initiative)에 참여하여 동북 3성 ~ 몽골 동부 ~ 연해주 ~ 동해안을 아우르는 유라시아 경제개발을 추진하고 있다(기획재정부, 2018). 향후 정부는 신북방정책 등을 바탕으로 GTI를 적극 활용하여 광역두만 지역에서의 경제협력을 강화하기 위해 적극 노력해 나갈 계획이다. 특히 이 개발 계획은 북한의 경제개방을 촉진하는 회유책이라는 점에서 그 중요도가 높다. 회원국들 역시 북한 참여의 중요성을 인식하여 2018년 몽골에서 열린 GTI 총회에서는 2009년에 GTI를 탈퇴한 북한의 GTI 재가입을 초청한 바 있다(기획재정부, 2018). 이런 점에서 북한 노동자가 파견되어 있는 연해주는 매우 중요한 위치를 차지하고 있다. 따라서 연해주 내의 북한 파견 노동자뿐 아니라 이들을 둘러싼 재외동포 기업가, 단체, 그리고 한반도 주변 국가의 북한 협력 기관, 기업, 단체 등과의 공식적, 비공식적 협력을 활성화하는 것은 앞으로 북한의 경제개방과 통일에 대비하는 중요한 사안이라고 할 수 있다.

향후 통일 과정에서 필연적인 남북 공동개발의 추진을 위해서라도 해외 파견 북한 노동자에 대해 구체적이고 공간적 맥락에 근거한 연구가 시급히 이루어져야 한다. 북한 노동자들에 대한 구체적이고 심층적인 이해뿐 아니라 연해주 내 한인 커뮤니티와의 교류 활성화처럼 사회문화적 측면의 접근이 우선적으로 필요하다. 이와 관련해 북·러 관계의 최근 추이와 양자의 경제 협력을 함께 연결하는 접근법이 필수적이다. 러시아 입장에서 볼 때 동북아와 태평양 지역으로 연결하는 요충지로서 북한은 아태지역 진출을 위한 전략적 교두보로서 의미를 가지고 있으며 극동개발을 위해서도 중심적 이해관계를 갖는 이웃이기도 하다. 지리적으로나 경제적으로 긴밀한 두 나라 관계가 노동자 문제에도 그대로 반영되는 것이다. 특히 러시아는 극동 개발을 위한 인적 자원으로서 북한 노동자가 절실히 필요한 입장이다. 그러나 유엔의 대북제재에도 동참해야하기 때문에 더 이상 북한 노동자를 받아들일 수 없는 상황이다.

이 연구는 오늘날 초국경 공간으로 일컬어지는 러시아 극동 연해주 지역과 이 지역에 파견된 북한 노동자의 실태를 심층적으로 이해하기 위해 현지에 대한 조사를 바탕으로 수행되었다. 연해주에 파견된 북한 노동자들의 구체적인 시각과 인식 및 초국경적인 공간적 상황을 맥락적으로 이해하고자 한다. 연구는 문헌과 전문가 면담, 연해주의 대표적인 북한 노동자 거주지역 및 각 민족 커뮤니티들을 선택하여 진행된 4회 이상의 공식 및 비공식 현지조사 결과 등에 기초한다. 1~3차 현지조사는 2014년 통일연구원의 위탁과제로 2014년 9월 8일-13일, 10월 16일-22일, 11월 10일-20일에[3], 보완조사의 의미가 큰 4차 조사는 2019년 6월 20일-7월 20일에 이뤄졌다.[4] 현지조사 외에도 러시아 근무경험이 있는 북한이탈주민과의 인터뷰, 전문가 워크숍 등을 통해 해외송출 북한 노동자들의 일상생활과 노동과

---

3 연해주의 북한 노동자 조사가 종료된 후 역시 통일연구원 수탁과제로 2016년에는 사할린, 2017년에는 모스크바 및 상트페테르부르크의 북한 노동자 조사가 수행되었으며 연해주 관련 내용의 일부가 본 글에 반영되었다.
4 연해주 지역의 연구협력자에게 부탁하여 현지 인터뷰 및 자료를 수집하도록 하였고, 7월 7일~10일에 연구자가 현지에 직접 방문하여 자료 검토 및 현지조사를 수행하였다.

정을 구체적으로 파악하고자 하였다. 신변 보호를 위해 글에 등장하는 인터뷰 대상자들을 모두 가명으로 처리했다.

II. 연해주의 북한 노동자

1. 연해주 코리언 사회의 형성과 북한 노동자

연해주는 1860년 베이징 조약에 의해 러시아령이 되었으며 이후 분쟁이 발생하거나 배척당한 지역에서 온 유민들의 피난지가 되었다. 특히 이 지역은 100여 년 전부터 한인과 관계가 깊은 곳이며 일본 식민지 시대에는 독립 운동을 위한 전초기지가 되기도 하였다. 조선 시대에 자발적으로 이주한 한인들이 이 지역의 부족한 노동력을 보충하였다면 일본 식민지로부터 해방된 1945년 이후부터 지금까지 연해주 지역에 부족한 노동력을 북한 노동자가 채우고 있다.

소련 시대의 연해주는 태평양함대 본부가 있던 곳으로 군사적으로도 중요시되었다. 정부는 높은 임금과 각종 보조금으로 우랄산맥 서쪽 지역에서 동쪽으로 국내 이주를 유도하기도 했다. 정책적 결과로 1926년 160만 명이었던 인구가 1991년에는 810만 명으로까지 증가했으나(심헌용, 2000) 소련 붕괴 후 중앙 정부의 경제적 지원을 기대할 수 없는 상황이 되자 많은 러시아계 주민이 극동 지역을 떠났으며, 대신 러시아 이외의 독립국가연합(CIS) 국가들과 중국, 동남아에서 노동 인구가 유입되기 시작했다.

연해주 지역으로 한인들이 다시 이주하기 시작한 것도 소련 붕괴 이후이다. 소비에트 연방에서 독립한 중앙아시아 각국이 자민족 중심의 차별 정책을 실시함으로써 중앙아시아 각 지역에 흩어져 살던 한인들 일부가 선조의 터전인 연해주로 이주하기 시작했다. 소련 붕괴 후 연해주 지역에 해외투자가 이뤄져 제조업과 봉제공장, 농장 등이 설립됐다. 한인, 즉 고려인을 비롯한 현지 러시아인과 이주해온 중국인, 베트남 노동자들이 이렇게 설립된 작업장들에서 일자리를 찾았다. 그러나 러시아인들은 100여 년 전 연해주 지역에 중국인이 유입되는 것을 우려해서 조선인 노동자를 선호했던 것과 같이 현재에도 중국 자본과 노동력의 유입을 꺼리고 북한 노동자를 선호하는 경향이 있다.

현재 다양한 코리언이 이주해 살고 있는 연해주 코리언 사회는 다문화, 다국적을 특징으로 한다. 환경과 체제, 문화가 다른 사회에서 거주하던 코리언이 각자의 커뮤니티를 이루어 생활하고 있으며 문화, 언어, 가치관의 차이로 인해 꼭 필요한 경우가 아니면 서로 협력하거나 교류하지는 않는다. 연해주에 거주하는 한인들은 다음과 같이 분류할 수 있다.

① 소련붕괴 이전부터 거주해 온 고려인
② 소련 붕괴 후 각 공화국에서 이주해 온 고려인
③ 사할린 출신 한인
④ 북한 국적을 가진 러시아 영주권자
⑤ 중국 국적 조선족

⑥ 북한에서 파견된 노동자
⑦ 사업소 이탈노동자(토끼)
⑧ 한국인
⑨ 한국계 미국인

연해주에 있는 코리언들의 정확한 숫자를 파악하기는 어렵다. 관련 자료 접근의 어려움 뿐만 아니라 출신 민족을 조사하는 방식의 변화에다 인구의 빈번한 이동 등의 영향으로 정부가 파악한 숫자도 제각각이기 때문이다. 다국적이기 때문에 코리언이라는 범주로 합산하기도 어렵다. 예를 들어 중국 국적의 조선족과 러시아 국적 취득 조선족이 혼재하며 한국계 외국인으로 종교적 목적으로 입국해 러시아 국적을 취득한 코리언, 한국인이면서 사업 등 여러 가지 이유로 러시아 국적을 취득한 코리언 등 매우 다양한 코리언이 교류한다. 연해주 지역의 북한인 역시 북한 국적을 가진 러시아 영주권자, 북한 파견 노동자, 사업소 이탈노동자(토끼) 등으로 나뉘며 역시 그 인원수를 정확히 파악하기 힘들다.

2. 북한 노동자 파견의 시작

북한 노동자가 처음 러시아에 파견된 것은 1945년 소련의 북한 지역 '해방' 직후였다. 소련 정부가 극동 및 마가단 지역에 필요한 노동자를 북한의 청년 실업자 가운데에서 모집함으로 출발한 북한 노동자의 러시아 지역 파견은 다음 네 단계의 역사를 만들며 오늘에 이르고 있다.

① 1945-1950년대 초 : 소련 극동 지역의 노동력 부족을 보충하기 위한 소련 요청에 따른 파견
② 1967-1990년대 초 : 북한과 중국의 접근을 막기 위한 소련의 정책적 북한 노동자 초청
③ 1990년대 중반-2007년 : 소련 붕괴 후 북·러관계 악화로 노동자 파견 정체
④ 2007년-현재 : 극동지역 및 러시아 전역 북한 노동자 파견 확산 및 유엔 대북제재로 인해 2017년 말부터 최근까지 노동비자 소지 북한 노동자 급감

1940년대 말부터 1950년대 초까지 북한 당국은 실업자를 줄이고 새로 출범하는 정권의 안정성을 확보하려는 목적으로 노동자 파견에 적극적이었다(Безик, 2003: 63). 초창기에는 극동지역의 척박한 노동 환경에서 일하겠다는 지원자가 없자 교도소에 있던 수감자까지 차출했으나 소련의 항의를 받고 지식인과 반체제적 인사들도 강제로 포함시켰다고 한다. 1947~1949년에 소련 관리가 북한에서 직접 모집해 데려간 2만여 명 정도의 북한 출신 노동자들은 독신자와 가족단위로 온 노동자로 대분되었으며, 북한 노동자의 가족은 5,000명에 달했다(이애리아, 2012: 204). 1950년대 초까지 이 파견노무자들은 하바로프스크나 사할린, 마가단 등 외딴 지역에서 주로 수산업에 종사하였고, 그 외 임업 및 도로공사와 건설 등에 투입되었다. 파견노

무자들 중 범법자나 정치범 출신자들은 노동 현장에서 시위를 벌이거나 현지 주민과 마찰을 빚기도 했다. 이 때문에 소련 당국이 이들을 북한으로 돌려보내려 시도했지만 상당수 노동자들이 다른 지역으로 도주하거나 러시아인 또는 고려인 과부들과 동거하는 등의 방법으로 송환을 피했다고 한다. 이처럼 파견 노동자들로 인한 말썽이 불거지자 소련이 북한에 지속적으로 항의했고 이에 따라 일반 노동자들이 파견되기 시작했다. 북한 노동자들의 통역을 위해 1947년부터 중앙아시아 고려인 300여 명이 극동지역으로 동원되기도 했다(Безик, 2003: 68).

한국전쟁이 끝난 뒤 10여 년 동안 북한 노동자들의 파견은 소강상태였다. 북한의 전후복구에 많은 노동력이 필요했기 때문이다. 1957년 북한은 연해주에 파견된 북한인들의 송환을 소련 정부에 공식 요청했고 이에 따라 1만 5,000여 명의 노동자가 귀국했다. 1962년까지 당시 북한 노동자들은 가족 당 10만~25만 루블(당시 환율 1$=4루블)의 많은 돈을 벌어 귀국했다고 한다.[5] 이때 돌아가지 않은 노동자들도 있었다. 직장의 요청에 따른 계약 연장, 북한에 대한 부정적 인식, 결혼 등 여러 이유로 귀국을 피하며 북한 국적자로서 소련 영주권만 취득한 채 현지 정착을 도모하였다. 이들은 소련 시절 북한을 수시로 왕래하면서 북한 당국으로부터 특별대우를 받았고 현지 북한 영사관과도 긴밀한 관계를 유지했다(이애리아, 2015: 195-196).

1950년대 말에 부족한 노동력 보충을 위해 재일교포의 북송사

---

5 이애리아 외, 2015: 204-205에서 재인용.

업을 추진하였던 북한이었으나 1960년대 중반부터 북한 내 일자리 문제가 대두되자 소련으로 노동자 파견을 재추진하게 된다. 1966년 5월, 브레즈네프 서기장과 김일성이 블라디보스토크에서 만나 벌목 노동자 파견에 합의한 이후 하바로프스크 지역에 1만 5,000여 명이 파견됐다. 1967년부터 1990년대 초반까지는 소련 정부가 북한이 정치·경제적으로 중국에 접근하는 것을 방지하고 자신들과 밀접한 관계를 유지하게 하고자 의도적으로 북한 벌목공의 송출을 요청한 시기이다. 당시 북한은 경제성장률이 낮아지면서 발생한 잉여 노동력을 활용해 외화를 벌어들여 무역 적자를 해소하는 등의 목적에서 소련의 요청을 수용했다(이영형, 2007: 68).

그 뒤 1975년과 1977년, 1985년에 북한과 소련은 노동영역 확대에 합의했으며 깊은 숲에서 소련이 제공한 장비로 벌목하는 작업방식이 정착되었다.[6] 파견노동자들이 소련의 수정주의에 물드는 것을 우려한 북한이 일반 소련인과 북한 노동자를 분리해 생활하도록 하려는 의도에 따른 일이었다. 북한 노동자들은 현지법이 아닌 북한법을 준수하며 소련인과의 접촉이 철저히 차단된 채 생활해야 했다. 파견기간도 3년으로 제한했다. 이에 따라 벌목 노동자들의 삶은 힘들어졌지만 파견기간이 끝나고 귀국할 때는 가전제품과 생필품을 다량 가지고 갈수 있어서 귀국한 뒤 풍족한 생활을 할 수 있었다.

1984년 5월 김일성의 모스크바 방문 때 양국은 극동지역 북한 노동자 수를 2만~3만 명으로 늘리기로 합의했다. 월급도 북한 화폐

---

6 라리사 자바롭스카야 교수와의 인터뷰.

가 아닌 루블로 지급하며 임금수준은 100루블(당시 환율로 미화 100 달러)이었다. 당시 파견될 수 있는 사람은 노동당원으로서 성분이 좋아야 했으며 기혼자에 러시아어를 할 줄 몰라야 했다.

3. 소련 붕괴 후 북한 노동자의 변화(1990년대 중반-2007년)

1992년부터 2007년까지는 소련 붕괴 후 탄생한 러시아와 북한의 관계가 좋지 않아 북한 노동자들의 송출이 감소했던 시기이다. 그러나 고난의 행군이 발생한 뒤 1990년대 말부터 북한 주민들이 러시아에 송출되었다. 북한 당국은 소련에 파견됐던 벌목 노동자가 도주하는 사고가 빈번했던 사실을 감안해 파견된 노동자의 이탈을 막기 위해 러시아 회사가 지급하는 임금을 노동자 관리를 맡은 현지의 북한 지사 계좌로 입금하게 했고, 노동자들이 귀국해 고향에 돌아갈 때 지급하도록 했다.

1990년대 말 북한 노동자는 1만 명 정도였는데, 3개월 단기 노동을 하고 북한으로 돌아가는 이들이 대부분이었다. 1995~1999년 나호드카 주재 북한 영사관이 어려운 '조국'을 돕는다는 명목 아래 노동자 1명 당 월 200달러의 충성기금을 징수하게 되면서 북한 영사관의 한 달 수입은 20만 달러를 웃돌았다. 이 자금으로 중국에서 식량을 구입하고 러시아에서는 석탄과 중유 등을 구입해 북한으로 보냈다. 1996년 10월 블라디보스토크 주재 한국 총영사관 소속 영사가 살해되는 사건이 발생하고 북한 노동자들의 불법체류가 증가하자 러시아 정부는 북한 주민의 무비자 입국 혜택을 없앴다(이영형, 2007:

59). 북한 당국은 외화 획득을 위해 가능한 많은 노동자를 파견하고자 했지만 1998년부터 러시아의 경제 사정이 악화되어 북한 당국의 희망대로 이뤄지지는 못했다(이애리아, 2012: 196-197, 207).

1990년대 말부터 파견 노동자들이 탈북하는 경우가 현저히 줄었다. 계약된 노동 외에 가외노동을 인정받았기 때문이었다. 1992~2003년 송출된 북한 노동자들은 극동과 연해주, 사할린까지 파견됐고, 벌목현장과 건설, 농업현장 등에서도 일하게 되어 현지인들과 어울리면서 다양한 작업을 할 수 있게 된 것이다. 이들은 러시아 회사와 계약한 북한 노동자 관리회사의 관리를 받으면서 생활해야 했지만 주말이나 저녁시간에 가외노동을 해서 돈을 벌 수 있게 됐고 심지어는 관리회사의 관리자와 합의 아래 정해진 작업장에서 이탈해 개인적으로 돈을 벌고 계약기간 안에 회사로 복귀하는 노동자도 생겨났다.

한편 러시아는 1997년에 이주법을 개정하면서 북한인들의 러시아 입국을 어렵게 만들었다. 여권과 비자, 초청장이 없는 북한인들은 입국이 불가능해졌다. 합법적으로 입국한 노동자들도 다른 외국인들과 마찬가지로 거주지 등록을 해야 했다. 동시에 러시아 경제가 침체된 상황에서 극동지역에 체류하는 북한 노동자 모두에게 일거리를 주는 것이 힘들어졌다. 이에 따라 북한 노동자들은 개별적으로 일거리를 찾아 나섰고 이를 위해 관리자들에게 뇌물을 상납하는 관행이 자리를 잡게 되었다.

2000년 북·러정상회담 개최로 북·러관계가 궤도에 오르자 양국은 다양한 경제협력 확대를 논의하기 시작했고 그 해 10월에 열린 양국 간 제3차 경제통상협력위원회에서 다양한 사업의 추진에 합의했다(이영형, 2007: 56). 2000년에 공식 등록된 북한 노동자는 농업 부문에 1만 명, 건설 부문에 2,000명 정도였고, 이를 전후한 시기에 하바로프스크주와 아무르주 지역에 1만 5,000명의 벌목공이 등록되어 있었다(이영형, 2012: 53).

2000년 5월에 러시아가 단행한 연방지구 창설과 지역 발전 전략도 북한 노동자의 활발한 진출 배경으로 볼 수 있다. 89개 연방주체를 7개 지구로 묶어 관리하려는 이 조치로 극동연방지구가 탄생했던 것이다. 한반도 북부에서 알라스카까지 닿아 있는 극동연방지구는 광활한 지역으로서 한국의 60배가 넘는 695만km^{2}의 면적에 풍부한 자원을 가지고 있지만 지역 개발에 필요한 인구가 절대적으로 부족한 곳이다. 공식 통계에 따르면, 2000년 초 당시 극동연방지구의 인구는 691만 명에 불과했으며 이는 소련 해체로 러시아 연방이 독립한 직후인 1992년의 801만 명에 비하면 100만 명(1/8) 이상이 감소한 수치였다.[7]

2001년 7월 26일~8월 4일 사이에 김정일은 러시아를 방문하고 8개항의 공동선언(모스크바 선언)을 발표하였다. 후속 조치는 2000년과 유사한 형식으로 이루어졌다. 이어서 2002년 8월에는 블라디보스토크를 방문한 푸틴과 김정일의 만남이 성사된다. 이 회담은 언론의 보도처럼 극동 지역을 중심으로 한 여러 산업 분야에서의 협력

---

[7] 러시아 통계청 자료, <http://www.fedstat.ru/indicator/>. (검색일: 2017. 05. 06). 2014년을 기준으로 2000년보다 70만 명 가량 감소한 인구 추이로 보아 감소 추세가 계속되고 있음을 알 수 있다(이애리아·이창호·방일권, 2017에서 재인용).

문제, 구체적으로 벌목, 광업, 수산업, 석유채굴, 건설 등을 다루기로 되어 있었으며, 앞의 두 정상회담과 유사한 방식으로 극동 지역에 대한 경제개발에서 양자의 협력방안이 논의되었다.[8]

4. 최근의 북한 노동자 현황(2007년-현재)

1) 북·러 협정의 변화

2004~2005년 이뤄진 일련의 정부 간 접촉에서 북한은 러시아에 경제지원 차원의 협력을 희망했고, 러시아는 북한에 노동력 제공 차원의 협력 등을 요청했다. 2007년 3월에는 한동안 중단됐던 북·러 간 경제통상협력위원회도 재개되었다. 러시아 내 북한 노동자 진출 확대가 중점적 논의 사안의 하나였던 이 회의의 결과로서 18개 조항의 '러시아와 북한 간 양국 주민의 상대방 영토에서 한시적 근로 활동에 관한 협정'이 8월 31일에 체결되었다. 협정에 따라 이후 러시아에서 북한 주민은 비자와 노동허가를 획득한 경우 합법적인 노동활동을 할 수 있게 됨에 따라 한시적 노동에 종사하는 북한 노동자의

---

8 Правда. 2002년 8월 22일. "Vladimir Putin and Kim Jong Il to discuss in Vladivostok situation on Korean Peninsula and "ally positions" on uniting North and South Korea's railways," ⟨http://www.pravdareport.com/news/world/22-08-2002/16320-0/⟩. (검색일: 2017. 09. 16).

러시아 체류에 대한 법적 기초가 마련되었다.[9] 러시아는 지역의 부족한 노동력을 확보하는 동시에 지나친 중국 노동자의 진출을 차단하는 차원에서 북한 노동력을 선호했고, 이에 따라 2007년을 전후한 시기에 합법적으로 등록한 북한의 노동자는 3만 명을 넘었다(이영형, 2007: 57). 당시 연해주 지역에 파견된 북한 노동자들은 대부분 건설에 종사했다.

북한의 노동자 선발 및 파견은 주로 러시아 쿼터에 맞춰 적용된다. 2017년 현재 각 지역별 쿼터 수는 연해주 지역이 약 8,500명, 모스크바 주가 약 3,800명, 상트페테르부르크가 약 3,300명, 모스크바(시)가 약 3,200명, 사할린이 약 2,100명 순서로 연해주 지역이 가장 많은 수를 차지한다. 쿼터를 기준으로 볼 때 노동 분야별로는 건축이 37,500명으로 최다였고, 재봉이 2,669명의 순서로 나타났다. 쿼터를 가장 많이 받은 회사는 블라디보스토크의 룽라도다. 그러나 2017년 12월 유엔 제재 채택 이래 러시아 연방의 북한 노동자의 수는 2018년 현재 1만 1천명 수준으로 크게 줄었다.[10] 2017년 말 유엔 안전 보장 이사회가 취한 제재 확대로 2019년 말까지 모든 노동자가 귀환해야 하고 북한과 합작하는 모든 기업이 폐쇄될 것으로 알려졌

---

9 Соглашение между Правительством Российской Федерации и Правительством Корейской Народно-Демократической Республики о временной трудовой деятельности граждан одного государства на территории другого государства (러시아와 북한 당국간 양국 주민의 상대방 영토에서 일시적 노동활동에 관한 협정), <http://www.mid.ru/foreign_policy/international_contracts/2_contract/-/storage-viewer/bilateral/page-121/45690> (검색일: 2017. 04. 30).
10 *Interfax*. 2018년 11월 16일 (https://www.interfax.ru/russia/638132)(검색일: 2019. 07. 10).

다. 2018년에는 러시아가 북한 노동자 고용 쿼터를 발행하지 않았다고 알려지고 있다.[11]

<표 2-1> 러시아의 북한 노동자 현황

연 도	북한 노동자 수
2011(2011. 3. 30)	32,000명
2012년	45,000명
2014년	53,000명
2018년	11,000명

* 출처: Дальний Восток. 2018년 11월 16일

러시아 내 북한 노동자들의 확산 배경에는 북한 노동자들이 노동시장에서 얻은 좋은 평판이 영향을 크게 미쳤다. 특히 건설 분야에서 북한 노동자들은 2012년 APEC 정상회담을 위해 추진된 블라디보스토크의 다리 건설 등 주요한 건설 사업에 참여하였고 당시 각국 지도자들이 묵었던 루스키 섬의 극동연방대학(Far Eastern Federal University) 건물단지 등 국제행사장을 신속하게 건설했다. 이를 통해 확보된 긍정적 평판은 북한 건설노동자에 대한 수요를 연해주와 기타 지역으로 확장시키는 결과로 이어졌다. 일부 러시아 기업은 직접 북한 출신 외국인 노동자 수 확대에 관한 청원서를 제출하

---

11 BBC. 2018년 2월 12일 (https://www.bbc.com/russian/features-42989901)(검색일: 2019. 07. 10).

기도 했다.[12]

　북한 건설노동자에 대한 호평은 웹사이트 등을 통해서도 확인되고 있다. 일례로 2013년 2월에 개설된 '레몬트 코리아(remont korea)'라는 러시아 회사 웹사이트[13]를 보면, 북한 노동자를 미장공, 칠 등 건설 전반에 걸친 숙련공들로 광고하고 있고 트위터(https://twitter.com/remontkorea) 등 SNS를 통해서도 수리 사례와 비용을 알리면서 '왜 북한인[14]이 우수한가'를 외부 평가를 인용해 선전한다. 북한 당국과 사이트 운영자의 관계를 확인하지는 못했지만 북한 노동자만을 전면에 내세우는 영업 전략을 가진 웹사이트가 운영되고 있다는 사실은 북한 노동자가 높은 평가를 받고 있으며 이를 활용하는 현지인과의 협력적 사업 형태가 확고히 자리 잡았음을 방증한다.

12　Л.В. Захарова. "Экспорт рабочей силы из КНДР(북한으로부터의 노동력 수출)." 미발표 자료; 2017년 2월 20일. 연구자와의 인터뷰 요약 정리.
13　"'북한 인부 최고' 러시아 건축회사 광고 눈길." 〈http://www.rfa.org/korean/in_focus/food_international_org/nklabor-07192016145342.html〉. (검색일: 2017. 11. 10).
14　러시아어로는 кореец이며 이는 북한인과 한국인 및 현지의 고려사람 등을 포괄하는 의미로 구분 없이 사용되나, 여기에서는 북한인을 의미한다.

<사진 2-1> 북한 노동자를 광고하는 러시아 회사(홈페이지)

*주: "양질의 아파트 수리를 하는 북한인들"이라는 제목 아래 고용된 인부들의 사진까지 공개한다.
자료: <remontkorea.ru>. (검색일: 2017. 11. 10).

2) 연해주의 북한 회사(사업소) 및 노동자

북한과 지리적으로 가까울 뿐 아니라 노동자 파견의 역사가 긴 연해주 일대의 북한 회사들에 대한 관리는 블라디보스토크 총영사관이 담당한다.[15] 러시아에 등록된 총 300여개의 회사 중 연해주에는 70여개가 있는데[16] 대표적인 북한 회사로는 릉라도 대외무역총회

---

15 아무르와 노보시비르스크지역은 하바로프스크에 위치한 북한 경제대표부에서, 노보시비르스크에서 모스크바 일대까지는 주러 북한 대사관이 담당한다(이애리아 외, 2017: 30).
16 BBC, 앞의 기사.

328 제2부 초국경 인구이동과 공간의 재구성

사-블라디, 조선아연 총회사, 조선 해외건설총회사-젠코, 조선 기술 무역 회사(청계천), 〈철산〉 무역총회사, 조선육해운성 극동운수 총회사, 조선 대외 무역회사(릉성), 젠코 하산지사, 〈남강〉, 대외건설사업소 〈성공〉, 임업성 〈원동임업〉 총국, 조선과학회사, 조선석유총회사, 조선흑색금속수출입회사, 조선 수산성, 기술발전회사, 조선경제회사 〈룡홍〉, 조선성산경제무역련합회사 〈성산〉, 〈청송〉 등을 들 수 있다. 이들은 주로 파견된 북한 노동자를 관리하기 위한 회사로 북한 입장에서는 사업소라고 할 수 있다.

북한 노동자는 3~5년 계약으로 입국이 가능하고 비자 만료 6개월 전에 1년 연장신청을 해야 하며 비자연장신청을 하지 않는 경우 곧바로 출국하도록 돼 있다. 쿼터를 신청한 러시아 회사들은 1인당 쿼터 수수료로 약 650달러 정도를 받아 일정액을 정부 당국에 내야 한다. 북한 각 기관이 러시아 현지 파트너를 찾아 노동자 파견 계약을 하고 초청장을 받아 비자를 받은 뒤 입국시키는 방식이 일반화돼 있다.

러시아에서 요구하는 북한 노동자의 조건은 2007년 8월 31일에 체결된 러시아와 북한 간 노동자 고용에 관한 협약을 통해 알 수 있다. 아래 〈표 2-2〉의 주요 협약 내용에서 볼 수 있듯 내용 중 특이한 점은 산재나 사고를 당할 경우 노동자의 국적국(북한)의 법률적용을 받으며 휴일도 러시아가 아닌 북한의 휴일을 적용하도록 한 사실이다.

<표 2-2> 북한-러시아 간 노동자 고용에 관한 협약의 주요 내용

- 노동자는 18세 이상이어야 하며 후천성면역결핍증, 약물중독, 전염병이 없다는 의료확인서가 있어야 함(3조)
- 노동자 휴일은 국적국가 공휴일에 맞추며 고용계약에 휴일에 관한 규정이 포함돼야 함(7조)
- 의료서비스(9조)
  - 의료종사자에 관한 계약 규정은 그 사람을 받아들이는 국가의 법률에 따른 규제를 받지 않음
  - 근로자들은 수신 국가의 의료기관에서 사고, 중독, 부상, 출산 등 환자의 생명과 건강을 위협하는 급성 질병에 대한 의료 서비스를 무상으로 받을 권리가 있음
  - 여타 의료서비스는 노동자를 받아들이는 국가의 법률과 국제 계약에 따라 제공하며 계약 조건에 따라 노동자가 직접 부담할 수 있음
- 노동자 사망 시 고용주는 운구비용을 부담하며 사망노동자의 사유재산을 북한으로 보내야 함(10조)
- 노동자는 체류국가 법률에 따라 외화를 구입할 수 있으며 체류국가 법률에 따라 구입한 외화를 귀국 시 가져갈 수 있음(11조)
- 노동자 소득에 대한 과세는 1997년 9월 26일에 러시아 연방정부와 북한 정부가 이중과세방지를 위해 체결한 <소득 및 자본에 대한 조세> 협약에 따름(12조)
- 노동자는 비자 만료 시 의무적으로 출국해야 함(15조)
- 본 협약은 5년간 유효하며 1년 단위로 자동 연장됨(18조)

협약서 작성 러시아 모스크바, 2007년 8월 31일

* 출처: <러시아 연방 정부와 북한 정부 간 양국 시민의 임시 근로활동에 관한 협약> (2007년 8월 31일)

    북한 노동자들의 소득에 대한 과세는 계약서에 자세히 설명되어 있지 않지만 일반적으로 총 소득의 13%를 러시아 정부에 소득세로 납부해야 한다. 소득세 외에 사회보험료도 납입해야 한다. 세금과 사회보험료를 공제한 일반 북한 건설노동자의 연간 수입은 어느 곳에서 일하는지와 상관없이 연간 최대 3,000달러에서 최소 200달러 수

준이며 노동자의 약 30% 정도는 가외 노동인 '청부'를 통해 이보다 더 많은 수입을 올리기도 한다. 북한건설회사의 대표나 관리인(현장소장 포함) 등의 수입은 작업장으로부터 벌어들이는 수입과 노동자들로부터 받는 뇌물 등을 합쳐 연간 수십만 달러에 달한다.

III. 북한 노동자의 생활공간과 일상

북한 노동자들의 러시아 이주를 형태별로 보면 공간적으로는 국제이주에 속하며, 시간적으로는 일시적 이주에 속한다. 이주형태는 오늘날 인권측면에서 논쟁이 되는 부분으로 유엔 및 미국 국무부의 기준을 적용한다면 비자발적/강제이주로서 노예제로 볼 수 있지만 본 연구진의 인터뷰 등 현지조사 자료에 의하면 자발적 이주에 속한다. 단, 이들의 자발성에 대해서는 심도 있는 논의가 더 필요하다. 이주 규모로는 개인이주라기 보다는 집단이주에 속한다. 2014년 당시 북한 노동자의 수는 전 세계에 걸쳐 확인된 것만 약 52,300명~53,100명에 이르며 이들이 벌어들이는 돈이 연간 12억~23억 달러(약 1조 3000억~2조 6000억 원)[17]에 달했다(SHIN Chang-Hoon et al., 2014: 21-30). 하지만 2017년 유엔의 대북제재 전까지 알려진 것보다 2~3배 더 많은 12만 명 내외의 인력이 파견되었고 수입도 더 높았던

---

17 송봉선은 이와 다르게 전세계의 북한 노동자의 규모를 6만~6만 5천명으로, 연간 송금액은 1.5~2.3억 달러로 집계하였다(송봉선, 2012: 75).

것으로 보인다(이용희, 2016: 111-137; 최영윤, 2017: 101-121).

<표 3-1> 이주의 유형

분류기준	이주의 유형
공간	국내이주(internal migration)
	국제이주(international migration)
시간	일시적 이주(temporary migration) 예: 단기계약근로자(temporary contract worker), 계절노동자(seasonal worker), 순환이주노동자(circular migrant worker)
	영구적 이주(permanent migration)
이주형태	자발적 이주(voluntary migration) 예: 이주 노동자, 결혼이민자, 교육이민자, 은퇴이민자
	비자발적/강제이주(involuntary/forced migration) 예: 노예제(slavery), 계약노동(indentured laborer), 비호신청자/난민(asylum seeker/refugee), 국내유민(internally displaced person), 인신매매(human trafficking)
이주규모	개인이주(individual migration)
	대량·집단이주(mass/collective migration)

* 출처: 정재각, 2010: 49-50; 엄한진, 2011: 42 에서 재인용

1. 북한 노동자의 연해주 송출 과정

국제적 대북 제재로 노동자 송출이 제한되기 전까지 북한은 러시아, 중국, 중동지역, 유럽과 아프리카 지역에 이르기까지 외교 관계를 맺은 국가들에 노동자를 파견했다. 이중 러시아는 북한 노동자들

이 가장 선호하는 지역이었다. 본 장에서는 2014년 당시 조사 결과를 중심으로 북한 노동자의 삶과 일상의 공간을 살펴보고자 한다.

해외 파견 노동지의 선택에는 남성성, 기후 등이 복합적으로 반영된다. 여러 파견지 중 러시아는 남성들의 절대적인 파견 선호 지역이다. 이는 중국 등 공장지대가 많은 곳으로 파견되는 여성 노동자와 대비된다. 중국 등 공장으로 파견될 경우 노동자들은 주로 '월급'에만 의존해 생활해야 하기에 '(임금이) 싼 곳', '여자들이나 가는 곳'으로 알려져 있었다. 중동 쪽 역시 건설공으로 많이 파견되는 지역이었지만 기후 조건이 맞지 않아 파견 근무를 다녀온 사람들이 병을 앓고 죽는 경우가 많다고 소문이 나서 꺼려하는 지역이 되었다(이애리아 외, 2015: 55).

> 연구자: 순서가 어떻게 되요? 그러니까 제일 인기 있는 것부터. 러시아 그 다음에 중동도 있고 그런데.
> J씨: 러시아... 라는 게, 무슨 인기보다도 그냥 우리 로동하는 사람들. 막로동하는 사람들. 그런 사람들 기준에서는 좀 인기가 있었죠.
> 연구자: 내가 가서 보니까 그 카타르나 이런 데는 돈을 월급을 받죠?
> J씨: 네.(중략) 대체적으로 중동 쪽으로 가게 되면 많이 병을 앓고 죽는 사람들이 많으니까, 거긴 또 가기 싫어하고. (중략) 쪽으로 갔다 온 사람들이 기후조건 때문에 그런지 모르겠는데. 기후조건 때문에 그런다고... 그런데 어쨌든 거기 갔다 와서 뭐 한 한두 해 있다가 죽는 사람들이 많거든요. 그러니까 그런 데를 뭐 돈이 (중요하다고)...

목숨까지 내놓을 그럴 필요는 없으니까. 거기를 많이 안 가죠.
연구자: 그럼 중국하고 러시아에 비교하면 어때요?
J씨: 중국은 건설로 나가는 일이 없을 걸요. 중국은 뭐... 중국은 어차피 그 뭐라 그럴까, 수입 대 지출이라고 할까. 그런 비율이 러시아하고 중국하고는 다르지요. 중국은 아무래도 싸게 다 들어가는 데니까...

(북한이탈주민 J씨, 러시아에서 건설공으로 근무)(이애리아 외, 2015: 55-56).

연해주 지역에 주로 파견되는 건설공들은 2009년 이전에는 각 성의 대외건설사업소가 담당했으며, 이후에는 조선대외건설지도국으로 통합되어 그 역할을 수행하고 있다.[18] 러시아로 파견되는 건설공의 약 85%~90%는 주로 평양 출신이다. 연해주로 파견된 노동자들은 대개 군복무 후 기능공으로 일하다가 외국으로 파견될 가능성이 많은 각 성의 대외건설사업소(2009년 이전)나 대외건설지도국(2009년 이후)에 배치되기 위해 관계자에게 뇌물을 주는 등 해외 파견을 위해 다양한 방법을 썼다. 건설노동자들의 직종은 콘크리트작업자, 미장이, 석공, 목수, 배관공 등이 주가 되며 이외에도 양식업과 수산가공 공장에서 일하거나 농장에서 야채재배 작업에 투입되는 노동자가 있다. 소수이지만 레스토랑 등 서비스 업종에 근무하거나 북한 물산전 등을 열어 전시 물품을 판매하면서 외화벌이를 하고 있는 이도 존재한다.

러시아 내 사업소에 근로정원이 빌 경우에만 파견이 가능하므로

---

18 러시아에 파견되는 벌목공들은 북한 각 지역의 임업부 산하 '재쏘관리부'가 담당한다.

순서에 맞춰 가려면 몇 년을 기다려야 하는 경우도 있었다. 따라서 빨리 파견을 가기 위해 인맥과 뇌물을 동원해야 하는데, 여러 사람을 거치므로 최소 100달러 이상 소요된다고 한다. 빚을 지거나 가산을 처분하여 뇌물을 마련하는 경우가 다반사라고 한다.

〈그림 3-1〉 북한 경제구조와 외화벌이 흐름

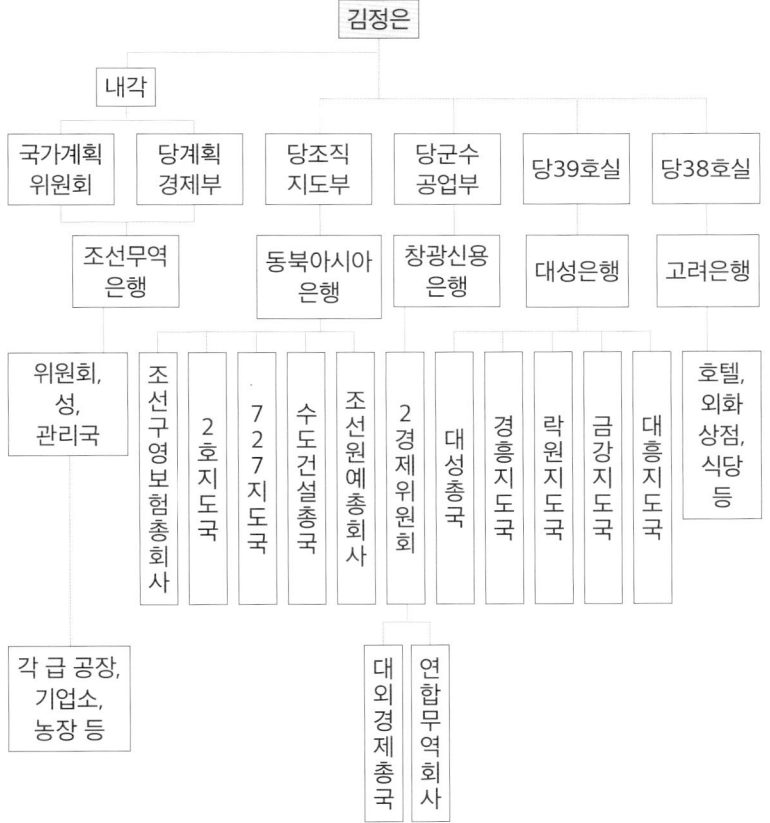

* 출처: 북한전략센터·코리아정책연구원, 2012: 16.

파견되는 노동자들이 러시아로부터 받는 비자는 2017년 말 전까지 대개 5년 기한이었다.[19] 이 비자 기한은 다른 국가 출신에 비해 '특혜'에 가까운 혜택이었다. 북한 노동자들은 5년 경과 후 연장이 가능해 심지어 10년, 15년까지 체류가 가능했지만, 중국이나 베트남 등 다른 국가들에서 온 노동자는 통상 1년에 해당하는 쿼터를 할당받기 때문에 1년이 지난 뒤 연장도 힘들다. 따라서 체류기간이 길어질수록 북한 노동자들은 다른 국가에서 온 노동자들에 비해 숙련도가 높아진다.

그러나 현장의 노동자들은 5년의 기한을 받았음에도 불구하고 근무를 시작한지 3년 만에 현지 잔류 또는 귀국 여부를 관리자들에게 심사받는다. 그 표면적인 이유는 과거 김일성이 "해외근로자는 3년이면 충분합니다."라고 교시를 남겼고 이를 관철하기 위해서라는 것이지만, 실제로는 관리자들이 노동자에게 뇌물을 받기 위해 유훈을 핑계로 삼는다고 한다. 일반 노동자와 달리 지배인이나 당비서와 같은 간부급은 비자 기한과 상관없이 3년간만 근무한다. 지배인의 경우 3년간 회사의 국가계획분을 완수했을 때는 국기훈장이 수여되며 다시 외국으로 나갈 수 있는 기회가 주어진다.[20]

2017년 말 유엔 안전 보장 이사회가 취한 제재 확대로 인해 북한 노동자들에 대한 거주비자(장기체류) 발급이 어려워지면서 일단

---

19 건설공 중에서 특수하게 조선인민경비대 7총국 소속으로 러시아에 오는 경우도 있는데, 일반 건설과 특각(별장) 등 특수 건설 현장에 투입되는 이들은 일반 건설공과 달리 비자가 연장되지 않아 3년 만에 본국으로 되돌아간다.
20 일반적으로 지배인에게 할당된 국가계획분은 3년에 100만 달러 정도로 알려져 있다.

90일 비자로 러시아에 입국하여 비자를 연장시키는 방식으로 거주하는 북한 노동자들이 늘어나고 있다. 북한에서 90일 비자를 발급받기 위해서는 뇌물을 포함하여 310달러 정도가 들고, 러시아에 입국 후 90일 비자를 연장하려면 약 5만~7만 루블(약 793달러~1,111달러, 2019년 7월 환율 기준) 정도가 드는데 최대 1년까지 비자를 연장할 수 있다고 한다. 러시아에서 비자 연장 발급 비용이 이렇게 높은데도 불구하고 북한 노동자들이 고액의 비용을 들여 비자를 연장시키는 것은 북한에 다시 귀국했다가 다시 러시아로 나오는 것이 사실상 불가능에 가깝기 때문이다.[21]

2. 연해주 입국: 2014년과 2019년의 풍경

북한에서 러시아로 이동하는 정식 교통수단은 비행기와 열차다. 교통비는 노동자 본인 부담이기 때문에 2000년대에는 주로 가격이 저렴한 열차편을 이용하였으나 이후에는 항공편의 이용이 많아졌다. 이동 시간의 단축 보다는 이동 과정에서 이탈을 막기 위해서이다. 북한에서 러시아로의 입국뿐 아니라 극동지역에서 러시아로 들어오거나 귀국하는 모든 노동자들은 철도편인 경우 우수리스크 역, 항공편일 경우 블라디보스토크 공항을 경유한다.

---

21 연구 협력자와가 북한 노동자와 나눈 인터뷰(2019.7.13.) 내용 중.

<사진 3-1> 입국 후 공항 밖에서 대기하고 있는 북한 노동자

* 출처: 연구자 촬영 (위: 2014.9.8. 아래: 2018.4.30.)

    2014년 9월 연해주 블라디보스토크 공항에는 매주 월, 금요일에 고려항공편을 이용하려는 북한노동자와 관리자들이 도착했다.[22] 짐을 찾는 곳까지 들어가서 보았을 때 평상복, 양복, 와이셔츠와 바지 차림의 노동자들이 트렁크, 중국산 비닐가방 등 각자 형편대로 장

---

[22] 고려항공은 2014년 9월 당시 월, 금요일에 취항했다. 도착은 12시이며 출발은 14시 45분이었다.

만한 짐 보따리를 챙기고 있었다. 집단으로 모여 있는 이들의 상의에 달린 김일성, 혹은 김일성과 김정일 두 사람의 사진이 있는 배지가 도드라진다. 노동자들은 공항 청사에서 각각 소속된 회사로 담당자를 따라 이동하였다. 버스를 이용해 회사로 이동하던지 역으로 간 후 기차를 이용해 다른 도시로 이동하는 경우도 있다.

 러시아가 유엔의 대북제재에 동참하기 시작한 2017년 말 이후 블라디보스토크 공항 풍경은 사뭇 달라졌다. 2019년 6월, 입국한 400여명의 북한 사람들 중 300여명은 노동자들이고 나머지 100여명은 여성을 포함하여 다양한 신분의 사람들이었다. 노동자들의 경우에도 쿼터가 막혀 과거처럼 공식적 노동비자가 아니라 기술연수비자로, 일부는 학생비자나 관광비자 등을 발급받아 입국한다. 이들의 체류기간은 대개 3개월이어서 러시아에서 비자를 연장하기도 하고 비자 기한 만료 기간인 3개월에 한 번씩 다시 북한을 다녀온다고 한다. 따라서 항공요금 등 북한 노동자가 지불해야 할 부담은 30% 이상 늘었다고 한다. 이렇게까지 하면서 러시아에 오는 이유가 무엇이냐는 질문에 북한 노동자들은 "입 하나 덜라고 온다"고 답했다. 대북제재 및 만성적인 생활고로 북한의 경제가 어려워지면서 가족 한 명이라도 끼니를 덜어주기 위해 해외로 온다는 것이다. 3개월 비자로 입국하는 북한 노동자들이 많아지면서 북한 당국은 작업장 이탈이나 탈북 등 문제를 일으키는 것을 방지하기 위해 이전보다 더 심한 감시와 규제를 하고 있다.

3. 사업소(회사)의 구조

파견된 북한 노동자는 원칙적으로 러시아 지방정부나 러시아 회사의 관리 하에 일을 배당받는다. 그러나 러시아 내에 설립된 북한 사업소(회사)[23]가 러시아 측 특정 회사와의 계약 관계 속에서 노동자들에게 일을 할당한다. 이는 북한과 러시아 지방정부가 맺는 계약 방식과 북한과 러시아 개인회사 사이의 계약 두 가지가 존재하기 때문이다. 임금 역시 형식적으로는 러시아 회사가 노동자 개인에게 지불하는 것으로 되어 있지만 실제로는 이를 북한 사업소가 담당한다. 러시아 측과의 소통, 노동자들의 주거 확보 및 생활 감시가 북한 측 사업소의 주 업무이다. 나호드카, 블라디보스토크, 아르촘, 우수리스크 등 연해주 주요 도시에 외국인 투자회사로 등록된 북한 회사는 각 시별로 1~4개가 존재한다.

각 사업소는 교외지역 내 아파트나 공장을 임대하여 사용하며 사업소별로 대략 200~400여명 정도가 함께 숙식한다. 원칙적으로 노동자들은 근무를 나갔다가 매일 모두 숙소에 돌아오도록 되어 있으나 공사기간을 단축시키기 위해 작업장에서 숙식을 해결하는 경우도 많다. 사업소의 체계는 지배인(사장)에서 노동자에 이르기까지 엄격하게 관료제화 되어있으며 군대식 위계질서로 이루어져 있다.

---

[23] 북한 대내적으로 사업소로 대외적으로는 회사의 형태를 갖추고 있다. 이 글에는 주로 북한 노동자의 입장에서 '사업소'로 기술하고자 한다.

<그림 3-2> 연해주 파견 북한 사업소(회사) 내 조직도

* 출처: 이애리아·이창호, 2015, p.61을 일부 수정하였음.

　　조직구조를 살펴보면 총괄자인 '지배인'(또는 사장) 아래 부지배인 (부사장)이 있다. 부지배인은 노동자들이 외부 자본주의 세계에 물들지 않도록 관리·감독하는 보위부원인 경우가 많다.[24] 때로 부사장(부지배인)과 보위부원이 독립되어 있는 경우도 있다. 관리자 집단에는 노동당에서 파견된 관리자로 당비서 직책도 있어서 주로 사상총화를 담당한다. 사상총화는 당비서의 지휘에 따라 노동자들 중 부문당 비서와 세포비서의 당직급을 가진 노동자를 통해 이뤄진다.[25] 각 사업소는 3~4명의 통역을 두고 있으며, 주로 계약을 담당하는 주 통역과 일감을 따오는 다른 통역으로 그 역할이 구분되어 있다.

노동자의 작업에 대한 실제 관리는 한 사업소에 3~4개의 정도로 편성된 직장의 직장장이 담당한다. 이 직장은 다시 3~4개의 작업반으로 구성된다. 한 작업반에 13명 정도씩 배치되어 규모는 약 40명이다. 작업반장은 노동자들에게 소대장이라고도 불리며 매주 시행되는 작업반 내 계획분 총화를 담당한다. 이와 달리 당 직급인 세포비서로는 '당생활 총화' 즉 사상총화를 담당한다.

총화는 정기적으로 주말에 이루어진다. 노동자들이 외부사상에 오염되는 것을 방지하기 위한 사상총화와 국가 할당 계획분을 점검하는 작업총화 혹은 계획분 총화로 나뉘며, 노동자들은 계획분 총화를 매우 두려워한다. 일정 기간 계획분을 납부하지 못할 경우[26] 본국으로 송환되기 때문이다.

---

[24] 보위부원이라는 직책으로는 외국에 나오기가 어렵기에 대개 부지배인의 형식을 빌려 나온다고 한다.
[25] 관리자 및 노동자의 직급은 실제 업무와 당생활 관련 직급으로 나뉘며 한 사람이 두 개의 직급을 중복하여 가지고 있다. 예를 들어 한 사업소 내의 직장장의 경우 업무적으로는 직장장이지만, 당적은 부문당 부비서이다. 이와 달리 부문당 비서는 업무적으로는 부직장장에 해당된다.
[26] 이를 노동자들은 '미수차고 나간다'라고 표현한다.

사상총화는 대개 주말 저녁시간을 이용하여 1시간 가량 이루어지며 작업총화 혹은 계획분 총화는 주로 월말에 이루어진다. 그러나 계획분 납부가 촉박할 경우 작업총화 때 계획분 총화가 함께 열리기도 한다. 사상총화의 목적은 노동자들이 외부세계에 노출되지 않게 하는 것이다. 노동자들이 작업을 나가게 되면 북한과 다른 러시아의 자유로운 분위기에 빠져들 수 있고 러시아 방송 뿐 아니라 남한 방송, 인터넷 정보 등에 접촉하기 쉬워 작업장을 이탈할 수 있기 때문에 이를 감시하기 위해서이다. 원래는 '동지 호상간 비판' 등으로 신랄하게 상대방을 비판해야 하지만 노동자 거의가 파견지 근무를 통해 외부 정보를 많이 알고 있고 외국에 와서 고생하는 처지를 서로 알기 때문에 강도가 그렇게 심하지는 않다고 한다.

매달 말에 열리는 작업총화 혹은 계획분 총화는 각 노동자들이 사업소로 할당된 일감에 대해 노동을 한 결과를 통보하는 자리이다. 노동자들은 일감을 통해 받을 수 있는 총수입에서 계획분을 제외한 실제 임금이 얼마인지 통보받는다.

총화에서 알 수 있듯이 해외 파견 북한 사업소의 임무는 크게 두 가지이다. 첫째는 사업소별로 할당된 계획분을 완수하는 것이며, 둘째는 노동자들이 외부 자본주의에 물들지 않도록 사상 교육을 강화하는 것이다. 파견된 북한 노동자들이 작업장의 거리와 일의 성격에 따라 아예 작업장에서 숙식을 해결하는 경우가 많기 때문에, 보위부에서 파견한 부지배인과 직장장 등 관리자들이 현장에 나가 수시로 검열을 한다. 특히 근래에는 허가된 전화 외에 노동자들의 스마트폰 사용이 공공연히 이루어지고 있어 관리자들이 불시에 작업장을 찾아가 노동자들의 소지품을 검사하고 스마트폰이 발견되었을 경우 스마트폰 압수 및 노동자가 검색했던 내용을 조사한다. 특히 스마트 폰에 남한과 관련된 정보나 드라마, 음란물과 관련된 내용 등이 발견되면 소지한 노동자를 징계에 회부하는 것이 원칙이다. 그러나 때로는 관리자가 노동자의 잘못을 눈감아주고 자신이 개인적으로 맡은 일감을 맡긴 뒤 노동자가 받은 임금에 대해 높은 수수료를 부과하기도 한다.

4. 계획분과 노동자의 수입

북한 노동자들의 일과 수입은 계약에 따라 달라진다. 예를 들어 러시아 회사와 북한 측 회사가 노동자 500명 작업량의 사업계약을 맺으면 노동자들이 작업현장에 가서 기한 내 일을 마치고, 북측 사업소가 직접 대금을 수령한 뒤 노동자들에게 지급한다. 바로 이것이 '집체'로 불리는 통상적인 노동의 형태이다. 이 외에 통역이 러시아 업자들과 소규모로 맺은 계약이 있는데, 통역은 이 '물어온 일감'을 개인적으로 노동자들과 거래함으로써 따로 수입을 올리기도 한다. 노동자들은 처음 사업소에 들어오면서 러시아어를 몰랐을 때는 통역이 알려준 작업소로 가서 노동을 하고 통역에게 알선 수수료를 지급하지만 반 년 정도 지나면 직접 일을 찾아 '청부'에 나선다.

노동자들의 실제 수입은 매달 열리는 작업총화 혹은 계획분 총화 때 알 수 있다. 관리자들은 노동자들에게 직접 임금을 지급하는 것이 아니라 계획분 총화를 통해 각 노동자의 한 달 전체 수입이 얼마이며 계획분을 제외한 금액이 얼마인지 알려준다. 따라서 고정적으로 받는 임금은 문서상으로만 존재할 뿐 실제로 자신들에게는 존재하지 않는 것이라고 노동자들은 말한다.

> *그러니까 그 여기 회사하고 일 할 때는 한 푼도 못 받아 봤습니다. 돈이 얼마인지도 모르고… 그리고 주마다 총화 때마다, 토요일마다 총화 때마다 홍길동하면 홍길동, 갑돌이면 갑돌이가 계획분 다 했다. 수행했다 얘기합니다. 계획분만 다 했다고 얘기 합니다. 그 편안하죠. 밥 먹는 건 거기서 먹여주니까. 잠자는 건 일 없으니까. 그러니까 (러시아에) 돈 바라고(왔는데)… 돈은 쥐어보지 못하는데. 그러니까 야간에 나간단 말이야 일하러. 야간에 일 물어가지고, 자체로 물어가지고 야간에 가서 일 한단 말이에요.*
>
> (북한이탈주민 C씨, 러시아에서 건설공으로 근무).

계획분은 국가계획분이라고도 하는데 임금 체계가 없는 사회주의 경제의 특징이라고 할 수 있다.[27] 실제 북한으로 송금되는 계획분이 얼마인지는 잘 알려진 바가 없다. 다만 2014년 현지조사에 의하면 공식적으로 1개월에 240달러 정도가 국가에서 요청하는 금액으로 확인되었다. 파견 노동자들 역시 사회주의 경제 체제의 특성상 '개인'이 임금을 받는다는 개념이 없기 때문에 계획분은 반드시 납부

---

27 북한과 같은 사회주의 경제에서 계획화(planning)란 국민경제 내의 제반 계획의 작성과 실행, 계획수행 감독과 평가를 가리키는 개념으로 1960년대에 만들어져서 지금까지 그 골격을 유지하고 있다(양문수, 2013: 7-11).

해야 하는 것으로 생각한다. 그러나 실제로 관리자들이 요구하는 계획분이 너무 높기 때문에 불만을 가질 수밖에 없다. 각 사업소별로 계획분의 액수가 높은 이유는 사업소나 회사에 따라서 기숙사 임대료, 식비와 관리비, 러시아에 내는 세금을 더해 계획분이라고 칭하는 경우가 많기 때문이다. 또한 관리자들이 "러시아 측이 공사단가 등을 낮춰 잡는 바람에 이번에 계획분이 올랐다"는 식으로 구실을 붙여 일방적으로 계획분의 액수를 올려 잡기도 한다. 계획분의 납부를 최대 목적으로 하는 회사의 구조는 비노동의 상층부 관리자 집단과 노동하는 파견 노동자들로 이분화 되어 있다. 이로 인해 결과적으로 노동자들은 계획분을 포함해 관리자 집단의 소득까지도 전적으로 부담하게 된다. 북한식 사회주의 경제 개념에 익숙한 노동자들은 처음에는 계획분의 납부를 당연하게 여기다가도 계획분에 국가 납세분, 파견 비용뿐만이 아니라 관리자들이 착복하는 금액까지 포함된다는 것을 알게 되면서 심리적으로 계층적 차별을 실감할 수밖에 없게 된다.

계획분의 액수는 각 사업소마다 다르지만 현지 소요 비용을 포함시켜 통상 1개월에 550~1,200달러 정도 책정된다. 계획분의 액수가 일정하지 않은 이유는 노동 상황이 계절별로 차이가 있기 때문이다. 즉 일감이 적은 겨울에는 금액이 다소 낮아지지만 날씨가 풀려 한창 일하기 좋은 계절에는 1,000달러가 넘어가기도 한다. 계획분을 제외한 실제 수입은 노동자별로 다른데 사업소에 계획분을 내고 나면 1년 수입이 500달러도 되지 않는 경우가 많아 노동자들 사이에서는 '3년 동안에 1,500달러를 번 사람은 10점 최우등생이다', '(5년간) 1

만 달러를 벌면 최고다'라는 말이 회자되기도 했다. 국가로 송금하는 계획분의 액수를 알고 있는 일부 노동자들은 계획분을 제하고 남는 노동자의 수입이 턱없이 낮은 이유가 관리자급에서 떼어가기 때문이라고 생각한다.

〈사진 3-2〉 블라디보스토크 도심에서 건설 작업 중인 북한 노동자

* 출처: 연구자 및 연구협력자 촬영(2019.7.)

북한 노동자는 북한을 떠나는 순간부터 계획분 납부의 부담을 짊어진다. 노동자들은 '계획분이 몸에 붙어있다'는 표현을 자주 쓰는데 작업장 도착까지의 항공료, 쿼터수수료 등이 계획분에 포함되어 있고 이후에도 지속해서 총화를 통해 납부의 압박을 받기 때문이다. 노동자는 계획분 총화를 통해 확인된 미수금을 다음 달까지 분납으로라도 채워야 한다. 계획분을 내지 못하는 경우를 '미수차고 나간

다라고 하는데 노동자가 연속해서 미수를 차게 되면 결국 본국으로 송환될 수밖에 없으며 파견 노동자에게 '미수 찬' 본국 송환은 죽음과 다를 바 없다. 러시아에 파견 나오기 위해 북한에서 빚을 진 경우가 많기 때문이다.

5. '청부'와 사회적 연결망

북한 노동자에게 임금의 절반 이상을 차지하는 계획분은 엄청난 부담이 아닐 수 없다. 그러나 한편으로 생각하면 계획분을 모두 채우게 될 경우 나머지 노동에 따른 수입은 노동자 개인의 것이 된다. 파견된 북한 노동자가 현지에서 개인 수입을 가장 많이 올릴 수 있는 방법은 '청부'라고 불리는 일종의 가외 노동이다. 청부는 러시아 회사와 사업소가 정식계약을 맺어서 작업에 투입되는 집체노동과 다르게 개인적으로 계약을 맺어 일하는 것을 뜻한다. 주로 개인 가정집의 도배나 내부 수리를 하기 때문에 파견 노동자들은 '인테리어'라고도 부른다. 노동자들은 파견 초반에는 러시아어와 현지 상황을 모르기 때문에 사업소에서 지시한 작업에만 투입된다. 그러나 작업하면서 여러 정보를 듣게 되고 동료들이 청부 나가는 것을 알게 되면서 자신도 청부를 나가게 해달라고 사업소의 관리자에게 요청한다. 관리자는 노동자가 계획분을 충실히 납부할 수 있을 만큼 실력이 있고, 작업장을 이탈할 위험이 없는 경우에만 청부를 허락한다. 예외적으로 노동자 중에 귀국을 1년여 남겨놓고도 모아놓은 수입이 얼마 없는 절실한 경우에 청부를 허락하기도 한다. 청부는 현지인과 개인적으로 계약을 맺어야하기 때문에 러시아어에 능통해야 해야 하며 현지에 일감을 구해줄 인맥이 어느 정도 형성되어 있어야 한다. 만일 둘 다 여건이 되지 않을 경우 사업소 내의 통역에게 부탁하여 일감을 구하기도 하고 현지의 고려인에게 중개를 부탁하기도 한다. 러시아어와 한국어를 동시에 구사하는 고려인들은 직접 일감을 연결해주거나 인터넷 벼룩시장에 구직 광고를 띄워주기도 한다.

연해주 지역에는 신축하는 건물과 아파트뿐 아니라 건축된 지 20~50년 이상 된 집들이 많다. 이들 신축 건물에 대한 인테리어 및 오래된 집의 창문교체, 부엌 및 목욕탕 수리 등 집수리에 대한 수요가 꾸준히 존재하기에 청부 일감은 풍부한 편이지만 노동 시장에서 중국, 베트남, 우즈베키스탄 등 여러 국가에서 입국한 노동자들이 경쟁하는 상황이다. 러시아 현지에서 일반적으로 우즈베키스탄 등 중앙아시아 출신과 베트남 노동자는 일이 느리고 숙련도가 떨어지는 것으로 알려져 있으며 중국인 노동자의 경우에는 접경 지역의 오랜 적대 감정 때문에 현지인들로부터 환영받지 못한다. 따라서 연해주에서는 일처리가 빠르고 숙련도가 높으며 고려인 등을 통한 사회적 연결망을 잘 활용하는 북한 노동자에 대한 수요가 매우 높다.[28]

2014년 10월, 조사기간에 만났던 S씨는 60대 남성으로 고려인 3세이다. 1937년 스탈린 체제에서 할아버지 대에 강제이주를 당해 우즈베키스탄에 거주했다. S씨는 우즈베키스탄에서 건축 관련 분야에 종사하다가 개인 사업을 위해 1996년에 러시아 연해주로 이주했으며

---

28 경쟁 상대인 우즈베키스탄 노동자와 베트남 노동자들도 시간이 지나면서 점차 숙련도가 높아지고 있어 북한 노동자의 향후 노동조건이 밝지만은 않다.

러시아 시민권도 획득했다. 한국어를 전혀 못했던 그는 조선족과 교류하며 일상적인 회화를 조금씩 배우게 되어 지금은 북한 노동자와의 의사소통이 가능하게 되었다. 그가 어느 정도 러시아에 정착해 갈 때 쯤 북한 노동자들에게서 러시아어로 청부 광고를 인터넷에 올려주고 중개해 달라는 요청이 들어오기 시작했다.

연구자: 그 사람들(북한 노동자)이 알아봐 달라고 부탁하는 거에요?
S: 네.
연구자: (북한 노동자를) 어떻게 알게 되었어요?
S: (북한 노동자가) 너무 불쌍해서…(마음을) 썼습니다. 북에서 한 달에 10달러 버는 거면 여기서 한 달에 200달러(법니다)… 여기서 200달러, 300달러 마음대로 법니다. 300달러 400달러는 돈이 아니라고. 조선 사람 나와서 벌면 얼마나 좋겠소.

북한 노동자의 청부를 알선해주는 고려인은 임금의 10% 정도를 수수료로 받고 일감을 중개해준다. S씨와 같이 고려인들 중에 진심으로 경제 상황이 어려운 북한 노동자들을 위해 청부 중개를 해주는 이도 있으나, 북한 노동자들의 보수를 가로채고 연락을 끊어버리는 경우도 일부 있다. 이러한 악덕 고려인에 대해 북한 노동자들은 '개상주' 혹은 '사바카(собака) 상주' 등의 심한 욕을 하기도 한다. 러시아어로 개를 의미하는 '사바카'와 '거주한다', '산다'는 뜻의 '상주'가 합쳐지면 심한 욕이 된다. 청부가 수입의 결정적인 의미를 갖는 북한 노동자들로서는 러시아어에 미숙한 경우 고려인을 통해 일을 소개

받을 수밖에 없다.

<사진 3-3> 인터넷 벼룩시장에 실린 북한노동자의 구직 광고

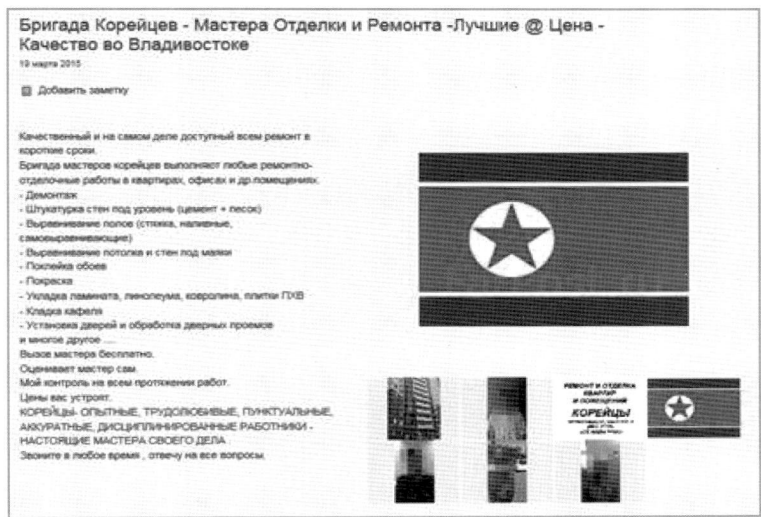

* 주: 북한 노동자들이 고품질로 단기간에 아파트와 사무실 등의 건축물 수리를 해줄 수 있다는 광고. 북한 국기뿐 아니라 북한 노동자의 사진 및 인적 사항도 들어가 있다.
** 출처: Farpost 인터넷 홈페이지(http://vladivostok.farpost.ru)(검색일: 2019. 7. 20).

　계획분 외의 급여는 개인의 수입으로 연결되므로 노동자들은 노동시간의 초과와 공사시간 단축에 적극적이다. 청부일 경우 계약을 맺는 방식은 독특한데 북한 노동자들은 주로 도급제를 제안한다. 예를 들어, 집수리 공사 최소 비용이 10만 루블(약 1,870달러, 2014년 10월 기준)일 경우 러시아 노동자들은 공사기간 한 달에 20만 루블을 청구하는 반면 북한 노동자들은 보름 동안 10만 루블에 일을 끝낼 수 있다고 제안한다. 일반적으로 러시아에서 업체에 집수리를 맡기면 노동자들은 정시에 출퇴근하고(오전 9시~저녁 6시) 중간에 휴식도 일정 시간 가져야 한다. 따라서 작업 기간이 길고 보수도 그만큼 높게 책정된다. 이와 달리 북한 노동자는 아침 8시부터 밤 10시까지 쉬지 않고 일하며 심지어 작업장에서 숙식까지 하면서 공사기간을 단축한다. 북한 노동자 입장에서는 힘들더라도 빨리 작업을 하고 다른 일감을 찾아 나설 수 있기 때문이다. 도급제가 아닌 일당제의 경우에도 일반적으로 러시아 노동자가 3일간 집수리 작업에 1만 4천 루블을 받는다면 북한 노동자는 같은 보수를 받고 단 하루에 끝내버린다. 현지인 입장에서는 공사기간도 빨리 끝나고 비용도 저렴할 뿐 아니라 작업 품질도 높은 북한 노동자와 계약하는 것이 훨씬 유리하기 때문에 이를 선호할 수밖에 없다.

〈사진 3-4〉 개인 주택에서 청부 작업 중인 북한 노동자

* 출처: 연구자 촬영(2014.10.)

청부로 작업할 경우 사업소에 납부해야 할 계획분은 약 800달러~1,500달러로 일반적인 집체노동을 할 때보다 높지만 계획분을 납부하더라도 노동자의 수입 면에서는 유리하다. 수입은 각 노동자의 기술력 수준과 계약 내용에 따라 달라서 개인 수입이 1년에 500달러 정도인 노동자가 있는 반면 드물기는 하지만 작업반장급 이상의 경우 1개월에 3,000달러 이상의 수입을 올리기도 한다. 노동자들은 청부 노동으로 발생한 수입을 사업소나 은행에 맡기지 않고 자신의 몸에 지니고 다니거나 자신만이 알고 있는 장소에 묻어두기도 한다. 이 때문에 북한 노동자들이 몸에 현금을 가지고 다닌다는 것을 현지 범죄자들이 알아채고 노동자들의 출퇴근길에 매복해 있다가 돈을 강탈하거나 심지어 자동차로 치어 죽인 후 몸을 뒤져 돈을 가져가는 일도 잦았다고 한다.[29]

청부와 집체노동을 막론하고 휴식 없는 무리한 작업으로 인해 북한 노동자들은 심각한 건강상의 위험에 노출되어 있는 실정이다. 만일 노동자에게 오랜 기간 치료를 요하는 질환이 발생하였을 경우에는 당장의 치료보다 본국으로 송환당할 수 있어 노동자들은 발을 절뚝거릴 정도로 아프더라도 아무렇지도 않은 듯 참고 일을 나가는 것이 보통이다. 회사에서 의약품이 제대로 보급되지 않아 심하게 아플 경우에는 현지에서 찌프탁신 혹은 찌포탁심(cefotaxime)으로 불리는 강력한 항생제를 자가 구입하여 몰래 주사하면서 일시적으로

---

[29] 이러한 사건을 방지하기 위해 사업소에서는 노동자들이 작업이나 외출을 나갈 경우에 반드시 2명~5명씩 조를 짜서 움직이는 것을 강화했다고 한다.

통증을 완화시키고 다시 일터로 나간다.

북한 노동자의 청부 노동은 러시아의 입장에서는 편법적인 노동으로 자국노동자 보호와 세금징수 측면에서 러시아 정부의 입장과 충돌하기에 문제가 될 수밖에 없다. 그러나 러시아 정부 측에서는 북한 사람들이 심각한 고난 속에 살고 있다는 것을 잘 알고 있기 때문에 청부 노동을 비롯하여 사업소의 세금 절감을 위한 수입축소 신고, 노동자 숙소로 쓰이는 사업소의 위생 및 소방 문제 등 일부 편법과 불법 행위들에 대해 묵인을 하는 경우도 적지 않다. 북한 노동자들의 일부 편법, 불법적인 행위가 있기는 하지만 이들이 사업소 단위의 단체생활을 하고 있어 개별적으로 이주해 범죄를 저지르기도 하는 다른 이주 노동자에 비해 문제를 일으킬 소지가 거의 없기 때문에 큰 문제가 되지 않는 한 이러한 상황들을 일부 눈감아주는 것이라고 한다.[30]

2019년 현재 북한 노동자들은 러시아의 쿼터 중단으로 인해 주로 3개월 비자로 러시아에 입국한다. 입국 후 이들은 사업소에서 3~5명씩 조를 짜거나 한 명이 일거리를 찾아다니며 주로 청부 노동에 종사한다. 아래는 2019년 6월 블라디보스토크 시내에서 연구협력자와[31] 이루어진 북한 노동자와의 인터뷰이다.

연구협력자: 안녕하세요. 북조선에서 오셨습니까?

---

30 연해주 △△시정부 고위급 직원으로 근무하는 A씨와의 인터뷰에서 나온 내용이다.
31 연구자가 북한 노동자와 직접 접촉할 수 없어 이들과 오랫동안 교류를 가져온 연구협력자에게 부탁하여 인터뷰를 수행하도록 하였다.

노동자: 예 안녕하십네까? 전 평양에서 왔습니다.

연구협력자: 혼자 일하십네까?

노동자: 예. 혼자 일합니다.

연구협력자: 일은 많이 있습니까?

노동자: 힘듭네다. 회사에 내야하는 돈이 많다 보니…남쪽은 월 3~4천 번다고 하는데…

(중략)

연구협력자: 하루에 얼마나 받습네까?

노동자: 하루에 거저 한 4천~5천 루블(63달러~79달러) 받는데, 회사에 내고 나면 없습네다.

연구협력자: 얼마를 내는데요?

노동자: 1주일에 2만 1천 루블(330달러) 냅니다.

연구협력자: 그럼 일이 없어도 무조건 내야 합네까?

노동자: 그렇습네다.

연구협력자: 그럼 일이 없으면 어떻게 합니까?

노동자: 일감 찾아 돌아다닙네다.

연구협력자: 하루 4천 루블 받으면 일주일 2만 8천 루블인데(444달러), 2만 천 루블 회사에 내고 나면 북에 있는 가족들에게는 돈을 부칠게 없겠네요.

노동자: 아직 한 번도 못 보냈습네다.

연구협력자: 일이 없어도 무조건 1주일에 2만 천 루블을 내야하면… 그럼 어떻게 합네까?

노동자: 일감 어데 없습네까? 큰데 말고 이런 조용한 가정집이나 조그마한 곳요. 미장 타일...

이들은 여전히 북한 당국에 1주일 단위로 계획분을 납부하고 있었다. 이들의 수입은 일주일에 2만 8천 루블(444달러) 정도이며 계획분의 액수는 일주일에 약 2만 1천 루블(330달러)로 이들이 받을 수 있는 수입은 1주일에 약 114달러 정도이다.

6. 북한 노동자의 일상과 이탈

북한 노동자들은 사업소의 항시적인 감시와 통제에 시달리지만 여러 매체를 통해 다양한 정보를 입수할 수 있어 북한에 있을 때 보다는 약간의 자유를 누리는 측면이 있다. 건설공 일을 하다가 주변에서 다양한 TV 프로그램을 접하는 것은 물론이고 청부를 위해 몰래 구입한 스마트폰으로 다양한 인터넷 내용을 검색하며 때로는 적극적으로 한국에서 유행하는 가요나 영화를 넣은 USB를 입수하여 몰래 시청하기도 한다.

노동자들은 주로 술과 담배로 여가를 즐기는 경우가 많다. 노동자들은 돈을 아끼기 위해 술은 '스피릿트(spirit, 주정)'라는 도수 99%의 식용 알코올을 구입해 물에 타서 마시기도 한다. 노동자의 생일 때는 관리자들이 간단한 축하 모임을 허락해주고 근무 시간을 일부 단축해주기도 한다. 간혹 노동자들끼리 숙소에서 암암리에 주패 등 도박을 벌이는 경우도 종종 있다고 한다.

사업소 내에서 노동자 간의 갈등 상황도 종종 벌어진다. 제일 큰 문제는 노동자 개인별 수입의 차이 때문이다. 동일한 조건에서 노동을 했는데 어떤 노동자는 계획분도 제때 납부하지 못해 송환위험을 고민하는 반면 다른 노동자는 계획분을 납부하고도 수입이 높은 경우가 있어 서로간의 위화감이 조성되기도 한다. 청부 노동과 관련해서는 같은 작업팀 내 동료 간 근무태만에 대한 문제제기, 자신이 형성해 놓은 거래처를 가로채였다는 의심 등으로 분쟁도 발생한다. 청부 연결망을 빼앗은 노동자를 '승냥이'라고 욕하기도 하지만 아예 이러한 갈등을 피하기 위해 청부로 의한 수입, 거래처 및 일거리 등에 대한 정보를 비밀에 부친다.

고된 파견 생활과 낮은 수입, 보다 자유로운 외부 세계의 경험과 접촉에도 불구하고 북한 노동자들은 극소수를 제외하고는 탈북이나 작업장 이탈을 생각하지 않는다. 건설공 일이 근력과 기술을 요하고 청부 노동이 가능하기 때문에 벌목공이나 공장노동자 보다 수입이 높으며 가족이 모두 북한에 있기 때문이다.

그럼에도 불구하고 작업장을 이탈한 노동자는 '토끼'라고 부른다. '토끼'의 어원은 정확하지 않으나 '(작업장을) 토끼다'(도망가다)는 말에서 나왔다고 한다. 벌목공들이 작업장을 이탈하는 경우에는 '산토끼'라고도 부른다. 이들은 일종의 '행방불명자'로서 탈북하여 한국 등 타국행을 택한 사람들과는 성격이 다르다. 토끼가 되는 가장 주요한 원인으로는 노동자가 고국으로 송환위험이 있을 경우이다. 일반적으로 파견 노동자가 송환되는 경우로 첫째는 사업소가 부실하게 운영되어 갑자기 해산되는 경우이고, 둘째는 노동자가 심각한 사건을 일으켜 보위부 검열에 걸렸을 경우, 셋째는 계획분 미납액이 과중해 도저히 해결될 수 없는 경우, 넷째는 노동자가 매체 등을 통해 북한 체제에 대해 염증을 느껴 이를 탈출하여 보다 자유로운 세계에서 살고 싶어서이다. 작업장을 이탈한 '토끼'들은 한적한 시골로 숨어들거나 러시아인, 우즈벡인, 고려인 여성과 동거하면서 개인적인 노동을 통해 생계를 꾸리며 살아가기도 한다. 이들을 체포하기 위해 북한의 보위부와 당기관에서 파견한 추적 요원도 러시아에서 활동 중이다. 러시아 전체의 토끼 숫자는 알 수 없지만 연해주에만 5,000명이 존재한다는 이야기가 전해지고 있다.[32]

7. 송금, 귀국, 재파견

노동자들은 자신의 수입을 주로 가족이 있는 고국으로 송금한다. 송금은 은행 등 공식적인 경로를 거치지 않고 주로 인편으로 이루어진다. 즉 고국에 돌아가는 동료를 통해 가족에게 전달을 부탁하기도 하고 휴가 때 직접 자신이 가지고 가기도 한다. 동료에게 부탁하는 경우에는 보내는 금액의 10% 정도를 수수료로 주는 것이 상례이지만, 절친한 경우 수수료를 받지 않고 가족들에게 전달해주기도 한다.

---

[32] 한동안 연해주에 '토끼'가 대규모로 늘어났던 원인은 당시 건설노동이 호황이어서 북한 노동자들이 술과 도박에 깊이 빠져들었다가 계획분조차 납부할 수 없을 정도로 수입을 모두 탕진해 사업소를 대량 탈출했기 때문이라고 한다. 당시에는 사업소 간부들이 도박장 입구 곳곳에 지켜 서서 북한 노동자들이 못 들어가게 막았을 정도였다고 한다.

파견 노동을 마친 노동자들이 북한으로 귀국하면 러시아 '재쏘생'(혹은 재소생)으로 불린다. 과거 러시아 지역을 '쏘련'이라고 부른데서 유래했다. 해외 파견 노동을 다녀왔기 때문에 일반적인 북한 주민보다는 돈이 많고 생활 방식도 다른 것으로 알려져 있기 때문이다. 귀국 후 이들은 다시 원래의 직장으로 복귀하지만 주변 사람들이 "좀 쉬라", "좀 비키라"고 말하는 등 이들에 대한 시선이 곱지 않다고 한다. 그래서 재쏘생들은 직장에 다니기보다는 러시아에서 벌어온 돈을 밑천으로 장사를 시작하기도 하는데 경험이 없고 현지 물정을 잘 몰라 종종 사기를 당하기도 한다.

재쏘생들은 귀국 후 다시 러시아에 파견되기를 희망하는 경우가 많다. 러시아에 이미 구축된 연결망을 활용하면 청부 노동을 하는데 유리하기 때문이다. 이렇게 다시 해외 파견을 나가는 노동자를 일컬어 '탕생'이라고 한다.[33] 어떤 노동자는 관리자급으로 가기 위해 불법적인 방식을 사용하기도 하는데 대학졸업증 등 학력과 경력을 위조한 '명판'을 구입하여 이력 서류로 제출해 노동자 신분이 아닌 관리자 직책으로 파견 나가기도 한다.

가족동반이 금지된 장기간의 해외 파견 노동은 이혼 등 가족 해체의 원인이 되기도 한다. 그러나 귀국 후 경제력의 상승을 실감한 노동자들은 해외 파견 노동이 착취와 비인간적인 대우로 인해 힘겹다는 것을 잘 알고 있음에도 불구하고 다시 뇌물의 부담을 감수하면

---

33 탕생은 외국에 파견된 횟수에 따라 다시 일(1)탕생, 이(2)탕생 혹은 두탕생, 재탕생, 삼(3)탕생 혹은 세탕생으로 불린다.

서까지 재파견됨으로써 일종의 이주 회로 속에 편입되기 시작한다.

IV. 결론

초국경 공간인 러시아 극동 연해주 지역은 1860년 베이징조약으로 러시아 영토로 편입된 이후 수많은 이민자들이 유입된 곳이었고 오늘날에도 한·중·러의 경제 협력과 개발의 중심지로 성장하면서 국제노동이주자를 필요로 하고 있다. 연해주 지역의 이러한 상황과 요구는 1990년대 극심한 구조적 경제난 속에서 경제 발전을 위한 외자 유치의 일환으로 인력 송출을 선택하지 않을 수 없었던 북한의 필요와 맞아 떨어졌고, 김정은 시대에 들어서는 노동자의 파견이 확대된 대표적 지역이 되었다.

경제적으로 불가피한 선택임에도 불구하고 지극히 폐쇄적인 북한 정부로서는 노동자의 해외 파견이 가져다 줄 체제에 대한 위험성과 파급력을 무시할 수 없다. 따라서 노동자 파견은 국가 주도로 이루어지고 있으며 가족과의 격리뿐 아니라 계획분에 근거한 노동 체제와 북한 관리자에 의한 상시적 감시체계를 노동현장에 작동시키고 있다. 이는 국제사회의 시각에서 인권침해로 볼 수 있는 여지가 많아 대북 제재의 주요 요인이 되고 있다.

그동안 발표된 해외파견 북한 노동자의 인권 및 인신매매에 관련된 보고서들은 주로 보편주의적인 법적 규정에 의거해 작성되기 때문에 북한 노동자들의 구체적인 인식 및 경험과는 동떨어진 형식적이고 법적인 언어로 표현된다. 따라서 이러한 열악한 환경과 조건 속에서도 북한 노동자들 대다수가 비교적 체제에서 이탈하지 않고 생활을 유지해 나간다는 점을 북한 사회의 시각과 맥락에서 이해할 필요가 있다. 북한 노동자들의 해외송출 및 유지 구조를 파악해 보면 다음과 같다.

첫째, 북한 노동자의 해외파견은 전적인 강제적 이주라기보다는 강제와 자발적 선택이 복합적으로 나타나는 형태를 띠고 있다. 해외로 파견되기 위해 북한주민들은 어느 국가로 갈 것인지 고민하여 선택하며 그 국가로 가기 위해 각 부처의 관리들에게 뇌물을 상납하기도 한다. 이것은 초기 송출과정이 자발적 형태라는 것을 입증한다. 그러나 북한 노동자들이 일단 러시아로 이주를 하게 되면 북한에서 설립한 사업소 체제에 편입되는데, 이때부터 총화 등의 감시 체계 속에 노동을 하면서 매달 계획분을 채워야 한다. 이것은 북한 노동자의 선택이 자발적이라기보다는 보다 복잡한 구조적 선택이라는 점을 입증한다. 그러나 한편으로 북한 노동자들의 주체적 선택의 여지는 남아있다. 즉 북한 노동자들은 계획분을 일정 정도 채우고 나면 개별적으로 따로 일감을 찾아서 더 노동을 할 수 있는데, 이 자발적 가외 노동이 노동자들 수입의 큰 원천이 되며 북한 사회와 다른 새로운 생활방식을 경험해보는 기회가 된다.

둘째, 파견된 북한 노동자들은 북한 당국의 철저한 감시체계 속에서 고통 받고 있지만 한편으로는 현지에서 새로운 사회적 연결망을 형성한다. 북한 노동자들에게 있어서 계획분 상납의 압력보다 더 심각한 문제는 북한이 파견한 정부 관리자들의 철저한 감시다. 지배인, 부지배인, 당비서, 종합지도원 등은 오로지 노동자들에 대한 감시체제 유지를 위해 파견되었기 때문에 사업소 유지를 위한 필요인력으로는 부적합하며 오히려 노동자들을 착취하는 비리의 온상으로 지목되고 있다. 그러나 해외파견 북한 노동자들은 북한의 감시체계와 규율망 속에서도 내부인 뿐만 아니라 현지인 및 고려인, 조선족 등의 한인들과도 사회적 연결망을 형성한다. 이를 통해 북한 노동자들은 새로운 노동의 기회를 가질 뿐 아니라 자신의 사회와 비교하면서 새로운 대안을 생각해보기도 한다.

셋째, 러시아에 파견되어 이주노동을 경험한 노동자들은 귀국 후 다양한 방법을 거쳐 다시 러시아에 송출되는 일종의 이주 회로 속에 편입된다. 해외 파견 노동의 경험을 통한 새로운 문화는 이주의 순환과정 속에서 지속적으로 재생산된다.

러시아는 북한과의 관계와 그 사회의 특수성을 감안해 노동자의 인권 침해에 대해서도 눈감아 주곤 하였으나 북한 노동자 문제가 국제적 쟁점으로 부각됨과 더불어 국제사회와 공조를 이루어야 한다는 압력을 받아왔다. 특히 2017년 말 유엔 안전 보장 이사회가 취한 대북 제재 확대에 러시아가 동참하면서 고용 쿼터의 발행 중단과 함께 러시아 내 북한 기업이 폐쇄되고 기한이 도달한 다수의 노동자가 귀환하고 있어 해외 파견 북한 노동자에 대한 새로운 시각과 방향이 모색될 필요가 있다.

국제이주는 이제 글로벌하게 전 세계의 모든 부분에 작동하며, 북한도 예외일 수 없다. 파견된 북한 노동자 역시 국제적 노동시장에서 무리한 장시간 노동과 열악한 환경에서 우위를 지켜나가기 어렵다. 파견된 노동자들이 해외에서 개방적 시각을 갖게 되는 것을 북한도 막기가 어렵다. 노동자들은 가외 노동을 통해 더욱 자본주의적인 문화에 익숙해지는데, 자본주의적 규범이 존재하지 않아 이들 내에 일탈 행위도 증가한다. 따라서 북한이 이에 대한 적절하고 구체적인 대안을 찾는 것이 중요하며, 한국사회 역시 북한의 노동자 해외송출 과정을 '다른' 문화체계로 어느 정도 인정하고 북한이 한국의 러시아 내 사업에 함께 참여할 수 있도록 유도하고 협의하는 자세가 필요하다.

연해주는 인력협력과 개발협력의 가능성이 높은 지역으로 한국의 기술, 북한의 노동력 그리고 러시아의 자원이 공동의 목적을 가지고 활용된다면 커다란 성과가 가능한 곳이다. 이를 위해 북한과 러시아의 노동력 송출 및 유입관계를 이해하고 긴장을 완화하는 것이 필요하며, 이를 바탕으로 북한 노동자의 이주를 장려하고 이들의 인권을 보장하고 처우를 개선해 주는 것이 바람직하다. 한국의 자본과 기술에 북한의 노동력을 합하는 남북한 공동출자 방식으로 러시아의 농업, 유통사업, 에너지 개발 사업 등에 참여한다면 기대 이상의 큰 효과를 이끌어낼 수 있을 것이다. 또한 이러한 일련의 사업들은 궁극적으로는 통일 기반 조성에 중대한 역할을 할 수 있을 것으로 기대할 수 있다.

참고문헌

1. 단행본

김석진. 2015. 『북한 외화벌이 추세와 전망』. 서울: 통일연구원.

김영수·이종석·류길재·김동한·김연각·동용승·허문영·김재용. 1997. 『김정일 시대의 북한』. 서울: 삼성경제연구소.

박찬홍. 2016. 『러시아 드림: 러시아지역 북한 노동자의 근로와 인권 실태』. 서울: 북한인권정보센터.

북한전략센터·코리아정책연구원. 2012. 『북한의 해외인력송출 실태』. 서울: 북한전략센터·코리아정책연구원.

신창훈·고명현. 2015. 『UN북한인권조사위원회 보고서와 그 이후의 북한인권』. 서울: 아산정책연구원.

아사쿠라 도시오·오타 심페이 엮음. 2012. 『한민족 해외동포의 현주소: 당사자와 일본 연구자의 목소리』. 서울: 학연문화사.

양문수. 2013. 『북한의 계획경제와 시장화 현상』. 서울: 통일부 통일교육원.

엄한진. 2011. 『다문화사회론』. 서울: 소화.

윤여상. 2015. 『북한 해외 노동자 현황과 인권실태』. 서울: 북한인권정보센터.

이애리아·방일권·이창호. 2018. 『러시아 모스크바 및 상트페테르부르크 지역의 북한 노동자』. 서울: 통일연구원.

_____. 2017. 『러시아 사할린 지역의 북한 노동자』. 서울: 통일연구원.

이애리아·이창호. 2015. 『연해주 지역 북한 노동자의 실태와 인권』. 서울: 통일연구원.

이영형. 2012. 『러시아의 극동개발과 북한 노동자』. 서울: 통일연구원.

장달중 편. 2013. 『현대북한학강의』. 서울: 사회평론.

정재각. 2010. 『이주정책론』. 서울: 인간사랑.

정한구·문수언 공편. 1995. 『러시아 정치의 이해』. 서울: 나남.

허문영. 1996. 『북한의 경제정책 변화와 남북경협 활성화 방안』. 서울: 민족통일연구원.

赤羽恒雄·アンナ·ワシリエバ 編. 2006. 『国境を越える人々』. 国際書院.

中国朝鮮族研究会 編. 2006. 『朝鮮族のグローバルな移動と国際ネットワーク』. アジア経済文化研究所.

Boonen, Marte, Klara Boonstra, Remco Breuker(P.I.), Christine Chung, Imke van Gardingen, Kim Kwang-Cheol, Oh Kyuwook, and Anoma van der Veere. 2016. "North Korean Forced Labour in the EU, The Polish Case: How The Supply of a Captive DPRK Workforce Fits Our Demand for Cheap Labour." *FIRST FINDINGS FROM THE SLAVES TO THE SYSTEM PROJECT Final Report*. Leiden: Leiden Asia Center.

Shin, Chang-Hoon and Go Myong-Hyun. 2014. *Beyond the UN COI REPORT on Human Rights in DPRK.* The Asan Institute for Policy Studies.

Забровская, Л.В. 1998. Россия и КНДР: опыт прошлого и перспективы будущего(1990-е годы). Владивосток: Издательство Дальневосточного университета.

_____. 2011. Стратегия и основные направления политики России в отношении КНДР после завершения ≪холодной войны≫. М.: Морской государственный университет им. адм. Г.Н.Невельского.

2. 논문

송봉선. 2012. "외화벌이로 연명하는 김정은." 『월간 북한』 488(8월호).

심헌용. 2000. "동북아 접경지대 극동 연해주와 한민족 디아스포라." 『한국시베리아연구』 제4집.

이애리아. 2012. "연해주 지역에서 고투하는 다국적·다문화 한인들." 아사쿠라 도시오·오타 심페이 엮음. 『한민족 해외동포의 현주소: 당사자와 일본 연구자의 목소리』. 서울: 학연문화사.

이영형. 2016. "러시아 극동지역 내 북한 노동자 활동 현황: 아무르주를 중심으로." 『러시아연구』 26(1), 113-143.

_____. 2007. "북한 노동자의 러시아 극동지역 진출 현황 및 그 역할 분석." 『국제정치연구』 10(2), 51-75.

이용희. 2016. "북한 노동자 외국 파견 정책의 추이와 전망." 『국제통상연구』 21(4), 111-137.

이지은. 2016. "국제사회의 대북제재 이후, 러시아 극동지역의 북한 노동자 현황 -대북제재 이후, 북·러 경제협력관계 변화에 관한 연구." 중앙대학교 석사학위논문.

임채완. 2003. "러시아 연해주 고려인의 북한과 통일에 관한 인식 조사." 『統一政策研究』 12(2), 241-270.

최영윤. 2017. "북한 해외 노동자 현황: 통계데이터를 중심으로." 『KDI 북한경제리뷰』 19(2)(2월호), 101-121.

이애리아. 2007. "沿海州コリアンコミュニティーの現状にみるもの." 『グローバル化と韓国社会—その内と外—』 69, 201-208.

Turner, Terence. 1997. "Human Rights, Human Difference: Anthropology's Contribution to an Emancipatory Cultural Politics." *Journal of Anthropological Research.* 53(3), 273-291.

Безик, И.В. 2011. "Участие граждан КНДР в хозяйственном освоении советского Дальнего Востока (1950-е - начало 1960-х гг.)." Известия Восточного Института. № 17 (1).

_____. 2003. "Корейцы как рабочая сила на советском Дальнем Востоке (1950-е гг.)." *Вестник Центра Корееведческих Исследований Дальневосточного*

Государственного Университета. Владивосток, №1 (4).

Ващук, А. С. 2012. "Трудовые мигранты из КНДР на российском Дальнем Востоке во второй половине XX - начале XXI века." Гуманитарные исследования в Сибири и на Дальнем Востоке. № 1.

_____ . 2001. "Факторы и условия адаптации корейцев-мигрантов из СНГ в Приморье: 90-е гг. XX в." Исторический опыт освоения Дальнего Востока. Этнические контакты. Вып. четвертый. Благовещенск.

Троякова, Т. Г. 2017. "Рабочая сила из КНДР на российском Дальнем Востоке: история и современное состояние." *Ойкумена*. № 2.

3. 기타

기획재정부. 2018. "제18차 광역두만개발계획(GTI) 총회 참석 결과 보도자료."

미국 국무부. "2014년 인신매매보고서."

МИД России(러시아 외무부). 2007. "Соглашение между Правительством Российской Федерации и Правительством Корейской Народно-Демократической Республики о временной трудовой деятельности граждан одного государства на территории другого государства."

『로동신문』.

『매일경제』.

『연합뉴스』.

『주니치신문』.

『중앙일보』.

러시아 통계청 홈페이지. http://www.fedstat.ru.

러시아 외무부 홈페이지. http://www.mid.ru.

BBC. https://www.bbc.com.

Interfax. https://www.interfax.ru.

RFA. http://www.rfa.org.

YTN. http://www.ytn.co.kr.

Правда. http://www.pravdareport.com.

저자 소개

이애리아 Lee, Aelia

소　　속	일본 와세다대학교 지역·지역 간 연구기구 교수
학　　력	교토대학교 인간·환경학 박사
주요 논저	『러시아 모스크바 및 상트페테르부르크 지역의 북한 노동자』(공저, 2018), 러시아 사할린 지역의 북한 노동자』(공저, 2017), 『The Reality and Human Rights of North Korean Workers in the Maritime Province of Russia』(공저, 2016), 『연해주 지역 북한 노동자의 실태와 인권』(공저, 2015), 『さらば愛しい平壌』(편역, 2012) 등.
이 메 일	fwht7478@nifty.com

이창호 Lee, Chang Ho

소　　속	한양대학교 글로벌다문화연구원 연구교수
학　　력	한국학중앙연구원 한국학대학원 인류학박사
주요 논저	『디아스포라와 초국가주의의 이론과 실태』(공저, 2017), 『20세기 동아시아화교의 지속과 변화』(공저, 2017), 『향수 속의 한국 사회』(공저, 2017), 『동아시아 관광의 상호시선』(공저, 2016), 『연해주 지역 북한 노동자의 실태와 인권』(공저, 2015) 등.
이 메 일	anthleech@paran.com

방일권 Bang, Il Kwon

소　　속	한국외국어대학교 중앙아시아연구소 연구교수
학　　력	러시아학술원역사연구소 박사
주요 논저	『책임과 변명의 인질극』(공저, 2018), 『오호츠크해의 바람: 산중반월기』(2013), 『강제동원을 말한다-제국의 끝자락까지』(공저, 2012), 『태평양전쟁사 1』(2017), 『한국전쟁의 거짓말』(공편, 2018) 등.
이 메 일	ilia@naver.com

색인

기호
(신)동북현상 33, 153, 158

번호
4대 산업기지 166, 167

A
APEC 29, 50, 51, 52, 53, 56, 57, 59, 326

가
갈루시카 63, 64, 65, 66, 71
경제/발전의 논리 34, 199, 200, 203, 211, 213, 214, 215, 218, 220
계획분 38, 272, 336, 342, 343, 344, 345, 346, 347, 348, 351, 353, 356, 357, 358, 360, 361
고려인문화센터 282, 283, 284, 286, 302
공간의 재구성 5, 7, 26, 29, 33, 179
광역두만강개발계획(GTI) 185, 187, 188, 189, 312, 313
국가급 개방도시 187, 189, 192, 198
국내문제 담론 157, 167, 173
국제개발 담론 33, 155, 156, 157, 167, 172, 173
국제화 창구도시 165, 167, 170
귀환이주 261, 264, 265, 268, 271, 275, 277, 279, 281, 287, 293, 297
극동 4, 19, 20, 27, 29, 30, 31, 40, 47, 48, 49, 50, 51, 52, 53, 54, 55, 56, 57, 58, 59, 60, 61, 62, 63, 64, 65, 66, 67, 68, 70, 71, 72, 73, 74, 75, 76, 77, 78, 79, 81, 85, 87, 88, 89, 90, 91, 92, 93, 94, 95, 96, 97, 98, 99, 100, 101, 102, 103, 105, 106, 107, 108, 109, 111, 112, 113, 183, 222, 257, 258, 259, 261, 264, 266, 267, 270, 271, 272, 273, 274, 276, 281, 290, 304, 305, 310, 311, 312, 314, 315, 317, 318, 319, 320, 322, 323, 324, 326, 329, 337, 360, 364, 365, 373
극동북극개발부 88, 91, 92, 93, 94, 102, 103
김정은 335, 360, 365
김정일 323, 339, 364

나
나진 17, 25, 40, 81, 100, 101, 102, 103, 104, 110, 153, 174, 187, 312
노동력 38, 49, 171, 193, 194, 196, 197, 206, 208, 209, 210, 230, 238, 239, 244, 246, 249, 271, 272, 312, 315, 316, 318, 319, 320, 324, 325, 327, 363

다
동방경제포럼 72, 73
동방학우회 240
동북아평화기금 275, 288, 289
동해안 벨트 88
두만강유역개발계획(TRADP) 16, 182, 185
등소평의 남방순찰담화 231

라
로지나 서당 36, 263, 275, 289, 290, 302
루스키 섬 52, 78, 326
리용호 102

마
메드베데프 72, 76
민족지역자치제도 32, 118, 123, 125, 127, 129, 137, 141, 146, 147

바
방문취업제 35, 237, 238, 249
보따리장사 61, 233, 234
북극항로 88, 91, 94, 95, 110
북·러 협정 324
북·중·러 접경지대의 중층성 21
블라디보스토크 6, 17, 29, 49, 50, 51, 52, 53, 56, 57, 59, 61, 62, 64, 66, 67, 68, 69, 70, 71, 72, 73, 75, 77, 264, 312, 320, 321, 323, 325, 326, 328, 337, 338, 339, 340, 347, 354

사
사할린-1 49
사할린-2 49
사회적 연결망 38, 348, 349, 361, 362
삼화삼동(三化三動) 4, 33, 153, 156, 157, 158, 161, 165, 167, 173
서해안 벨트 88
소수민족자치시 140
시베리아의 힘 59, 74
신북방정책 30, 31, 88, 313

아
아무르 57, 58, 60, 77, 78, 79, 89, 90, 92, 98, 100, 105, 304, 323, 328, 365
안보/치안의 논리 34, 186, 199, 202, 203, 205, 211, 213, 214, 215, 216, 218, 219, 220
연룡도일체화 129, 131, 132, 134, 143
연변조선족자치주 117, 119, 131
연해주 5, 36, 37, 38, 49, 52, 61, 67, 68, 69, 73, 75, 76, 77, 78, 81, 89, 90, 92, 95, 97, 154, 187, 206, 233, 234, 258, 259, 260, 261, 262, 263, 264, 265, 266, 267, 268, 269, 272, 273, 274, 280, 281, 283, 286, 287, 288, 294, 298, 300, 302, 303, 304, 309, 310, 311, 312, 313, 314, 315, 316, 317, 319, 322, 325, 326, 328, 332, 334, 337, 338, 340, 341, 349, 354, 358, 360, 363, 364, 365, 367
외국인 산업연수제도 236
외국인 소매 금지법 276
외국인 인재 194, 206, 207, 209, 210, 211, 217
외국인 정책 5, 34, 174, 181, 184, 185, 186, 189, 195, 205, 206, 210, 211, 212, 213, 215, 218, 219
외지 인재 194, 206
우수리스크 5, 36, 37, 89, 96, 174, 255, 258, 259, 261, 262, 263, 264, 265, 269, 271, 272, 273, 274, 275, 276, 277, 278, 279, 280, 281, 282, 283, 284, 285, 286, 287, 288, 289, 290, 292, 293, 294, 295, 296, 297, 298, 299, 300, 302, 337, 340
우수리스크 생명교회 285, 286, 302
우수리스크 중국 시장 279
유동인구 정책 5, 34, 174, 181, 184, 185, 193, 194, 195, 198, 199, 202, 203, 204, 211, 218, 219
유엔개발계획(UNDP) 16, 17, 153, 182, 187
이주정책 230, 250, 364
이중적 개방성 185, 186
인구의 이동과 흐름 33
인재 34, 49, 159, 160, 188, 193, 194, 200, 202, 203, 204, 205, 206, 207, 208, 209, 210, 211, 216, 217, 218, 219, 283, 287

자

자루비노 22, 76, 77, 78, 89, 90, 96, 97,
　　　　 98, 99, 100, 101, 105, 106, 107
자유무역항 67, 68, 69, 70, 71, 73, 81
자치시체제 141
접경지역 평화 벨트 88
중국 두만강지역합작개발계획요강 32, 115
중화인민공화국 공민출입경관리법 230
지린보고 158, 160, 161, 164, 170, 175

차

창지투개발개방선도구 115, 116, 144
청부　　 38, 331, 344, 348, 349, 350, 351,
　　　　 352, 353, 354, 356, 357, 359
초국경 공간 5, 37, 38, 309, 310, 312, 314,
　　　　 360
초국경도시 153, 167, 173
초국경 소지역주의
초국경적(Transnational) 네트워크 9
초국경적 이주 264
초국경적 행위자 258
총화　　 342, 343, 344, 345, 347, 361
친척방문시기 234, 235

카

코리언 309, 310, 315, 316, 317
코즐로프 102
쿠릴 56, 57
크라스노야르스크 74

타

트루트네프 63, 64, 70, 71, 92, 102

파

푸틴　　 29, 40, 53, 54, 57, 60, 62, 63, 64,
　　　　 66, 73, 76, 81, 87, 91, 94, 102,
　　　　 103, 105, 276, 307, 323

프리모리예-1 89, 96, 97, 99, 100, 101
프리모리예-2 96, 97, 100, 105

하

하산　　 6, 21, 80, 81, 102, 103, 104, 105,
　　　　 110, 329
한반도 신경제정책 110
한인 디아스포라 5, 36, 37, 255, 257, 258,
　　　　 259, 260, 261, 262, 264, 274, 275,
　　　　 282, 283, 284, 286, 294, 297, 298,
　　　　 299, 301
해외노동력 수용정책 230
해외 파견 북한 노동자 38, 310, 311, 313,
　　　　 362
행정구역 조정문제 137
호모 미그란스 256
훈춘　　 4, 5, 10, 17, 21, 22, 27, 33, 34,
　　　　 77, 89, 96, 100, 104, 105, 106,
　　　　 107, 112, 116, 133, 143, 144, 145,
　　　　 147, 153, 154, 155, 156, 157, 165,
　　　　 166, 167, 168, 169, 170, 172, 173,
　　　　 174, 181, 184, 185, 186, 187, 188,
　　　　 189, 192, 193, 194, 198, 199, 200,
　　　　 202, 203, 204, 205, 206, 207, 208,
　　　　 209, 210, 211, 212, 213, 214, 215,
　　　　 216, 217, 218, 219, 220, 221, 223
훈춘국제인재교류복무센터 210
훈춘시 행정권한 격상 147

엮은이

신범식 Shin, Beom Shik

소 속	서울대학교 정치외교학부 교수
	서울대 국제문제연구소 복합안보센터장
	아시아연구소 중앙아시아센터장
학 력	모스크바국제관계대학(MGIMO) 정치학박사
주요 논저	"비교지역연구 서설"(2019), "중국의 부상과 중앙아시아 국가들의 대응"(2015), 『통일의 신지정학』(2017), 『평화의 신지정학』(2019) 등.
이 메 일	sbsrus@snu.ac.kr

지은이

고가영 Ko, Ka Young

소 속	한국외국어대학교 역사문화연구소 HK연구교수
	서울대학교 아시아연구소 중앙아시아센터 객원연구원
학 력	모스크바국립대 역사학 박사
주요 논저	"접촉지대로서의 러시아 현대사 박물관 전시에 나타난 푸틴 정부의 새로운 국가와 국민 만들기"(2019) "주류문화와의 조우로 인한 중앙아시아 고려인의 장례문화 변화 양상: 전통의 고수와 동화 사이의 혼종성"(2018) 『유라시아의 심장 다시 뛰다: 중앙아시아 지역의 형성과 역동성』(2017) 등.
이 메 일	kkynow@hanmail.net

김민환 Kim, Min Hwan

소 속	한신대학교 평화교양대학 교수
학 력	서울대학교 사회학박사
주요 논저	"일본 전후(역)사학과 『오키나와현사』 편찬의 역설: '국민사'에서 '탈국민사'로"(2017), 『냉전 속 열전, 열전 속 냉전』(2017), 『냉전의 섬 금문도의 재탄생』(2016), 『양안에서 통일과 평화를 생각하다』(2016) 등.
이 메 일	ursaminor72@gmail.com

박철현 Park, Chulhyun

소　　속	국민대학교 중국인문사회연구소 HK연구교수
	서울대 아시아연구소 아시아도시사회센터 공동연구원
학　　력	중국런민대학(中國人民大學) 사회학 박사
주요 논저	『도시로 읽는 현대중국 (1권, 2권)』(2017), 『특구: 국가의 영토성과 동아시아의 예외공간』(2017), 『다롄연구: 초국적 이동과 지배, 교류의 유산을 찾아서』(2016), "사회주의 시기 중국 동북 지역의 국가와 기업: 대련기차차량창의 전형단위제를 중심으로"(2015) 등.
이 메 일	chparke@hanmail.net

방일권 Bang, Il Kwon

소　　속	한국외국어대학교 중앙아시아연구소 연구교수
학　　력	러시아학술원역사연구소 박사
주요 논저	『책임과 변명의 인질극』(공저, 2018), 『오호츠크해의 바람: 산중반월기』(2013), 『강제동원을 말한다-제국의 끝자락까지』(공저, 2012), 『태평양전쟁사 1』(2017), 『한국전쟁의 거짓말』(공편, 2018) 등.
이 메 일	ilia@naver.com

세르게이 세바스티야노프 Sergei Sevastianov

소　　속	극동연방대 국제관계학과 교수
학　　력	모스크바국제관계대학(MGIMO) 정치학박사
주요 논저	Borders and transborder processs in eurasia (2013), "Институты азиатско-тихоокеанского и восточно-азиатского регионализма: динамика развития, проблемы и интересы участников"(2013), "≪Проблемы и перспективы развития Дальнего Востока России после Владивостокского саммита АТЭС≫"(2012)
이 메 일	sevastyanov@dvfu.ru

이애리아 Lee, Aelia

- 소 속 일본 와세다대학교 지역·지역 간 연구기구 교수
- 학 력 교토대학교 인간·환경학 박사
- 주요 논저 『러시아 모스크바 및 상트페테르부르크 지역의 북한 노동자』(공저, 2018), 러시아 사할린 지역의 북한 노동자』(공저, 2017), 『The Reality and Human Rights of North Korean Workers in the Maritime Province of Russia』(공저, 2016), 『연해주 지역 북한 노동자의 실태와 인권』(공저, 2015), 『さらば愛しい平壤』(편역, 2012) 등.
- 이 메 일 fwht7478@nifty.com

이창호 Lee, Chang Ho

- 소 속 한양대학교 글로벌다문화연구원 연구교수
- 학 력 한국학중앙연구원 한국학대학원 인류학박사
- 주요 논저 『디아스포라와 초국가주의의 이론과 실latest』(공저, 2017), 『20세기 동아시아화교의 지속과 변화』(공저, 2017), 『향수 속의 한국 사회』(공저, 2017), 『동아시아 관광의 상호시선』(공저, 2016), 『연해주 지역 북한 노동자의 실태와 인권』(공저, 2015) 등.
- 이 메 일 anthleech@paran.com

이화 LI, HUA

- 소 속 연변대학교 사회학과 부교수
- 학 력 도호쿠대학(東北大学) 사회학 박사
- 주요 논저 『중국 동북지역 조선족의 일생의례와 풍속』(공저, 2018), "조선족의 친족관계와 친족이념: 가족의 일상생활·이동·의례를 통한 고찰"(2015) 등.
- 이 메 일 lihua3210@qq.com

조영관 Jo Young Kwan

소　　속	한국수출입은행 해외경제연구소 선임연구원
학　　력	모스크바 국립대 경제학 박사
주요 논저	"중앙아시아 이슬람금융의 특징에 대한 연구"(2019), 『신흥국의 대중국 경제협력 전략: 일대일로 이니셔티브 대응을 중심으로』(2018)(공저), 『극동러시아의 한-러 경제협력방안 연구』(2017) 등.
이 메 일	jycil@hanmail.net

허명철 XU MINGZHE

소　　속	연변대학교 사회학과 교수
학　　력	연변대학교 문학박사
주요 논저	『전환기의 연변조선족』(2002), 『연변조선족교육실태조사와 대안연구』(2002), 『통일시대 근현대민족정신사 연구』(2006), 『조선족사회변동과 가족생활』(2015), 『중국 동북지역 조선족의 일생의례와 풍속』(2018)등.
이 메 일	mingzhe104@qq.com

북·중·러 접경지대를 둘러싼
소지역주의 전략과 초국경 이동

Strategies for Subregionalism and Transborder Mobility
in/around North Korea-China-Russia Border Area

펴 낸 날	2020년 7월 31일 초판 1쇄
엮 은 이	신범식
지 은 이	고가영, 김민환, 박철현, 방일권, 세르게이 세바스티야노프, 이애리아, 이창호, 이화, 조영관, 허명철
펴 낸 이	이종진
펴 낸 곳	도서출판 이조
	서울 제2017-000232호(2009.3.10.)
	(06659) 서울특별시 서초구 명달로26길 25, 202
	T. 02-888-9285 / 070-7799-9285
	F. 070-4228-9285
디 자 인	정다운
제 작	(주)한국학술정보
ISBN	979-11-87607-19-9 (93340)
정 가	20,000원
홈페이지	www.ljbooks.co.kr
페이스북	www.facebook.com/ljbooks.korea
이 메 일	ljbooks@naver.com

도서출판 이조

ⓒ 고가영, 김민환, 박철현, 방일권, 세르게이 세바스티야노프, 신범식, 이애리아, 이창호, 이화, 조영관, 허명철, 2020

사전 동의 없는 무단 전재 및 복제를 금합니다.
잘못 만들어진 책은 바꾸어 드립니다.

이 도서의 국립중앙도서관 출판예정도서목록(CIP)은
서지정보유통지원시스템 홈페이지(http://seoji.nl.go.kr)와
국가자료공동목록시스템(http://www.nl.go.kr/kolisnet)에서 이용하실 수 있습니다.
(CIP제어번호: CIP2019031873)